존 헐의 비즈니스
금융 머신러닝 2/e

존 헐의 비즈니스 금융 머신러닝 2/e

데이터 사이언스 세계로의 초대

존 헐 지음   이기홍 옮김

i!i
에이콘

에이콘출판의 기틀을 마련하신 故 정완재 선생님 (1935-2004)

내 학생들에게

지은이 소개

존 헐[John C. Hull]

토론토 대학 조셉 엘 로트만[Joseph L. Rotman] 경영대학원의 대학교수다. 이 책을 쓰기 전에 파생상품과 위험관리 분야에서 베스트셀러 3권을 썼다. 그의 책 모두 실무 적용에 초점을 두고 있으며, 저자는 저서가 실무자와 대학 시장에서 동등하게 잘 팔린다는 것을 자랑스럽게 생각한다. 그리고 그는 금융 혁신의 모든 측면에서 연구와 교육 자료를 개발하는 로트맨의 금융 혁신 연구소 핀허브의 학술 이사다. 전 세계의 많은 기업을 위해 자문해 왔고 토론토 대학의 권위 있는 노스럽 프리에 상을 포함한 많은 교수 상을 받았다.

옮긴이 소개

이기홍(keerhee@gmail.com)

카네기멜론 대학교에서 석사 학위를 받았고, 피츠버그 대학교 Finance Ph.D, CFA, FRM이며 금융, 투자, 경제분석 전문가다. 삼성생명, HSBC, 새마을금고 중앙회, 한국투자공사 등과 같은 국내 유수의 금융 기관, 금융 공기업에서 자산운용 포트폴리오 매니저로 근무했으며, 현재 딥러닝과 강화학습을 금융에 접목시켜 이를 전파하고 저변을 확대하는 것을 보람으로 삼고 있다. 저서(공저)로는 『엑셀 VBA로 쉽게 배우는 금융공학 프로그래밍』(한빛미디어, 2009)이 있으며, 번역서로는 『포트폴리오 성공 운용』(미래에셋투자교육연구소, 2010), 『딥러닝 부트캠프 with 케라스』(길벗, 2017), 『프로그래머를 위한 기초 해석학』(길벗, 2018)과 에이콘출판사에서 펴낸 『실용 최적화 알고리즘』(2020), 『초과 수익을 찾아서 2/e』(2020), 『자산운용을 위한 금융 머신러닝』(2020), 『실전 알고리즘 트레이딩 배우기』(2021) 등이 있다. 누구나 자유롭게 머신러닝과 딥러닝을 자신의 연구나 업무에 적용해 활용하는 그날이 오기를 바라며 매진하고 있다.

옮긴이의 말

머신러닝을 일상용어로 사용하는 현시점에서 경영대에서는 머신러닝을 어떻게 가르쳐야 할까에 대한 의문이 있을 수 있다. 존 헐은 이 책에서 이에 대한 해답을 명쾌하게 제공한다. 이 책은 다양한 고전적 머신러닝 기법뿐 아니라 신경망과 강화학습의 최신 기법들도 최소한의 수학지식으로 직관적으로 이해할 수 있도록 소개하고 있다. 파생상품 교과서로 유명한 존 헐 교수의 방식대로, 어려운 개념을 현실적인 예제와 간단한 수식으로 일반 독자들도 잘 이해할 수 있도록 풀어쓴 책으로 생각하면 될 것 같다.

과연 머신러닝이 경영학 특히 금융에 어떻게 적용되는지 현실적인 문제를 더욱 중요하게 다룸으로써 독자들에게 생생하게 다가오고 있다. 또한 최근 가장 뜨거운 주제로 대두되고 있는 머신러닝의 해석성과 사회적 이슈 등의 중요한 문제를 잘 설명하고 있다. 데이터 과학을 경영에서 활용하고자 하는 사람들과 머신러닝을 특히 금융에 적용하고자 하는 사람들에게 입문서로서 최적의 책이 아닌가 생각이 된다.

고급 수학과 현란한 컴퓨터 프로그래밍 기법으로 머신러닝·딥러닝을 표현할 수도 있지만, 이 책과 같이 직관적으로 이해를 할 수 있는 책도 필요하다. 그렇다고 해서 결코 쉽게만 저술한 책이 아니므로, 현재 존재하는 아주 초보적인 책과 고급 수준의 저서의 격차를 메우는 데도 도움이 되리라 본다. 더욱이 이 책의 예제들은 존 헐 교수의 홈페이지에서 제공하는 파이썬 코드와 데이터로 실습을 할 수 있어 이해를 더욱 돋울 수 있다고 본다.

많은 사람이 이 책로부터 영감을 얻어 실생활, 특히 경영/금융에 데이터 기반의 의사결정체계를 도입하고 그 안에서 머신러닝을 활용하기를 바란다.

차례

들어가며

경영대학 학생들과 경영진들에게 머신러닝 입문 과정을 가르친 경험을 바탕으로 쓴 책이다. 이 책의 목적은 독자를 데이터 과학자로 전환하기 위한 것이 아니다. 대신 독자들에게 데이터 과학자가 사용하는 도구와 자신이 조직의 목적을 어떻게 진전시킬 수 있는지 이해할 수 있도록 돕는 것이다. 2판은 자료의 제시를 개선하고 3개의 새로운 장을 포함하고 있다.

대부분의 학생은 머신러닝에 의해 점점 더 영향을 받을 세상에서 살아남기 위해서는 머신러닝에 대한 지식이 필요하다는 것을 인지하고 있다. 오늘날 모든 임원은 컴퓨터를 다루는 방법을 알아야 한다. 가까운 시일 내에 모든 임원은 생산성을 향상시키기 위해 데이터셋을 관리하고, 데이터 과학 전문가들과 함께 일하는 것에 익숙해져야 한다.

이 책에서 행렬이나 벡터 대수학을 사용하지 않았고 미적분학을 사용하지 않았다. 이러한 학문 분야들이 전문가들에게 도움을 줄 수는 있지만, 경험상 대부분의 경영대학 학생들과 경영진들은 수학적인 부분을 불편해했다.

이 책은 데이터 과학자가 가장 많이 사용하는 알고리즘을 설명한다. 이를 통해 독자는 특정 상황에 대한 장단점을 평가하고 데이터 과학 전문가와 함께 생산적으로 작업할 수 있다. 알고리즘은 다양한 데이터셋으로 설명하며, 데이터셋은 저자의 다음 웹사이트에서 다운로드할 수 있다.

www-2.rotman.utoronto.ca/~hull

엑셀 시트와 파이썬 코드가 데이터셋을 수반한다. 실제로 저자의 모든 학생은 수업을 듣기 이전에 엑셀에 친숙하다. 내가 가르치는 학생들이 파이썬에 대해서도 편하게 다룰 수 있기를 바란다. 이것은 어려운 부탁이 아니다. 학생들은 코딩 기술이 경영의 많은 직업에 있어서 필요한 전제조건이 되고 있음을 인지하고 있다.

저자의 웹사이트에서 수백 개의 파워포인트 슬라이드를 다운로드할 수 있다. 이 책을 교재로 채택한 강사들은 자신의 필요에 맞게 슬라이드를 수정하는 것을 환영한다.

많은 사람이 이 책을 2판으로 옮기는 데 도움을 줬다. 특히 에밀리오 바론, 재키 첸, 피터 헐, 레이몬드 칸, 에디 미지, 준 위안에게 감사하고 싶다. 책과 함께 나오는 파이썬 코드 일부를 작업한 제이 카오, 제프 리, 니티 미샤에게 감사드린다. 머신러닝과 금융혁신 분야의 연구교재 개발을 위한 자금을 지원해 준 로트만의 핀허브 센터Rotman's FinHub center, TD은행, 금융서비스 글로벌 리스크 연구소에도 감사드린다. 피터 크리스토퍼슨(2018년 때아닌 사망)과 안드레아스 박은 핀허브에서 훌륭한 동료였고 책에 많은 영감을 제공했다.

독자들의 논평을 환영한다. 저자의 이메일 주소는 hull@rotman.utoronto.ca이다.

존 헐

문의

한국어판에 관해 질문이 있다면 이 책의 옮긴이나 에이콘출판사 편집 팀(editor@acornpub.co.kr)으로 문의해주길 바란다.

한국어판의 정오표는 에이콘출판사 도서정보 페이지(http://www.acornpub.co.kr/book/ml-business)에서 찾아볼 수 있다.

머신러닝^{machine learning}은 비즈니스에서 점점 더 중요한 도구가 됐고 앞으로 수년 동안 거의 모든 대다수의 직장인에게 다양한 방식으로 영향을 미칠 것이다. 머신러닝은 빅데이터셋을 사용해 변수 간의 관계를 배우고 예측하며, 변화하는 환경에서 결정을 내리는 것과 관련이 있다.

머신러닝에 이용 가능한 데이터는 기하급수적으로 증가하고 있다. 어떤 2년 기간에 2년 초에 존재했던 것보다 9배나 많은 데이터를 생성하는 것으로 추정된다.[1] 기업들은 이제 고객들과 고객의 구매 습관에 대해 그 어느 때보다도 많은 정보를 가지고 있다. 헤지펀드와 연기금은 투자한 기업에 대한 대량의 데이터와 의견을 수집할 수 있다. 컴퓨터 처리 속도 향상과 데이터 저장 비용 절감으로 과거에는 불가능했던 방식으로 관련 데이터를 처리하고, 결론에 도달할 수 있다.

머신러닝은 인공지능^{AI}의 한 분야다. AI는 기계가 인간의 지능을 모방할 수 있는 방법을 개발하는 것과 관련이 있으며, 이를 개선시킬 수도 있다. 머신러닝은 대량의 데이터를 가지고 학습함으로써 지능을 창출하는 것을

---

1 이에 대한 자세한 내용은 www.mediapost'com/publications/article/291358/90-of-todays-data-created-in-two-years.html을 참조하라.

포함한다. 이는 틀림없이 AI 내에서 가장 흥미진진한 발전이며 비즈니스의 거의 모든 측면을 혁신할 수 있는 잠재력이 있다.[2]

인간의 의사결정을 기계로 대체하는 사회의 이점은 무엇인가? 한 가지 장점은 속도다. 기계는 인간보다 훨씬 빨리 데이터를 처리하고 결론 내릴 수 있다. 기계에 의해 생성된 결과는 일관성이 있으며, 다른 기계에서 쉽게 복제된다. 이와는 대조적으로, 인간은 가끔 불규칙적으로 행동하며, 어떤 일을 위해 인간을 훈련시키는 것은 상당한 시간과 비용이 들 수 있다.

머신러닝이 다른 AI 접근 방식과 어떻게 다른지 설명하기 위해, 틱택토tic tac toe(OX게임으로도 알려져 있다.)를 재생하도록 컴퓨터를 프로그래밍하는 간단한 작업을 생각해 보자. 한 가지 접근 방식은 발생할 수 있는 위치와 그러한 각 위치에서 전문가 인간 플레이어가 수행할 동작을 나열한 룩업 테이블look-up table을 컴퓨터에 제공하는 것이다. 또 다른 방법은 (예를 들어 컴퓨터가 스스로에게 수천 번 맞서도록 함으로써) 컴퓨터를 위해 많은 수의 게임을 만들고, 이를 통해 컴퓨터가 최선의 움직임을 배우도록 하는 것이다. 두 번째 접근법은 머신러닝의 응용이다. 어느 쪽이든 틱택토와 같은 간단한 게임에는 성공적으로 사용할 수 있다. 체스나 바둑과 같은 더 복잡한 게임에서는 첫 번째 방법이 명백히 적용 불가능하고, 머신러닝 접근법이 효과가 있다는 것이 증명됐다.

언어 번역은 머신러닝의 위력에 대한 좋은 예시가 된다. 어떻게 컴퓨터가 영어에서 프랑스어로 두 언어를 번역하도록 프로그램할 수 있을까? 한 가지 아이디어는 컴퓨터에 프랑스어 사전을 영어로 주고 단어별로 번역하도록 프로그래밍하는 것이다. 불행히도, 이것은 매우 나쁜 결과를 낳는다. 이 아이디어의 자연스러운 확장은 개별 단어보다는 구문을 번역하는 룩업 테이블을 개발하는 것이다. 이런 방식으로 좀 더 개선할 수 있지만, 아직 완벽하지는 않다. 구글은 머신러닝을 이용한 더 나은 접근법을 개척했다. 이

---

2 현재 일부 기관에서는 "머신러닝"과 "인공지능"이라는 용어를 서로 바꾸어 사용하고 있다.

것은 2016년 11월에 발표되었으며 "GNMT"^{Google Neural Machine Translation}로 알려져 있다.³

컴퓨터에 프랑스어 번역과 함께 영어로 된 대량의 자료를 제공한다. 그러면 컴퓨터는 그 자료로부터 배우고, 독자적인 (매우 복잡한) 번역 규칙을 개발한다. 이에 따른 결과는 이전의 접근 방식보다 크게 개선됐다.

데이터 사이언스는 머신러닝을 포함하지만 때로는 목표 설정, 시스템 구현, 이해관계자와의 커뮤니케이션 등의 업무를 포함해 다소 광범위한 분야로 간주된다.⁴

이 책에서 "머신러닝"과 "데이터 사이언스"라는 용어는 교체 사용이 가능하다. 고용주의 목표 달성 과정에서 머신러닝 전문가가 관여하지 않으면 이들이 사업에 얼마나 효과적인지 파악하기 어렵기 때문이다.

머신러닝이나 데이터 사이언스는 새로운 통계학의 세계로 그릴 수 있다. 전통적으로 통계학은 확률 분포, 신뢰 구간, 유의성 검정 및 선형 회귀 분석과 같은 주제와 관련이 있다. 이러한 주제에 대한 지식도 중요하지만, 이제는 이전에는 불가능했던 방식으로 대용량 데이터셋을 통해 배울 수 있다. 예를 들면 다음과 같다.

- 예측 및 의사결정의 개선을 위해 비선형 모델을 개발할 수 있다.
- 데이터에서 패턴을 검색해 회사의 고객과 운영 환경에 대한 이해도를 개선할 수 있다.
- 변화하는 환경과 상호작용하는 의사결정 규칙을 개발할 수 있다.

앞에서 언급했듯이, 이러한 머신러닝의 적용은 컴퓨터 처리 속도 증가, 데이터 저장 비용 감소, 그리고 이용 가능한 데이터 양 증가 때문에 가능해졌다.

---

3 Google 연구팀의 GNMT에 대한 설명은 https://arxiv.org/pdf/1609.08144.pdf 을 참조하라.

4 예를 들어 H. Bowne-Anderson, "What data scientists really do, according to 35 data scientists," Harvard Business Review, August 2018를 참조하라: https://hbr.org/2018/08/what-data-scientists-really-do-according-to-35-datascientists

통계학자나 계량경제학자가 머신러닝에 손을 댈 때 그 용어는 처음에는 이상하게 보이기 쉽다. 예를 들어 통계학자와 계량경제학자는 독립변수와 종속변수에 대해 이야기하는 반면, 의사결정 과학자는 특성과 타깃에 대해 이야기한다. 책의 진행에 따라 데이터 사이언스의 용어를 설명할 것이며, 마지막에는 용어 해설서를 제공할 것이다.

1.1 개괄

이 책은 독자들에게 데이터 사이언스 전문가들과 효과적으로 일할 수 있는 지식을 제공하기 위해 설계됐다. 독자를 데이터 과학자로 전환시킬 수는 없지만, 이 책은 독자들에게 이 분야에서 더 많은 것을 배우고 능력을 개발하도록 영감을 줄 것이다. 데이터 사이언스는 아마도 21세기에 가장 보람있고 흥미로운 직업으로 판명될 것이다.

머신러닝을 효과적으로 사용하려면 기본 알고리즘이 어떻게 작동하는지 이해해야 한다. 패키지가 무엇을 하고 있는지 또는 결과를 어떻게 해석해야 하는지를 제대로 이해하지 못한 채, 파이썬^{Python}과 같은 프로그래밍 언어를 배우고 데이터에 다양한 패키지를 적용하는 유혹에 빠지기 쉽다. 이는 블랙-숄즈-머튼 모델이 어디서 왔는지 또는 그 한계를 이해하지 못한 채, 블랙-숄즈-머튼 모델을 사용해 옵션 가치 평가를 하는 것과 비슷하다.

이 책의 목적은 머신러닝의 기초가 되는 알고리즘을 설명함으로써 알고리즘을 사용한 결과가 지식적으로 평가될 수 있도록 하는 것이다. 머신러닝을 사용하는 것에 대해 진지한 사람이라면 누구나 파이썬과 같은 언어를 배우고 싶어 할 것이다. 이 책은 백업 자료를 제공하기 위해 엑셀과 파이썬을 모두 사용하는 특이한 접근 방식을 취하고 있다. 적어도 초기에는 일부 독자들에게는 파이썬보다 엑셀이 훨씬 더 편할 것으로 예상하기 때문이다. 백업 자료는 저자의 다음 웹사이트에서 확인할 수 있다.

www-2.rotman.utoronto.ca/ ~hull

독자들은 엑셀 워크시트에 집중하는 것부터 시작할 수 있다. 그리고 워크시트에 더 편해질수록 파이썬으로 옮겨갈 수 있다. 독자들은 파이썬을 사용해 머신러닝 패키지를 사용하고, 엑셀에 비해 좀 더 빠른 속도로 현저히 큰 데이터셋을 처리할 수 있을 것이다.

1.2 머신러닝 모델의 종류

머신러닝 모델에는 크게 4가지 범주가 있다.

- 지도학습
- 비지도학습
- 준지도학습
- 강화학습

지도학습은 데이터를 사용해 예측하는 것과 관련이 있다. 다음 절에서는 단순 회귀 모형을 사용해서 급여를 예측할 수 있는 방법을 보여줄 것이다. 이는 지도학습의 한 예다. 3장에서는 집값을 예측하는 데 어떻게 유사한 모델을 사용할 수 있는지 검토한다. 연속적인 값(개인의 급여나 집값 등)을 취할 수 있는 변수를 예측할 때 사용되는 지도학습 모델과 분류에 사용되는 모델을 구분할 수 있다. 분류 모델은 머신러닝에서 매우 흔하다. 예를 들면, 잠재적인 차입자들을 승인하거나 기각하는 신용위험으로 분류하는 머신러닝의 적용을 이후에 살펴볼 것이다.

지도학습은 데이터의 패턴을 인식하는 것과 관련이 있다. 주요 목적은 특정 변수를 예측하는 것이 아니다. 오히려 데이터로 대표되는 환경을 더 잘 이해하는 것이다. 소비자에게 다양한 제품을 판매하는 회사를 생각해 보자. 소비자 구매에 관한 데이터는 다른 제품을 구매하는 고객의 특성을 결정하는 데 사용될 수 있다. 이것은 차례로 제품 광고 방식에 영향을 미칠 수 있다.

2장에서 보게 되겠지만, 군집화^{clustering}는 비지도학습에 사용되는 주요 도구다.

지도학습을 위한 데이터는 특성과 레이블로 언급되는 것을 포함한다. 레이블은 예측해야 할 목표값이다. 특성은 이것으로부터 예측이 이루어질 변수다. 예를 들어, 주택가격을 예측할 때 특성은 거주 공간의 스퀘어피트, 침실 수, 욕실 수, 차고 크기, 지하실 완공 여부 등이 될 수 있다. 레이블은 집값이 될 것이다. 비지도학습을 위한 데이터는 특성으로 구성되지만 어떤 것을 예측하는 것이 아니라 패턴을 식별하는 데 모델이 사용되고 있기 때문에 레이블이 없다. 가격을 예측하지 않고 특정 동네에 존재하는 주택을 이해하기 위해 비지도학습 모델을 사용할 수 있다. 1,500~2,000 스퀘어피트의 생활공간, 3개의 침실, 그리고 1개의 차고를 가진 주택 집단과 5,000~6,000 스퀘어피트의 생활공간, 6개의 침실, 2개의 차고가 있는 또 다른 주택 집단이 있다는 것을 발견할 것이다.

준지도학습은 지도학습과 비지도학습의 교차점이다. 그것은 어떤 것을 예측하려고 할 때 발생하며 레이블이 있는 일부 데이터(즉, 타깃에 대한 값)와 레이블이 부착되지 않은 일부 데이터(보통 훨씬 더 많이)를 가지고 있다. 레이블이 붙지 않은 데이터는 무용지물이라고 생각할 수도 있겠지만 꼭 그렇지는 않다. 레이블이 부착되지 않은 데이터는 레이블이 부착된 데이터와 함께 사용해 예측에 도움이 되는 군집을 생성할 수 있다. 예를 들어, 연령, 소득 수준 등과 같은 특성으로부터 고객이 특정 제품을 구매할 것인지 여부를 예측하는 데 관심이 있다고 가정하자. 또한 소량의 레이블링된 데이터(즉, 제품을 구입했는지 또는 구입하지 않았는지 여부뿐만 아니라 고객의 특성을 나타내는 데이터)와 훨씬 많은 양의 레이블링되지 않은 데이터(즉, 잠재 고객의 특성은 나타내지만 제품을 구입했는지 여부는 나타내지 않는 데이터)가 있다고 가정하자. 이 때 특성을 사용하는 비지도학습을 적용해 잠재적인 고객들을 군집화할 수 있다. 다음과 같은 간단한 상황을 상상해 보자.

- 전체 데이터셋에는 두 개의 군집 A와 B가 있다.

- 레이블링된 데이터로부터 구매자는 모두 군집 A의 포인트에 해당하는 반면, 레이블링된 데이터로부터 구매하지 않은 사람은 모두 다른 군집 B의 포인트에 해당한다.

이 경우 군집 A의 모든 개인을 구매자로 합리적으로 분류하고 군집 B의 모든 개인을 비구매자로 분류할 수 있다.

인간은 준지도학습을 사용한다. "고양이"와 "개"라는 이름을 알지 못하지만 관찰력이 있다고 상상해보라. 이웃에 있는 두 개의 뚜렷한 군집의 애완동물들을 볼 수 있다. 마침내 누군가가 두 마리의 특정한 동물을 가리키며 한 마리는 고양이인 반면 다른 한 마리는 개라고 말한다. 그러면 관찰된 다른 모든 동물들에게 레이블을 붙이기 위해 준지도학습을 쉽게 사용할 수 있을 것이다. 인간이 이런 식으로 준지도학습을 사용한다면 기계가 그렇게 할 수 있다는 것은 놀랄 일이 아니다. 많은 머신러닝 알고리즘은 우리의 뇌가 데이터를 처리하는 방법을 연구하는 것에 기초한다.

머신러닝의 마지막 유형인 강화학습은 일련의 결정을 내려야 하는 상황과 관련이 있다. 환경은 일반적으로 의사결정을 내리는 것에 따라 불확실한 방식으로 변화한다. 자율주행차는 강화학습 알고리즘을 사용한다. 이 알고리즘은 바둑과 체스와 같은 게임을 하기 위해 앞에서 언급된 프로그램의 기초가 된다. 이들은 또한 일부 트레이딩과 헷징 의사결정에 사용된다. 7장에서 강화학습에 대해 토론할 것이다.

1.3 검증 및 테스트

의사결정 전략을 예측하거나 결정하는 데 데이터셋을 사용할 경우, 머신러닝 모델은 그 데이터셋에는 잘 작동하지만 다른 데이터에는 잘 일반화되지 않을 위험이 있다. 분명한 점은 머신러닝 모델에 사용되는 데이터가 모델이 적용될 상황을 대표하는 것이 돼야 한다는 것이 중요하다는 것이다. 예를 들어, 고객이 높은 수입을 가진 지역에 대한 데이터를 사용해 제품의 국가 매출을 예측하는 것은 편향된 결과를 가져다 줄 수 있다.

통계학자들이 오랫동안 인지했듯이, 샘플 외에서 모델을 검정하는 것이 중요하다. 이는 모델의 파라미터를 결정하는 데 사용된 샘플 데이터와 다른 데이터에 대해 모델을 테스트해야 함을 의미한다.

데이터 과학자들은 일반적으로 한 가지 모델을 테스트하는 데에만 관심이 있는 것이 아니다. 그들은 전형적으로 여러 가지 다른 모델을 시도하고, 그것들 사이에서 선택하고, 선택된 모델의 정확도를 테스트한다. 이를 위해 다음과 같은 세 가지 데이터셋이 필요하다.

- 훈련셋
- 검증셋
- 테스트셋

훈련셋은 고려 중인 모델의 파라미터를 결정하는 데 사용한다. 검증셋은 각 모델이 다른 데이터셋에 얼마나 잘 일반화되는지 결정하는 데 사용한다. 테스트셋은 선택된 모델의 정확도를 측정하기 위해 보류된다.

이것을 간단한 예로 설명해 보자. 미국의 특정 지역에서 특정 직업에 종사하는 사람들의 나이에 따른 급여를 예측하는 데 관심이 있다고 가정한다. 30명의 개인에 대한 무작위 표본에 관한 데이터를 수집한다. (이것은 간단한 예를 제공하기 위해 만들어진 매우 작은 데이터셋이다. 머신러닝에 사용되는 데이터셋은 이것보다 몇 배 더 크다.) 첫 번째 10개의 관측치(머신러닝에서 예제 instance로 불려진다.[5])를 사용해 훈련셋을 형성한다. 다음 10개의 관측치는 검증셋을 형성하는 데 사용되며 최종 10개의 관측치는 테스트셋을 형성하는 데 사용될 것이다.

---

5 sample, instance, example, observation 모두 샘플과 같은 의미로 사용된다. 이 책에서는 파이썬의 instance와의 혼동을 피하기 위해 instance를 예제로 번역한다. – 역자주

훈련셋은 표 1.1과 그림 1.1에 표시된다. 훈련셋에 정말 잘 맞는 모델을 고르는 것은 매혹적이다. 어떤 실험은 5차 다항식이 이를 수행하는 것을 보여준다. 즉, 다음과 같은 모델이다.

$$Y = a + b_1X + b_2X^2 + b_3X^3 + b_4X^4 + b_5X^5$$

여기서 Y는 급여이고 X는 연령이다. 이 다항식을 데이터에 적합화한 결과는 그림 1.2에서 볼 수 있다. 수행된 모든 분석의 결과는 다음 사이트에 있다.

https://www-2.rotman.utoronto.ca/~hull

이 모델은 데이터에 대한 양호한 적합도를 제공한다. 훈련 데이터셋의 10명에 대한 모델에 의해 주어진 급여와 실제 급여의 차이에 대한 표준편차는 평균 제곱근 오차 또는 RMSE로 알려져 있는데 12,902달러이다. 그러나 상식적으로 보면 데이터를 과대적합하게 적용했을지도 모른다는 생각이 들 것이다. (그림 1.2의 곡선이 비현실적으로 보이기 때문이다. 이는 연령이 증가할수록 감소, 증가, 감소, 그리고 다시 증가한다.) 따라서 샘플 외out-of-sample 에서 모델을 확인할 필요가 있다. 데이터 과학 언어를 사용해서 다시 표현하면, 모델이 표 1.1의 훈련셋과 다른 검증 데이터셋에 잘 일반화되는지 평가할 필요가 있다.

표 1.1 훈련 데이터셋: 특정 지역에서 특정 직업에 종사하는 10명의 무작위 표본에 대한 급여

연령(세)	급여(달러)
25	135,000
55	260,000
27	105,000
35	220,000
60	240,000
65	265,000
45	270,000
40	300,000
50	265,000
30	105,000

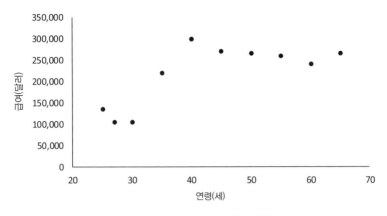

그림 1.1 표 1.1의 훈련 데이터셋의 산점도

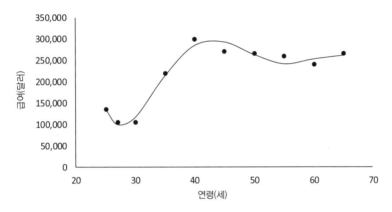

그림 1.2 표 1.1와 그림 1.1의 데이터에 대한 5차 다항식의 적합화 결과(급여 대 연령 엑셀 파일을 참조하라.)

검증셋은 표 1.2에서 보여진다. 이 데이터에 대한 산점도는 그림 1.3에 있다. 이 데이터에 대해 그림 1.2의 모델을 사용할 때, 평균제곱근오차 즉, RMSE가 약 38,794달러로 표 1.1의 훈련 데이터를 사용해 얻은 12,902달러보다 훨씬 높다는 것을 알 수 있다. 이는 그림 1.2의 모델이 지나치게 적합하다는 것을 분명하게 나타낸다. 따라서 새로운 데이터에 잘 일반화되지 않는다.

표 1.2 검증 데이터셋: 특정 지역에서 특정 직업에 종사하는 10명의 무작위 표본에 대한 급여

연령(세)	급여(달러)
30	166,000
26	78,000
58	310,000
29	100,000
40	260,000
27	150,000
33	140,000
61	220,000
27	86,000
48	276,000

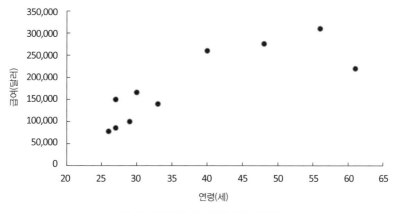

그림 1.3 표 1.2의 데이터에 대한 산점도

자연스러운 다음 단계는 더 간단한 모델을 살펴보는 것이다. 그림 1.1의 산점도는 2차 모델이 적합할 수 있다는 것을 제시한다. 이 모델은 다음과 같다.

$$Y = a + b_1 X + b_2 X^2$$

즉, 2차 다항식 모델이다.

그림 1.1의 훈련 데이터셋과 함께 가장 적합화된 2차 모델은 그림 1.4에 나타나 있다. 훈련셋의 적합도는 물론 그림 1.2의 모델보다 좋지 않다. 오차

의 표준편차는 32,932달러다. 그러나 이 모델은 새로운 데이터를 합리적으로 잘 일반화한다. 표 1.2와 그림 1.3에 설정된 검증 데이터셋에 대해 2차 모델이 제공하는 오차의 표준편차는 33,554달러로, 훈련 데이터셋의 32,932달러보다 조금 더 나쁠 뿐이다. 따라서 2차 모델은 그림 1.2의 보다 정교한 모델보다 더 잘 일반화된다.

그림 1.4의 모델은 그림 1.2의 모델보다 단순하며 검증셋에 잘 부합한다. 그러나 이것이 단순한 모델이 더 복잡한 모델보다 항상 더 낫다는 것을 의미하지는 않는다. 여기서 고려하고 있는 데이터의 경우, 선형 모델을 사용할 수 있다. 이것은 그림 1.5의 예측으로 이어질 것이다.

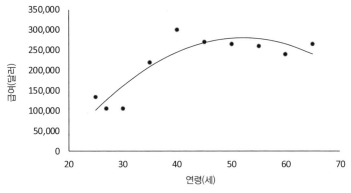

그림 1.4 표 1.1과 그림 1.1의 데이터에 대한 2차 모델의 적합화 결과(급여 대 연령 엑셀 파일을 참조하라.)

시각적으로 이 모델은 50세를 넘어서면서 급여가 감소하는 것을 포착하지 못한다는 것을 알 수 있다. 이 관측치는 훈련 데이터셋의 오차의 표준편차로 확인되는데, 이 값은 2차 모델의 오차보다 훨씬 좋지 않은 49,731달러다.

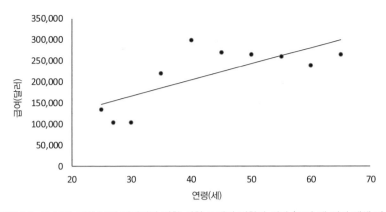

그림 1.5 표 1.1와 그림 1.1의 데이터에 대한 선형 모델의 적합화 결과 (급여 대 연령 엑셀 파일을 참조하라.)

표 1.3은 여기서 고려한 세 가지 모델에 의해 주어진 평균 제곱근 오차를 요약한 것이다. 선형 모델과 2차 모델 모두 검증 데이터셋에 잘 일반화되지만 2차 모델이 더 정확하기 때문에 선호된다는 점에 유의하라. 이에 비해 5차 다항식 모델은 일반화가 잘 되지 않는다. 5차 다항식 모델은 훈련셋을 과대적합화하지만, 선형 모델은 훈련 셋을 과소적합화한다.

표 1.3 평균 제곱근 오차(RMSE)(엑셀 파일 참조)

	5차 다항식	2차 모델	선형 모델
훈련셋(표 1.1)	12,902	32,932	49,731
검증셋(표 1.2)	38,794	33,554	49,990

2차 모델은 얼마나 정확한가? 이는 검증셋의 결과를 보고 판단할 수 있다. 그러나 가장 좋은 모델을 선택하는 것을 돕기 위해 검증셋을 사용했으므로 모델의 정확도를 과대평가할 수 있다. 따라서 정확도 측정을 위해 테스트 데이터셋을 사용한다. 이 데이터셋은 지금까지 분석에서 아무런 역할을 하지 않았다.

테스트 데이터셋 결과가 표 1.4와 같다고 가정하자. 테스트셋의 RMSE는 34,273달러이다. 선택한 모델의 성과에 대한 정보를 제시할 때, 검증셋 또는 훈련셋의 결과가 아닌 테스트 데이터셋에 대한 결과에 기초해야 한다.

과대적합과 과소적합 사이의 균형을 어떻게 달성해야 하는가? 이것은 머신러닝에서 중요한 문제다. 신경망(6장 참조)과 같은 일부 머신러닝 알고리즘은 매우 많은 수의 파라미터를 포함할 수 있다. 그러면 훈련 데이터셋이 큰 경우에도 과대적합이 쉽게 일어날 수 있다.

여기서 살펴본 간단한 예에 근거해 보면, 경험적 법칙은 다음과 같다.

> 샘플 외 테스트가 모델이 잘 일반화하지 못함을 보일 때까지 모델의 복잡도를 증가시켜야 한다.

표 1.4 2차 모델을 테스트셋에 적용할 때의 오류

연령(세)	급여(달러)	예측된 급여(달러)	오차(달러)
26	110,000	113,172	− 3,172
52	278,000	279,589	− 1,589
38	314,000	230,852	+ 83,148
60	302,000	264,620	+ 37,380
64	261,000	245,457	+ 15,543
41	227,000	249,325	− 22,325
34	200,000	199,411	+ 589
46	233,000	270,380	− 37,380
57	311,000	273,883	− 37,117
55	298,000	277,625	+ 20,375

이 규칙은 그림 1.6에 예시가 있다. 그림은 점진적으로 더 복잡해지는 일련의 모델들이 있다고 가정한다. 각 모델에 대해 훈련셋과 검증셋 모두에 대해 RMSE와 같은 모델의 오차에 대한 척도를 계산한다. 모델의 복잡도가 X보다 작을 때 모델은 잘 일반화된다. 검증셋에 대한 모델의 오차는 훈련셋의 오차보다 조금 더 많을 뿐이다. 모델 복잡도가 X 이상으로 증가함에 따라 검증셋에 대한 오차가 증가하기 시작한다.

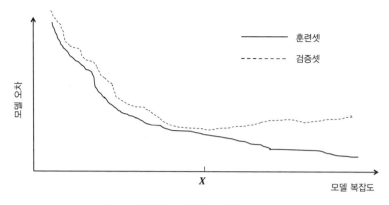

그림 1.6 훈련셋과 검증셋에 대한 모델의 오차

가장 좋은 모델은 모델 복잡도 X를 가진 모델이다. 이 모델이 검증셋에 대한 오차가 가장 낮기 때문이다. 복잡도가 더 증가하면 훈련셋의 오차는 감소하지만 검증셋의 오차가 증가하는데, 이는 과대적합의 명백한 표시다.

과소적합과 과대적합 사이의 적절한 균형을 찾는 것을 머신러닝에서 편향–분산 트레이드 오프라고 한다. 편향은 관련된 관계를 놓치게 하는 모형의 가정으로 인한 오차다. 분산은 훈련셋의 무작위 잡음을 반영함으로써 초래된 모델 과대적합에 기인한 오차를 의미한다.

지금까지 설명한 요점을 요약하면 다음과 같다.

- 훈련셋은 대체 모델을 개발하는 데 사용한다.
- 검증셋은 모델이 새 데이터에 얼마나 잘 일반화되는지 조사하고 모델 중 하나를 선택하는 데 사용한다.
- 테스트셋은 뒤로 보류되며 분석 종료 시 선택한 모델의 정확도에 대한 샘플 외 테스트용으로 사용한다.

여기서 살펴본 간단한 예에서, 훈련셋, 검증셋 및 테스트셋은 관찰 대상수가 동일 했다. 일반적인 머신러닝 응용에서는 훨씬 더 많은 데이터를 이용할 수 있고, 그 중 적어도 60%는 훈련셋에 할당하며, 10%~20%는 각 검증셋과 테스트셋에 할당한다.

머신러닝의 데이터셋은 이 절에서 사용한 베이비 데이터셋보다 더 많은 관측치를 포함한다는 것을 강조하는 것이 중요하다. (10개의 관측치는 관계를 신뢰성 있게 학습하기에 분명히 불충분하다.) 그러나 베이비 데이터셋은 편향-분산 트레이드 오프의 간단한 예시를 제공한다.

1.4 데이터 정제

데이터 정제는 비록 흥미롭지는 않지만 머신러닝의 매우 중요한 측면이다. 자료에 의하면 데이터 과학자는 데이터 수집과 정리에 80%의 시간을 소비한다고 추정됐다.[6] 대용량 데이터셋은 일반적으로 정제해야 할 문제가 있다. 좋은 데이터 정제는 성공적인 머신러닝과 실패한 머신러닝 사이의 모든 차이를 만들 수 있다. "쓰레기 입력, 쓰레기 출력^{GIGO}"이라는 표현은 다른 분석과 마찬가지로 머신러닝에도 적용된다.

지금 단계에서 수치와 범주형의 두 가지 유형의 데이터가 있음을 짚어보는 것은 적절하다. 즉 수치 데이터는 숫자로 구성되고, 범주형 데이터는 여러 상이한 범주에 속할 수 있는 데이터다. 예를 들어, 주택가격을 예측하는 데이터는 진입로를 아스팔트, 콘크리트, 잔디 등으로 분류할 수 있다. 3장에서 보게 될 것처럼 범주형 데이터는 분석을 위해 수치로 변환해야 한다. 이제 데이터 정제 문제와 이들의 처리 방법을 나열해본다.

일관성이 없는 기록

수치형 또는 범주형 데이터는 일관성이 없는 기록에 노출될 수 있다. 예를 들어, 주택의 스퀘어피트에 대한 수치 데이터는 수작업으로 3300, 3,300, 3300 ft 또는 3300+ 등으로 입력될 수 있다. 데이터를 검사해 변형을 결정

---

6 https://www.forbes.com/sites/gilpress/2016/03/23/data-preparation-mosttime-consuming-least-enjoyable-data-science-task-survey-says/#2f8970aa6f63를 참조하라

하고 최선의 정제 방법을 결정할 필요가 있다. 범주형 데이터는 진입로 driveway를 (소문자)"asphalt", (대문자)"Asphalt" 또는 (오타)"aphlat"로 나타날 수 있다. 여기서 가장 간단한 접근법은 특정 특성에 대해 입력된 대안들을 나열하고 적절히 병합하는 것이다.

원하지 않는 관측치

특정 지역의 주택가격을 예측하는 모델을 개발 중인 경우, 일부 데이터는 아파트 가격이나 관심 지역에 없는 주택가격을 가리킬 수 있다. 분석을 시도하기 전에 이러한 데이터를 식별하고 제거하는 방법을 찾는 것이 중요하다.

중복 관측치

데이터가 여러 소스에서 병합되거나 여러 사람이 데이터셋을 만드는 데 관여했을 때 중복 관찰이 되기 쉽다. 이것들은 결과를 편향시킬 수 있다. 따라서 검색 알고리즘을 사용해 중복을 최대한 식별하고 제거하는 것이 중요하다.

특이치

수치 데이터의 경우 특이치는 데이터를 그리거나, 예를 들어 평균으로부터 6 표준편차 벗어난 데이터를 탐색함으로써 식별할 수 있다. 때때로 특이치가 오타일 것이 확실하다. 예를 들어, 침실 세 개가 있는 집의 스퀘어피트가 33,000으로 입력된다면, 그것은 거의 확실히 오타이고 아마도 3,300일 것이다. 그러나 특이치는 그럴 만한 이유가 있을 때만 제거해야 한다. 특성 또는 타깃에 대해 비정상적으로 크거나 작은 값은 정확하다면 유용한 정보를 포함할 가능성이 있다. 특이치가 머신러닝 결과에 미치는 영향은 사용하는 모델에 따라 달라진다. 특이치는 3장에서 고려하는 것과 같은 회귀모형에 큰 영향을 미치는 경향이 있다. 의사결정트리와 관련된 것과 같은 다른 모델들은 특이치의 영향을 덜 받는다.

결측 데이터

큰 데이터셋에서는 결측 데이터 값이 존재할 가능성이 있다. 간단한 접근법은 하나 이상의 특성에 대해 결측값이 있는 데이터를 제거하는 것이다. 그러나 이것은 표본 크기를 줄이고 편향을 만들 수 있기 때문에 바람직하지 않을 수 있다. 범주형 데이터의 경우 간단한 해결책은 "결측"이라는 새로운 범주를 만드는 것이고, 숫자 데이터의 경우 결측 데이터를 비결측 데이터 값의 평균이나 중위수로 대체하는 접근법이 한 가지 있다. 예를 들어, 어떤 집의 스퀘어피트가 결측돼 있고, 데이터가 있는 주택들의 스퀘어피트의 중위값이 3,500으로 계산되면, 모든 결측값을 3,500으로 채울 수 있다. 보다 정교한 접근 방식은 타깃을 결측되지 않은 값에 대해 회귀한 다음 그 결과를 이용해 결측값을 채우는 것을 포함할 수 있다. 때때로 데이터가 무작위로 결측됐다고 가정하는 것이 합리적이고, 때로는 데이터가 결측됐다는 사실 자체가 정보를 제고할 수 있다. 후자의 경우 데이터가 있으면 0이고 결측된 경우에는 1인 새로운 지표 변수를 생성하는 것이 바람직하다.

1.5 베이즈 정리

때때로 머신러닝은 데이터로부터 결과의 확률을 추정하는 것에 관심이 있다. 그 결과는 고객이 대출금을 연체하거나 사기성이 입증된 거래일 수 있다. 일반적으로 결과에 대한 초기 확률이 있다. 데이터가 수집되면 데이터에 조건부 확률로 확률이 업데이트된다. 베이즈 정리^{Bayes' theorem}라고 알려진 결과는 때때로 조건부 확률을 계산하는 데 유용하다.

토마스 베이즈는 1760년 경에 베이즈 정리를 발견했다. 사건 X가 발생할 확률을 $P(X)$로 표기하고, 사건 X가 발생했다는 조건부로 사건 Y가 발생할

확률은 $P(Y|X)$로 쓸 것이다. 이 때 베이즈 정리는 다음과 같다.

$$P(Y|X) = \frac{P(X|Y)P(Y)}{P(X)} \tag{1.1}$$

베이즈 정리의 증명은 단순하다. 조건부 확률의 정의로부터 다음을 얻을 수 있다.

$$P(Y|X) = \frac{P(X와\ Y)}{P(X)}$$

와

$$P(X|Y) = \frac{P(X와\ Y)}{P(Y)}$$

두 번째 식에서 $P(X와\ Y)$를 첫 번째 식에 대입하면 식 (1.1)의 베이즈 정리 결과를 얻을 수 있다.

베이즈 정리의 응용으로, 은행이 사기거래를 시도하는 고객을 식별하고자 한다고 가정하자. 90%의 사기거래가 100,000달러를 초과하고, 오후 4시와 5시 사이에 일어난다는 것을 관찰할 수 있다. 전체적으로, 단지 1%의 거래만이 사기거래고 모든 거래의 3%가 100,000달러를 초과하며 오후 4시와 5시 사이에 발생한다.

이 경우 다음과 같이 정의한다.

- X: 오후 4시와 5시 사이에 발생하는 100,000달러를 초과하는 거래
- Y: 사기거래

$P(Y) = 0.01$, $P(X|Y) = 0.9$ 그리고 $P(X) = 0.03$이다. 베이즈 정리로부터 다음을 얻는다.

$$P(Y|X) = \frac{P(X|Y)P(Y)}{P(X)} = \frac{0.9 \times 0.01}{0.03} = 0.3$$

무작위 거래가 사기거래일 확률은 단지 1%이다. 그러나 거래가 오후 4시와 5시 사이에 일어나고, 100,000달러를 초과하는 것을 알 때, 베이즈 정리는 이 확률을 30%로 업데이트해야 한다는 것을 보여준다. 이것이 의미하는 것은 분명하다. 만약 은행이 거래에 대한 온라인 승인 시스템을 가지고 있다면, 오후 4시와 5시에 일어나고 100,000달러를 초과하는 거래를 더이상의 조사 없이 승인하지 않을 것이다.

베이즈 정리로 할 수 있는 것은 확률이 측정될 때 조건성을 뒤집는 것이다. 때때로 이것은 직관적이지 않은 결과를 낳는다. 어떤 질병에 대한 테스트가 "99% 정확하다"고 가정하자. 이것의 의미는 어떤 사람이 질병을 가지고 있을 때, 테스트의 99%에서 양성 결과를 낸다(즉, 그 사람이 질병을 가지고 있다고 예측한다.)는 것이다. 또한 어떤 사람이 질병을 가지고 있지 않을 때, 이는 음성 결과(즉, 그 사람이 질병을 가지고 있지 않다.)를 테스트의 99%에서 낸다고 가정하자.[7] 질병이 희귀해서 개인이 질병을 가질 (비조건부) 확률이 10,000 분의 1이라고 가정하자. 만약 테스트가 양성으로 나온다면, 질병을 가질 확률은 얼마인가?

이 문제에 대한 자연스러운 해답은 99%이다. (결국 테스트는 99% 정확하다.) 하지만, 이는 조건성을 혼동시킨다. X는 테스트가 양성이라는 것을 가리키고, Y는 질병을 가질 확률이라고 가정하자. $P(Y|X)$를 알고자 하는데, $P(X|Y) = 0.99$라는 것을 안다. 또한 $P(Y) = 0.0001$이라는 것을 안다. 표기를 확장해서 $\overline{X}$는 테스트 결과가 음성이라는 것을 가리키고, $\overline{Y}$는 그 사람이 질병을 가지고 있지 않는 것을 가리킨다. 또한 다음을 알고 있다.

$$P(\overline{Y}) = 0.9999$$

그리고

$$P(\overline{X}|\overline{Y}) = 0.99$$

---

7 정확도 척도가 양성과 음성 결과에 대해서 같을 필요는 없다.

X 또는 $\overline{X}$는 이므로 $P(\overline{X}|\overline{Y}) + P(X|\overline{Y}) = 1$이고, 따라서 다음을 얻는다.

$$P(X|\overline{Y}) = 0.01$$

그리고 양성 테스트 결과는 다음과 같이 계산할 수 있다.

$$P(X) = P(X|Y)P(Y) + P(X|\overline{Y})P(\overline{Y})$$
$$= 0.99 \times 0.0001 + 0.01 \times 0.9999 = 0.0101$$

식 (1.1)의 베이즈 정리를 사용하면 다음을 얻는다.

$$P(Y|X) = \frac{P(X|Y)P(Y)}{P(X)} = \frac{0.99 \times 0.0001}{0.0101} = 0.0098$$

이는 만약 양성 테스트 결과를 얻는다면 질병을 실제로 가지고 있을 확률이 1% 이하라는 것을 보여준다. 테스트 결과는 약 98배로 비조건부 0.0001로부터 질병을 가지고 있을 확률을 증가시키지만, 그 확률은 여전히 낮다. 여기서의 핵심 포인트는 "정확도"가 사람이 질병을 가지고 있는 있을 때 옳은 결과를 얻는 확률로 정의하는 것이지, 반대는 아니라는 것이다.

베이즈 정리를 이용해 4장에서 나이브 베이즈 분류기라고 알려진 유명한 도구를 설명하고, 이를 이용해 8장의 자연어 처리에서 사용할 것이다.

요약

머신러닝은 빅데이터셋으로부터의 학습과 관련된 인공지능의 한 분야다. 예측을 하고, 데이터를 군집화하고, 일련의 의사결정을 하는 전략을 개발하는 알고리즘을 개발하는 것과 관련된다.

통계적 분석은 전통적으로 (데이터를 보지 않고) 가설을 형성한 다음 그 가설을 데이터로 시험하는 것을 포함한다. 머신러닝은 다르다. 가설이 없다. 그 모델은 전적으로 데이터에서 도출된다.

머신러닝 알고리즘을 사용하기 전에 데이터를 정제하는 것이 중요하다. 데이터를 구성하는 특성은 수치형 또는 범주형이다. 두 경우 모두 데이터가 입력된 방식에 일관성이 없을 수 있다. 이러한 일관성 결여를 식별하고 수정할 필요가 있다. 일부 관측치는 당면한 과제와 무관할 수 있으므로 제거해야 한다. 데이터를 점검해 편향을 만들 수 있는 중복 관찰을 확인해야 한다. 입력 오류의 결과인 특이치는 제거해야 한다. 마지막으로, 결측 데이터는 결과에 치우치지 않는 방식으로 처리돼야 한다.

베이즈 정리는 불확실성을 계량화할 필요가 있을 때 때때로 사용하는 결과이다. 그것은 조건성을 뒤집는 방법이다. 사건 Y의 발생 확률을 알고자 하며 다른 관련 사건 X가 발생하는지 관찰할 수 있다고 가정하자. 또한 경험으로부터 Y가 발생했을 때 X가 발생할 확률을 알 수 있다고 가정하자. 베이즈 정리는 X를 조건부로 Y의 확률을 계산할 수 있게 해준다.

이번 장에서 언급했듯이, 머신러닝은 전통적으로 통계에서 사용되던 용어와는 다른 고유의 용어를 가지고 있다. 지금까지 소개된 새로운 용어를 요약하면서 이 장을 마감한다. 특성feature은 관측치를 갖는 변수다. 각각의 관측치는 예제instance라고 한다. 타깃target은 예측하고자 하는 변수다. 레이블label은 타깃의 관측치이다. 지도학습supervised learning은 새로운 데이터의 타깃을 예측하기 위해 특성과 타깃에 대한 데이터를 사용하는 머신러닝의 한 유형이다. 비지도학습unsupervised learning은 데이터의 구조를 이해하는 데 도움을 주기 위해 데이터에서 패턴을 찾으려고 하는 것이다. (타깃이 없으며, 따라서 비지도학습에는 레이블이 없다.) 준지도학습semi-supervised learning은 부분적으로 레이블이 붙어 있고 (따라서 타깃값이 제공되고), 부분적으로 레이블이 붙어있지 않은 (따라서 타깃값이 제공되지 않는) 데이터로부터 타깃에 대한 예측을 하는 것을 포함한다. 마지막으로 강화학습refinforcement learning은 의사결정자가 변화하는 환경과 상호작용하는 상황에서 순차적 의사결정을 위한 알고리즘을 생성하는 것과 관련이 있다. 이후 이 책의 전개에 따라 다른 용어도 소개할 것이다.

짧은 개념 질문

1.1 머신러닝과 인공지능의 차이점은 무엇인가?

1.2 지도학습에서 이루어지는 두 가지 유형의 예측을 설명하라.

1.3 비지도학습은 언제 적절한가?

1.4 강화학습은 언제가 적절한가?

1.5 준지도학습은 언제가 적절한가?

1.6 머신러닝 모델이 데이터에 과소적합한지 여부를 어떻게 알 수 있는 가?

1.7 검증 데이터셋과 테스트 데이터셋의 역할에 대해 설명하라.

1.8 범주형 특성이 의미하는 것은?

1.9 편향-분산 트레이드 오프는 무엇을 의미하는가? 그림 1.5의 선형 모델이 편향 오차 또는 분산 오차를 제공하는가? 그림 1.2의 5차 다항식 모델은 편향 오차 또는 분산 오차를 제공하는가?

1.10 5가지 데이터 정제 유형을 나열하라.

1.11 "베이즈 정리는 조건성을 뒤집는 것을 허용한다." 이 진술은 무엇을 의미하는가?

연습문제

1.12 제1.3절의 급여 대 연령 데이터에 대해 3차와 4차 다항식 모델이 얼마나 잘 작동하는가? 최적의 적합화된 모델이 훈련셋으로부터 검증셋으로 잘 일반화되는지 여부를 고려하라.

1.13 이메일의 25%가 스팸이고 스팸에 40%의 특정 단어가 포함된다고 가정하자. 전반적으로 단지 12.5%의 이메일만이 특정 단어를 포함하고 있다. 이메일에 특정 단어가 포함돼 있을 때, 스팸 메일이 될 확률은 얼마인가?

02
비지도학습

1장에서 설명했듯이, 지도학습은 데이터에서 패턴을 식별하는 것과 관련이 있다. 즉각적으로 기대하는 목적은 타깃 변수의 값을 예측하는 것이 아니라, 데이터의 구조를 이해하고 군집cluster을 찾는 것이다. 이는 많은 기업에 유용한 활동이다. 예를 들어, 은행들은 종종 비지도학습을 사용해 고객들과 더 잘 소통하고 더 나은 수준의 서비스를 제공할 수 있도록 고객들을 군집화한다. 한 집단은 곧 담보 대출을 필요로 할 젊은 부부가 될 수 있다. 또 다른 부류는 HENRY^{High Earners, Not Rich Yet}라고 불리는, 고소득이지만 아직 부자가 아닌 집단이다. 이들은 자산관리 서비스 시장을 이용하고 있는, 25만 달러에서 50만 달러 사이의 소득을 가진 가구들이다.

이 장에서는 k-평균 알고리즘으로 알려진 일반적인 군집화 절차를 설명한다. 외국인 투자자의 관점에서 국가별 리스크에 따라 군집화하는 알고리즘을 예시해 본다. 122개국에 대한 데이터와 4가지 특성이 사용되는데, 사용되는 특성은 실질 국내총생산^{GDP} 증가율, 부패지수, 평화지수, 법률위험지수이다. 그런 다음 몇 가지 대안 알고리즘을 언급하고 주성분 분석을 설명하는데, 이는 지도학습과 비지도학습 모두에 유용한 도구다.

2.1 특성 스케일링

군집화 알고리즘을 다루기 전에 특성 스케일링^{feature scaling}을 알아보자. 특성 스케일링은 데이터의 정규화^{normalization} 또는 표준화^{standardization}라고도 한다. 이는 k-평균 알고리즘을 포함한 많은 머신러닝 알고리즘에 필요한 첫 번째 단계로, 특성이 알고리즘에서 동등한 중요성을 부여받도록 하는 것이 목적이다. 예를 들어, 키(인치)와 몸무게(파운드)의 두 가지 특성에 따라 남성을 군집화한다고 가정하자. 키가 60인치에서 80인치인 반면 무게는 100파운드에서 350파운드 사이일 수 있다. 특성 스케일링이 없으면 키 범위가 무게 범위(20인치 vs 250파운드)보다 훨씬 작기 때문에 두 특성은 동등한 중요도로 처리되지 않는다.

특성 스케일에 대한 한 가지 접근 방식은 각 특성의 평균과 표준편차를 계산하고, 평균을 빼고 표준편차로 나누어 특성에 대한 관측치를 스케일링하는 것이다. V가 특정 관측치의 특성값인 경우

$$\text{스케일링된 특성값} = \frac{V - \mu}{\sigma}$$

여기서 μ 및 σ은 특성에 대한 관측치로부터 계산된 평균 및 표준편차다. 이 특성 스케일링 방법을 Z-점수 스케일링 또는 Z-점수 정규화라고 한다. 스케일링된 특성은 평균이 0과 같고 표준편차는 1과 같다. 군집 분리를 결정할 때 특정 특성이 다른 특성보다 더 큰 영향을 미치기를 원하는 경우 표준편차가 1보다 크도록 스케일을 조정할 수 있다.

특성 스케일링의 대안적 접근법은 다음과 같이 최소 특성값을 차감한 값을 최대값과 최소값의 차이로 나누는 것이다.

$$\text{스케일링된 특성값} = \frac{V - \min}{\max - \min}$$

여기서 max 및 min은 최대 및 최소 특성값을 나타낸다. 이를 최소-최대 스케일링이라고 한다. 스케일링된 특성값은 0과 1 사이에 있다.

Z-점수법을 이용한 스케일링은 보통 극단값에 대한 민감도가 낮기 때문에 선호되지만, 한정된 범위에서 특성이 측정됐을 때는 최소-최대 스케일링을 사용하는 것이 타당할 수 있다. 이 장의 나머지 부분에 있는 k-평균 알고리즘에 대한 설명에서, 특성값은 설명한 두 가지 방법 중 하나를 사용해 스케일링됐다고 가정한다.

일반적인 접근 방식은 훈련 데이터셋을 사용해 스케일링 파라미터(즉, 특성의 평균과 표준편차 또는 최소값과 최대값)를 정의하는 것이다. 그런 다음 훈련셋에 의해 정의된 스케일링을 검증셋과 테스트셋뿐만 아니라 새 데이터에도 적용한다.

2.2 k-평균 알고리즘

관측치를 군집화하려면 거리 척도가 필요하다. 먼저 x와 y의 두 가지 특성만 있으므로 관측치를 2차원 차트에 표시할 수 있다고 가정하자. 그림 2.1의 두 가지 관측치, A와 B를 고려한다. 자연스러운 거리 측정은 유클리드 거리다. 이것은 직선 AB의 길이다. 관측치 A에 대해서는 $x = x_A$ 그리고 $y = y_A$, 관측치 B에 대해서는 $x = x_B$ 그리고 $y = y_B$라고 가정하자. A와 B 사이의 유클리드 거리(피타고라스의 정리 사용)는 다음과 같다.

$$\sqrt{(x_A - x_B)^2 + (y_A - y_B)^2}$$

이 거리 척도는 다차원으로 확장될 수 있다. m개의 특성에 대한 관측치가 있고 i번째 관측치에 대한 j번째 특성값을 v_{ij}이라고 가정하자. p번째 관측치와 q번째 관측치 사이의 거리는

$$\sqrt{\sum_{j=1}^{m} \left(v_{pj} - v_{qj} \right)^2}$$

두 가지 특성에서 세 가지 특성으로 확장하는 것은 꽤 이해하기 쉽다. 그것

은 거리를 2차원이 아닌 3차원으로 측정하는 것을 포함한다. $m > 3$일 때의 거리를 상상하는 것은 그렇게 쉽지는 않지만, 공식은 1, 2, 3차원에 대한 거리의 자연스러운 확장이다.

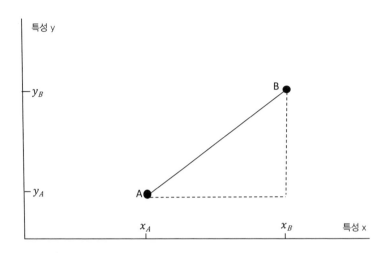

그림 2.1 좌표 (x_A, y_A)와 (x_B, y_B)에서의 관측치 A와 B 사이의 유클리드 거리는 선 AB의 길이이다.

k-평균 알고리즘을 이해하기 위해 필요한 또 다른 개념은 군집의 중심이다. (군집의 센트로이드^{centroid}라고도 한다.) 특정 관측치 집합을 군집으로 간주한다고 가정하자. 중심은 군집 내 관측치에 대한 각 특성의 평균값으로 계산된다. 4개의 특성이 있고 표 2.1의 5개의 관측치가 군집이라고 가정하자. 군집 중심은 특성 1, 2, 3, 4에 대해 각각 0.914, 0.990, 0.316, 0.330의 값을 갖는 지점이다. (예를 들어 0.914는 1.00, 0.80, 0.82, 1.10, 0.85의 평균값이다.) 각 관측치와 군집 중심 사이의 거리는 (표 2.1의 마지막 열에 표시됨) 그림 2.1의 A와 B 사이의 거리와 같은 방식으로 계산된다. 예를 들어, 군집의 중심으로부터 첫 번째 관측치의 거리는 다음과 같다.

$$\sqrt{(1.00 - 0.914)^2 + (1.00 - 0.990)^2 + (0.40 - 0.316)^2 + (0.25 - 0.330)^2}$$

이는 0.145와 같다.

표 2.1 4개의 특성에 대한 5개의 관측치로 구성된 군집 중심 계산

관측 번호	특성 1	특성 2	특성 3	특성 4	중심까지 거리
1	1.00	1.00	0.40	0.25	0.145
2	0.80	1.20	0.25	0.40	0.258
3	0.82	1.05	0.35	0.50	0.206
4	1.10	0.80	0.21	0.23	0.303
5	0.85	0.90	0.37	0.27	0.137
중심	0.914	0.990	0.316	0.330	

그림 2.2는 k-평균 알고리즘의 작동 방식을 보여준다. 첫 번째 단계는 군집 수인 k를 선택하는 것이다. 그런 다음 랜덤하게 군집의 중심으로 k 점을 선택한다. 각 군집 중심으로부터의 각 관측치의 거리는 위에서 표시한 대로 계산되며, 관측치는 가장 가까운 군집 중심에 할당된다. 이렇게 관측치를 1차 분할해 k 군집으로 만든다. 이후 그림 2.2에서 표시한 대로 각 군집의 새 중심을 계산한다. 그런 다음 새 군집 중심으로부터의 각 관측치의 거리를 계산하고, 관측치를 가장 가까운 군집 중심에 다시 할당한다. 그러고 나서 각 군집에 대해 새로운 중심을 계산하고 군집이 변경되지 않을 때까지 이러한 방식으로 계속 진행한다.

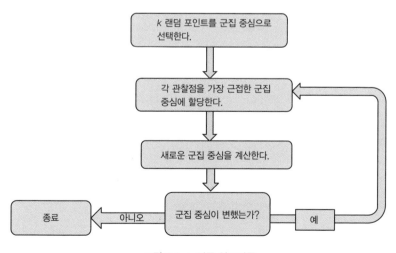

그림 2.2 k-평균 알고리즘

알고리즘의 성능을 측정하는 척도는 관성^{inertia}이라고도 알려진 군집 내 제곱합이다. d를 i번째 관측치가 속한 군집의 중심에서 그 관측치까지의 거리로 정의한다.

따라서

$$관성 = 군집\ 내\ 제곱합 = \sum_{i=1}^{n} d_i^2$$

여기서 n은 관측수이다. 주어진 k 값에 대해 k-평균 알고리즘의 목적은 관성을 최소화하는 것이어야 한다. 알고리즘의 한 번의 실행 결과는 선택한 초기 군집 중심에 따라 달라질 수 있다. 따라서 초기 군집 중심이 다른 알고리즘을 여러 번 다시 실행할 필요가 있다. 모든 실행에서 최상의 결과는 관성이 가장 낮은 것이다.

일반적으로 관성은 k가 증가할수록 감소한다. k가 관측수와 동일한 극한에서 각 관측치에 대해 하나의 군집이 있고 관성은 0이다.

2.3 k 선택하기

경우에 따라 k를 선택 하는 것은 군집화의 목적에 따라 달라질 수 있다. 예를 들어 남성용 소형·중형·대형·초대형 스웨터를 생산하려는 회사는 남성의 무작위 샘플에 대해 다양한 관련 특성(팔 길이, 어깨 너비, 가슴 측정 등)에 대한 데이터를 수집한 후, 제품 디자인에 도움이 되는 4개의 군집을 만들 수 있다. 다른 상황에서 알고리즘 사용자는 k에 대해 사전에 형성된 어떠한 아이디어를 가지고 있지 않을 수 있으며, 단지 각 관측치를 다른 유사한 관측치와 최적으로 그룹화하기를 원할 수 있다.

엘보우 방법$^{elbow\ method}$은 군집 수를 결정하는 데 널리 사용되는 방법이다. k-평균 알고리즘이 k값의 범위에 (예를 들어 1과 10 사이의 모든 값) 대해 수행된다. 그런 다음 관성이 그림 2.3에 나타낸 것과 같이 군집 수에 대해 표시된다. 이 차트에서 선의 기울기는 군집 내 제곱합이 군집 수가 증가함에 따라 어떻게 감소하는지 나타낸다. 이 예에서 1에서 2로, 2에서 3으로, 3에서 4개의 군집을 옮길 때 감소폭이 꽤 크다. 4개 군집을 지나면 감소폭이 훨씬 줄어든다. 군집의 최적 개수는 4개라고 결론짓는다.

군집 내 제곱합 외에, 군집이 얼마나 구별되는가에 관심이 있을 수 있다. 만약 두 개의 군집이 매우 가까이 있다면, 군집을 분리해서 얻는 것이 많지 않다고 합리적으로 결론 내릴 수 있다. 따라서 애널리스트들은 종종 군집 중심 간의 거리를 모니터링한다. 군집 수를 k에서 $k+1$로 변경했을 때, 중심이 서로 매우 가까운 두 군집을 초래하는 경우는 변경하지 않는 것이 더 좋다고 생각할 수 있다.

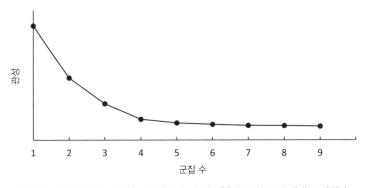

그림 2.3 엘보우 방법의 적용. 관성(군집 내 제곱합)이 군집 수에 대해 표시된다.

군집 수를 선택하는 덜 주관적인 방법은 실루엣 방법이다. k의 값의 범위에 대한 k-평균 알고리즘을 다시 수행한다. k의 각 값에 대해서 관측치와 관측치가 속한 군집의 다른 관측치 사이의 평균 거리를 각 관측치에 대해 계산한다. 이것을 $a(i)$로 정의한다. 또한 상이한 각 군집에 대해서 관측치와 해당 군집의 관측치 사이의 평균 거리도 계산한다. 우리는 $b(i)$를 다른 모든 군집에 걸친 이들 평균 거리의 최소값으로 정의한다. $b(i)$가 $a(i)$보다 클 것으로 예상한다. 그렇지 않다면 관측치 i를 다른 군집에 할당하는 것이 타당했을 것이다. 관측치의 실루엣은 $b(i)$가 $a(i)$보다 큰 정도를 측정한다. 이

는 다음과 같다.[1]

$$s(i) = \frac{a(i) - b(i)}{\max[a(i), b(i)]}$$

실루엣, $s(i)$는 -1과 $+1$ 사이에 있다. (이미 표시된 바와 같이 정확하게 할당된 관측치에 대해서는 양수일 가능성이 있다.) $+1$에 가까워질수록 관측치는 자신이 배정된 그룹에 더욱 명확하게 속해 있다. 군집 내 모든 관측치에 대한 $s(i)$의 평균은 그러한 관측치의 그룹화 정도를 측정하는 척도다. 모든 군집 내 모든 관측치에 대한 $s[i]$의 평균은 군집화의 적합성에 대한 전체적인 척도로 평균 실루엣 점수라고 한다. 특정 데이터셋의 평균 실루엣 점수가 $k = 2, 3, 4, 5, 6$에 대해서 각각 0.70, 0.53, 0.65, 0.52, 0.45이면 $k = 2$와 4가 $k = 3, 5, 6$보다 군집 수에 대한 더 나은 선택이라고 결론내릴 수 있다.

그러나 갭 통계로 알려진 k를 선택하는 또 다른 접근법은 Tibshirani et al(2001)[2]에 의해 제안됐다. 이 경우 군집 내 제곱합은 관측치가 랜덤하게 생성된다는 귀무 가설에서 우리가 예상할 값과 비교된다. 랜덤 포인트의 N 집합을 만들고, 고려되는 k의 각 값에 대해 군집화해 군집 내 제곱합을 계산한다.($N = 500$은 보통 잘 작동한다.) 다음과 같이 정의한다.

- m_k: k 군집이 있을 때 랜덤하게 생성된 데이터에 대한 군집 내 제곱합 평균
- s_k: k 군집이 있을 때 랜덤하게 생성된 데이터에 대한 군집 내 제곱합 표준편차
- w_k: k 군집이 있을 때 고려 중인 데이터에 대한 군집 내 제곱합

다음과 같이 설정한다.

$$\text{Gap}(k) = m_k - w_k$$

---

1 L. Kaufman and P. Rousseeuw, Finding Groups in Data: An Introduction to Ciuster Analysis, Wiley 1990를 참조하라.

2 R. Tibshirani, G. Walther, and T. Hastie (2001), "Estimating the number of clusters in a data set via the gap statistic," journal of the Royal Statistical Society, B, 63, Part 2: 411-423을 참조하라.

이것은 랜덤 데이터가 속한 군집과 관심 데이터가 속한 군집의 군집 내 제곱합 통계량의 차이다. k에 대한 최선의 선택은 $\text{gap}(k)$가 $\text{gap}(k+1)$의 s_{k+1} 내에 있는 것 중 가장 작은 값이라는 주장이다.

2.4 차원의 저주

특성 수가 증가함에 따라 k-평균 알고리즘은 "차원의 저주"라고 알려진 것에 영향을 받는다. 관측치 사이의 거리가 증가한다. 모든 특성이 1.0과 같은 점과 모든 특성이 0.0과 같은 점 사이의 유클리드 거리를 고려한다. 하나의 특성이 있을 때 거리는 1.0이고, 두 개의 특성이 있을 때 거리는 $\sqrt{2}$ 또는 1.4이고, 세 개의 특성이 있을 때 $\sqrt{3}$ 또는 1.7이며, 100개의 특성이 있을 때 10이고, 1,000개의 특성이 있을 때는 31.6이다. 결과적으로 작은 수의 특성을 가진 데이터에 의해 주어진 군집 내 제곱합과 많은 수의 특성을 가진 데이터에 의해 주어진 제곱합을 비교할 수 없다.

또 다른 문제는 특성 수가 증가함에 따라 이제까지 정의한 거리 척도로는 가까운 관측치와 멀리 떨어져 있는 관측치를 항상 잘 구별하지 못한다는 점이다. 결과적으로 k-평균 알고리즘은 덜 잘 작동한다. 이로 인해 알고리즘의 일부 사용자는 유클리드 거리 측정의 대안을 탐색하게 됐다.

특성 j가 x_j인 관측치와 특성 j가 y_j인 상이한 관측치 사이의 유클리드 거리는 다음과 같이 표현된다.

$$\sqrt{\sum_{j=1}^{m}\left(x_j - y_j\right)^2}$$

다른 대안은 다음과 같다.

$$1 - \frac{\sum_{j=1}^{m} x_j y_j}{\sqrt{\sum_{j=1}^{m} x_j^2 \sum_{j=1}^{m} y_j^2}}$$

이는 항상 0과 2 사이에 있다.

2.5 국가 위험

외국인 투자에 대한 국가 위험을 이해하는 문제를 생각해 보자. 이를 위해 사용할 수 있는 특성들은 다음과 같다.

1. 실질 GDP 성장률(국제통화기금 자료 사용)
2. 부패지수(국제투명성기구 산출)
3. 평화지수(경제평화연구소 산출)
4. 법률위험지수(재산권 협회 산출)

122개 국가에 대해 수행된 이들 각 특성 및 모든 분석의 값은 www-2. rotman.utoronto.ca/에서 확인할 수 있다. 표 2.2는 데이터에서 추출된 예를 제공한다. 표에는 특성 스케일링의 중요성이 나타난다. (2.1절 참조) 실질 GDP 성장률(%)은 일반적으로 양수 또는 음수로, 규모가 10보다 작다. 부패 지수는 0(매우 부패)에서 100(부패 없음)까지의 스케일로 돼 있다. 평화지수는 1(매우 평화)에서 5(전혀 평화롭지 않음)까지의 스케일로 돼 있다. 법률위험지수는 0부터 10까지다(높은 값이 유리함). 표 2.3은 Z-점수 정규화를 사용해 크기를 조정한 후 표 2.2의 데이터를 보여준다. 호주의 실질 국내총생산GDP 성장률이 평균을 약간 넘어서고, 부패지수도 평균보다 1.71 표준편차 위에 있음을 보여준다. 평화지수는 평균보다 1.20 표준편차(그러나 낮은 평화지수는 양호함) 아래이고 법률위험지수는 평균보다 1.78 표준편차 위이다.

표 2.2 국제 투자 위험에 따른 국가 군집화에서의 처음 몇 개 관측치(csv 파일 참조)

국가	실질 GDP 성장(년%)	부패지수	평화지수	법률위험지수
Albania	3.403	39	1.867	3.822
Algeria	4.202	34	2.213	4.160
Argentina	−2.298	36	1.957	4.568
Armenia	0.208	33	2.218	4.126
Australia	2.471	79	1.465	8.244
Austria	1.482	75	1.278	8.012
Azerbaijan	−3.772	30	2.450	3.946

데이터가 스케일링되면 특성이 4개뿐임을 고려할 때 자연스러운 다음 단계
는 일련의 산점도를 사용해서 쌍으로 특성을 검사하는 것이다. 이는 그림
2.4와 같이 부패 지수와 법률위험지수의 상관관계가 높다는 것을 보여준
다. (이것은 아마도 놀라운 일이 아니다. 법체계가 열악한 나라에서는 부패가 더
기승을 부린다.) 따라서 부패지수가 제공하는 정보가 주로 법률위험지수에
의해 포착되기 때문에 부패 지수를 제거한다. 이는 데이터를 3차원 공간의
포인트, 즉 실질 GDP 성장률, 평화지수, 법률위험지수 등으로 볼 수 있다
는 것을 의미한다.

표 2.3 Z-점수 스케일링 사용 후 표 2.2의 데이터(Excel 파일 참조)

국가	실질 GDP 성장(년%)	부패지수	평화지수	법률위험지수
Albania	0.32	−0.38	−0.31	−1.20
Algeria	0.56	−0.64	0.47	−0.97
Argentina	−1.44	−0.54	−0.10	−0.69
Armenia	−0.67	−0.69	0.48	−0.99
Australia	0.03	1.71	−1.20	1.78
Austria	−0.27	1.50	−1.62	1.62
Azerbaijan	−1.90	−0.85	1.00	−1.11

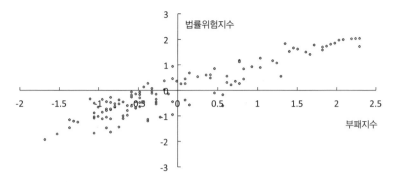

그림 2.4 스케일링된 법률위험지수 및 부패지수의 산점도(Excel 파일 참조)

그림 2.5는 3가지 특징(실제 GDP 성장률, 평화지수, 법률위험지수)을 사용할 때 국가 위험 데이터에 k-평균 알고리즘을 적용한 결과를 보여준다. 예상 대로 군집 내 총 제곱합은 군집 수인 k가 증가함에 따라 감소한다. 앞에서 설명한 바와 같이, 군집 수를 증가시킴으로써 얻는 이득이 상대적으로 작아지기 시작하는 지점인 엘보우(팔꿈치)를 찾기 위해 이 수치를 사용할 수 있다. 엘보우는 그림 2.5에서 그림 2.3과 같이 뚜렷하지는 않다. 그러나 1에서 2로 그리고 2에서 3으로 변화할 때의 관성의 감소가 3에서 4로 변화할 때 보다는 상당히 큰 편이기 때문에 군집을 3개로 선택할 수 있다.

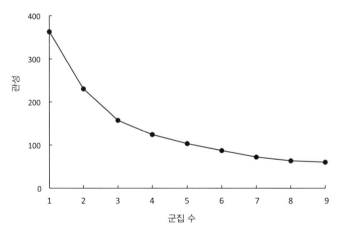

그림 2.5 (Python 아웃풋으로부터) 다국가 위험 예제의 군집 수에 따른 관성(군집 내 제곱합) 변동

실루엣 방법의 결과는 표 2.4에 제시돼 있다. 군집 수가 3개일 때 평균 실루엣 점수가 가장 높다는 것을 알 수 있다. 이 특정 데이터셋의 경우, 엘보우 방법과 실루엣 방법 모두 3개의 군집 사용을 가리킨다.[3] 표 2.5는 스케일링 후 군집 중심을 나타낸다. 고위험 국가들이 평균적으로 세 가지 특성에 대한 평균보다 한 가지 이상의 표준편차가 더 심하다는 것을 보여준다. (높은 값은 평화지수에 좋지 않음을 기억하자.) 표 2.6, 2.7, 2.8은 3개 군집에 국가 할당을 제공한다.

표 2.4 (Python 아웃풋으로부터) 군집 수에 따른 평균 실루엣 점수의 변동

군집 수	평균 실루엣 점수
2	0.363
3	0.388
4	0.370
5	0.309
6	0.303
7	0.315
8	0.321
9	0.292
10	0.305

표 2.5 (Python 아웃풋으로부터) 평균이 0이고 표준편차가 1이 되도록 특성이 스케일링된 후의 군집 중심

	평화지수	법률지수	실질 GDP 성장률
고위험	1.39	−1.04	−1.79
중위험	0.27	−0.45	0.36
저위험	−0.97	1.17	0.00

---

3 엘보우 방법과 실루엣 방법이 항상 일치하지는 않는다.

표 2.6 (Python 아웃풋으로부터) 고위험 국가

Argentina	Lebanon
Azerbaijan	Nigeria
Brazil	Russia
Burundi	Trinidad and Tobago
Chad	Ukraine
Democratic Republic of Congo	Venezuela
Ecuador	Yemen

표 2.7 (Python 아웃풋으로부터) 중위험 국가

Albania	Madagascar
Algeria	Malawi
Armenia	Mali
Bahrain	Mauritania
Bangladesh	Mexico
Benin	Moldova
Bolivia	Montenegro
Bosnia and Herzegovina	Morocco
Bulgaria	Mozambique
Cameroon	Nepal
China	Nicaragua
Colombia	Oman
Croatia	Pakistan
Cyprus	Panama
Dominican Republic	Paraguay
Egypt	Peru
El Salvador	Philippines
Ethiopia	Romania
Gabon	Rwanda
Georgia	Saudi Arabia
Ghana	Senegal
Greece	Serbia
Guatemala	Sierra Leone
Honduras	South Africa
India	Sri Lanka
Indonesia	Tanzania

Iran	Thailand
Israel	The FYR of Macedonia
Jamaica	Tunisia
Jordan	Turkey
Kazakhstan	Uganda
Kenya	Vietnam
Kuwait	Zambia
Latvia	Zimbabwe
Liberia	

표 2.8 (Python 아웃풋으로부터) 저위험 국가

Australia	Malaysia
Austria	Mauritius
Belgium	Netherlands
Botswana	New Zealand
Canada	Norway
Chile	Poland
Costa Rica	Portugal
Czech Republic	Qatar
Denmark	Singapore
Estonia	Slovakia
Finland	Slovenia
France	Spain
Germany	Sweden
Hungary	Switzerland
Iceland	Taiwan
Ireland	United Arab Emirates
Italy	United Kingdom
Japan	United States
Korea (South)	Uruguay
Lithuania	

2.6 다른 군집화 접근 방식

k-평균 알고리즘은 군집화에 가장 많이 사용되는 접근법이지만 대안이 있다. 하나는 응집형 계층적 군집화다. 여기에는 다음 단계가 포함된다.

1. 각 관측치를 자체 군집으로 시작한다.
2. 가장 가까운 두 군집을 결합한다.
3. 모든 관측치가 단일 군집에 포함될 때까지 2단계를 반복한다.

이 접근 방식의 이점은 군집이 계층을 형성한다는 것이며, 이로 인해 군집 내 군집을 볼 수 있다. 계층 구조는 1과 관측수 사이에 주어진 k 값에 대해 정확히 k 군집을 구하는 데 사용될 수 있다. 이것의 단점은 많은 수의 관측치가 있을 때 계산적으로 매우 많은 시간을 소비하는 경향이 있다는 것이다.

2단계에서 사용하기 위해 A와 B라는 두 군집 사이의 여러 가지 서로 다른 근접성 척도가 제안됐다. 하나는 A 군집의 관측치와 B 군집의 관측치 사이의 평균 유클리드 거리다. 이것의 대안으로 최소 거리 또는 최대 거리를 사용할 수 있다. 와드 방법Ward's method으로 알려진 버전인 또 다른 척도는 두 개의 군집이 결합됐을 때 관성의 증가와 같다. 2단계는 어떤 척도를 선택하든 가장 작은 척도를 가진 두 군집을 검색한 다음 결합하는 작업이다.

때때로 군집은 가정된 통계적 분포로부터 추정된다. 이를 분포 기반 군집 distribution-based clustering이라고 한다. 단순성을 위해 특성이 하나만 있고 관측치가 그림 2.6에 표시된 확률 분포를 나타낸다고 가정하자. 관측치는 두 정규분포의 혼합에서 나온다고 합리적으로 가정할 수 있다. 이것은 관측치가 특정 평균과 표준편차를 갖는 정규분포에서 올 확률 p와 평균과 표준편차가 다른 정규분포에서 올 확률 1-p를 가질 때의 분포다. 통계적 도구를 사용해 두 분포를 구별할 수 있으므로 두 군집을 식별할 수 있다. 여러 특성과 세 가지 이상의 분포가 있을 때 유사한 연습을 수행할 수 있다.

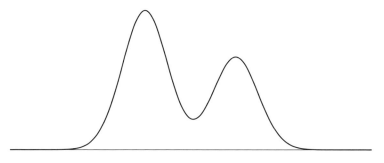

그림 2.6 두 개의 정규분포 군집으로부터 어떤 특성에 대한 데이터의 확률 분포는 분리될 수 있다.

밀도 기반 클러스터링$^{Density-based\ clustering}$은 개별 관측치의 근접성에 따라 군집을 형성하는 것을 포함한다. 처음에 서로 가까운 8개의 관찰점 각각에 대한 군집을 구성한 다음, 이러한 관찰점 중 최소 5개에 가까운 다른 관찰점을 군집에 추가한다. 그다음 또 하나의 관찰점이 군집 내의 관찰점 중 최소 5개에 가깝다면 군집에 추가하는 등의 작업을 수행할 수 있다. 이것은 k-평균 알고리즘이 고려하는 것과 상당히 다른 모양의 군집을 만들 수 있다. 그림 2.7은 두 가지 예를 제시한다. k-평균 알고리즘은 군집 중심을 사용하는 방법 때문에 이러한 군집을 찾지 못할 것이다. 그림 2.7a의 두 군집은 같은 중심을 가지므로 k-평균으로 구별되지 않는다. 그림 2.7b에서 k-평균은 몇 개의 군집을 식별할 수 있지만 시각적으로 분명한 군집은 오히려 식별할 수 없다.

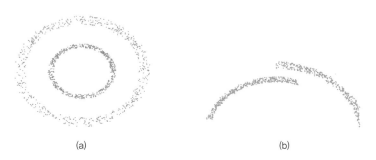

(a)   (b)

그림 2.7 밀도 기반 군집 알고리즘으로 식별할 수 있는 군집

2.7 주성분 분석

군집화의 대안으로 주성분 분석^{PCA, Principal Components Analysis}을 사용해 데이터의 구조를 이해할 수 있다.[4] 이것은 m 특성에 대한 데이터를 취하며 이를 요인 또는 주성분이라고 하는 새로운 m 변수 집합으로 대체해 다음을 얻는다.

- 특성에 대한 어떠한 관측치도 특성의 선형 결합으로 표현된다.
- m 요인들은 상관관계가 없다.

PCA는 정규화된 데이터에 가장 적합하다. 첫 번째 요인은 데이터 변동성의 가능한 많은 부분을 설명한다. 그러면 각 후속 요인은 이전 요인과 무관하다는 조건 하에 데이터의 나머지 변동성의 많은 부분을 설명한다. 특정 관측치의 특정 요인의 양은 요인 점수다.

금리 움직임에 대해서 주성분 분석을 수행하는 경우가 많다. (이것은 금리가 소비자 행동에 미치는 영향을 연구하는 데 관심이 있는 데이터 과학자와 관련이 있을 것이다.) 표 2.9는 12년의 기간 동안 1, 2, 3, 4, 5, 7, 10, 30년의 만기를 가진 금리 일일 움직임에 주성분 분석을 적용할 때 얻어지는 첫 번째 세 가지 요인을 보여준다.[5] 각 열의 숫자를 요인 로딩^{factor loading}이라고 하며, 제곱합이 1이라는 특성을 갖는다. 모든 금리는 첫 번째 요인(주성분 1, PC1)에 대해 동일한 방향으로 움직인다. 만약 그 요인의 +10 베이시스 포인트 만큼 상승한다면, 1년 금리는 2.16 베이시스 포인트 (또는 0.0216%) 상승하고, 2년 금리는 3.31 베이시스 포인트 상승하는 식으로 될 것이다. 첫 번째 요인의 −20 베이시스 포인트 단위는 1년 금리가 4.32 베이시스 포인트 감소하고, 2년 금리가 6.62 베이시스 포인트 감소하는 식으로 될 것이다.

PC2는 처음 4개의 금리가 한 방향으로 움직이는 반면, 다음 4개의 금리는 반대 방향으로 움직인다는 점에서 PC1과 다르다. 이것은 기울기가 바뀌는

---

4 PCA는 일찍이 1901년 Karl Pearson에 의해 제안됐다. K. Pearson [1901], "On lines and planes of closest fit to systems on points in space," Philosophical Magazine, 2(11): 559–572.

5 J. Hull, Options, Futures, and Other Derivatives, 10th edition, Pearson, page 513을 참조하라. 이에 대한 워크시트는 www-2.rotman.utoronto.ca/~hull/ofod에 주성분 탭 하에 있다.

이자율의 기간 구조에 대한 "뒤틀림^{twist}"을 제공한다. PC3에서 장단기 금리는 한 방향으로 이동하는 반면 중기 금리는 다른 방향으로 이동한다. 이것은 기간 구조의 "활모양^{bowing}"을 제공한다.

요인의 중요성은 관측치에 걸친 요인 점수의 표준편차로 측정된다. 이들은 금리 사례에서 처음 세 가지 요인에 대해 표 2.10에 나타나 있다. 이 예에서 8개 요인 점수에 의해 모두 설명되는 분산은 388.8이다. 따라서 첫 번째 (가장 중요한) 요인이 설명하는 분산의 비율은

$$\frac{17.55^2}{338.8}$$

또는 약 90%이다. 처음 두 요인에 의해 설명되는 비율은

$$\frac{17.55^2 + 4.77^2}{338.8}$$

또는 약 97%이다. 이는 8가지 특성을 대체해 두 개의 새로운 변수(PC1과 PC2)로 기간 구조 이동을 정의하는 것이 데이터 변동의 대부분을 포착한다는 것을 보여준다. 이것은 PCA로 무엇을 이루려고 하는지 보여준다. 데이터의 구조를 포착하는 소수의 변수를 찾으려고 노력하는 것이다.

표 2.9 금리 이동에 대한 주요 구성요소를 정의하는 요인 로딩

만기	PC1	PC2	PC3
1년	0.216	−0.501	0.627
2년	0.331	−0.429	0.129
3년	0.372	−0.267	−0.157
4년	0.392	−0.110	−0.256
5년	0.404	0.019	−0.355
7년	0.394	0.194	−0.195
10년	0.376	0.371	0.068
30년	0.305	0.554	0.575

표 2.10 금리에 대한 요인 점수의 표준편차(단위: 베이시스 포인트)

PC1	PC2	PC3
17.55	4.77	2.08

PCA의 추가 예제를 위해 2.5절에서 검토했던 국가 위험 데이터로 돌아간다. 네 가지 특성을 모두 사용할 경우, 요인 및 요인 점수는 표 2.11과 2.12에 표시된다. 이것들은 자료의 몇 가지 흥미로운 특성을 보여준다. 분산의 64%를 차지하는 첫 번째 요인은 부패, 평화, 법률 위험에 거의 동등한 비중을 둔다. (평화에 대한 낮은 점수는 좋은 점이라는 것을 기억하자.)

두 번째 요인은 분산의 24%를 더 차지하며 대부분의 비중을 실질 GDP 성장률에 둔다. 이는 실질 GDP 성장률이 다른 세 가지 특성과는 상당히 다른 정보를 주고 있음을 인식한다.

표 2.11을 해석할 때, 모델을 변경하지 않고 열에 있는 모든 요인 로딩의 부호를 변경할 수 있다는 점에 유의해야 한다. 관측치에 존재하는 요인의 단위 수가 양수 또는 음수일 수 있기 때문이다. 예를 들어 PC2의 실질 GDP 성장률을 위한 마이너스 요인 로딩에 대해 어떤 의미도 부여해서는 안 된다. 모델을 바꾸지 않고도 PC2의 모든 요인 로딩의 기호를 변경할 수 있다.

표 2.11 국가 위험 데이터의 주성분을 나타내는 요인 로딩(PCA 엑셀 파일 참조)

만기	PC1	PC2	PC3	PC4
부패지수	0.594	0.154	−0.292	−0.733
평화지수	−0.530	0.041	−0.842	−0.086
법률위험지수	0.585	0.136	−0.431	0.674
실질GDP 성장률	0.152	−0.978	−0.141	−0.026

표 2.12 국가 위험 데이터의 요인 점수의 표준편차(PCA 엑셀 파일 참조)

PC1	PC2	PC3	PC4
1.600	0.988	0.625	0.270

분산의 약 10%를 차지하는 세 번째 요인은 평화 지수에 가장 큰 비중을 두고 있으며, 이것이 부패와 법률 위험을 초과하는 추가적인 정보를 가지고 있음을 시사한다. 네 번째 요인은 분산의 2% 미만을 차지할 정도로 상대적으로 중요하지 않다. PCA는 그림 2.4에서 부패지수와 법률위험지수가 유사한 정보를 제공한다는 결과를 확인한다.

PCA는 때때로 비지도학습뿐만 아니라 지도학습에도 사용한다. PCA를 사용해 PCA에서 도출된 훨씬 더 작은 제조된 특성 리스트로 긴 특성 리스트를 대체할 수 있다. 제조된 특성들을 선택하는 이유는 예측을 위해 사용하는 데이터의 변동성의 대부분을 설명하며, 상관관계가 없다는 좋은 특성이 있기 때문이다.

마지막으로, 군집화나 PCA를 사용할 때, 아무것도 예측하려고 하지 않는다는 것을 강조한다. 단지 자료의 구조를 조사하고 있을 뿐이다. 국가 위험 사례에서 애널리스트는 특성이 투자 위험과 관련이 있다고 가정할 수 있지만, 그렇다고 보장할 수는 없다. (예를 들어, 지도학습에서와 같이 서로 다른 국가의 투자에서 발생한 손실에 특성들을 연관시키려 하지 않았다.)

요약

비지도학습은 데이터 내의 패턴을 이해하는 것과 관련이 있다. 일반적으로 군집, 즉 유사한 관측치 그룹을 찾는 것이 포함된다. 기업들은 종종 그들이 가지고 있는 다양한 유형의 고객들을 이해하기 위해 비지도학습을 사용해 그들과 더 효과적으로 의사소통을 할 수 있다.

특성 스케일링은 일반적으로 군집화에 필요하다. 특성 스케일링이 없으면 특성이 군집화에 미치는 영향은 특성을 측정하는 데 사용되는 스케일에 따라 달라질 수 있다. 특성 스케일링에는 크게 두 가지 접근법이 있다. 하나는 특성이 평균 0과 표준편차가 1이 되도록 크기를 조정하는 Z-점수 정규화다. 다른 하나는 모든 특성이 0과 1 사이의 값을 갖도록 크기를 조정하는 최소-최대 방법이다.

군집화 알고리즘에는 거리 측정이 필요하다. 그러한 척도 중 가장 인기 있는 것은 특성값 간의 차이를 제곱한 합계의 제곱근인 유클리드 거리다. 군집의 중심은 군집의 모든 관측치에 대한 특성값의 평균을 구해 얻은 점이다. 가장 인기 있는 군집화 알고리즘은 k-평균이다. k의 특정 값(군집 수)에 대해서는 관성을 최소화하는데, 이는 군집 중심으로부터 관측치의 거리 제곱의 총합으로 정의된다.

군집 수에 가장 적합한 값인 k를 선택하는 것이 항상 쉬운 것은 아니다. 한 가지 접근 방식은 관성의 개선이 상대적으로 작을 때까지 k를 계속 증가시키는 것을 포함하는 "엘보우 방법"이다. 또 다른 접근 방식은 각 관측치에 대해 (a) 자체 군집의 다른 점으로부터의 관측치의 평균 거리와 (b) 가장 가까운 다른 군집의 점으로부터의 관측치의 평균 거리를 비교하는 실루엣 방법이다. 세 번째 접근법에는 군집화된 관측치와 랜덤하게 생성된 관측치를 비교하는 갭 통계량을 계산하는 것이 포함된다.

특성의 수가 증가함에 따라 유클리드 거리 측정값이 증가한다. 이는 차원의 저주의 한 단면이며, 특성이 많을 때 k-평균 알고리즘을 사용하는 것을 더욱 어렵게 만든다. 따라서 특성 수가 증가함에 따라 일정한 범위 내에 있도록 거리 척도를 변경하는 것이 바람직할 수 있다.

k-평균 알고리즘 이외의 여러 가지 대안이 있다. 하나는 계층적 군집화다. 여기서는 각 관측치가 자신의 군집 안에 있는 상황부터 시작한다. 그런 다음 서로 가까운 군집을 결합해 군집 수를 서서히 줄인다. 분포 기반 군집화에는 정규(또는 기타) 분포가 혼합된 데이터에 대한 분포를 가정하고 해당 분포의 모수를 추정하는 작업이 포함된다. 밀도 기반 군집화에는 군집 중심을 참조하지 않고 데이터가 밀도 있는 지역을 찾는 것이 포함된다.

주성분 분석^{PCA}은 머신러닝의 중요한 도구다. 많은 특성을 대부분의 변동성을 포착하는 소수의 제조된 특성으로 교체하는 것을 포함한다. 제조된 특성은 서로 상관관계가 없다.

짧은 개념 질문

2.1 비지도학습에서 특성 스케일링이 중요한 이유는? 특성 스케일링을 위한 두 가지 방법을 설명하라. 각 방법의 장단점은 무엇인가?

2.2 A, B, C의 세 가지 특성이 있다고 가정하자. 한 관측치에는 각각 A, B, C에 대해 2, 3, 4의 값이 있다. 다른 하나는 A, B, C에 대해 값 6, 8, 7을 각각 가지고 있다. 두 관측치 사이의 유클리드 거리는 얼마인가?

2.3 질문 2.2의 두 관측치로 구성된 군집의 중심은 무엇인가?

2.4 k-평균 알고리즘의 단계를 설명하라.

2.5 군집 수, k를 선택하기 위한 (a) 엘보우 방법과 (b) 실루엣 방법을 설명하라.

2.6 특성 수가 증가함에 따라 관측치 사이의 유클리드 거리가 증가하는 이유는? 10개의 특성으로 시작한 다음 실수로 처음 10개의 특성과 동일한 특성을 10개 더 만든다고 가정하자. 이것이 두 관측치 사이의 거리에 어떤 영향을 미치는가?

2.7 계층적 클러스터링은 어떻게 작용하는가? k-평균과 관련된 장단점은 무엇인가?

2.8 (a) 분포 기반 군집화와 (b) 밀도 기반 군집화가 의미하는 바를 설명하라.

2.9 어떤 상황에서 주성분 분석이 데이터를 이해하는 데 가장 유용한가?

2.10 (a) 요인 로딩과 (b) 요인 점수는 무엇을 의미하는가?

연습문제

2.11 다음 사이트의 데이터를 사용해 스케일링 없이 표 2.6의 14개 고위험 국가에 대한 군집의 중심점을 계산한다.

www-2.rotman.utoronto.ca/~hull

군집의 중심점을 스케일링하라. 이에 대한 답이 고위험 국가의 표 2.5의 결과와 일치한다는 것을 증명하라.

2.12 주성분 분석 결과를 사용해 두 개의 요인으로 국가 위험을 어떻게 설명할 것인지 결정하라. 스케일링된 데이터와 스케일링되지 않은 원본 데이터에 대한 결과를 모두 제공하라.

2.13 2장의 결과를 생성하는 데 사용되는 파이썬 코드는 다음에서 찾을 수 있다.

www-2.rotman.utoronto.ca/~hull

(a) 4가지 특성(부패지수, 평화지수, 법률위험지수, 실질 GDP 증가율)을 모두 사용해 $k = 3$에 대해 k-평균 군집화를 수행하라. 세 가지 특성만으로 고위험군에 속한 국가와 고위험군에 속한 국가를 비교한다. (표 2.6 참조)

(b) 계층적 군집화를 사용해 평화지수, 법률위험지수, 실질 GDP 성장률으로부터 세 개의 군집을 결정한다. k-평균 알고리즘을 사용할 때의 고위험군 군집에 있는 국가와 계층적 군집화를 사용할 때의 고위험군 군집에 있는 국가를 비교한다. (표 2.6 참조) 계층적 군집화를 위한 파이썬 패키지 AggulativeClustering은 sklearn.cluster에서 가져올 수 있다. 서로 다른 근접성 척도를 시도하라. (패키지 내에서 "linkage"로 표시됨)

2.14 2.5절에서 사용된 국가 위험 데이터는 2016년과 2017년의 데이터이다. 2019년 데이터는 다음 사이트에 있다.

https://www-2.rotman.utoronto.ca/~hull

2019년 데이터를 사용해 군집을 결정하라. 군집이 표 2.6에서 2.8까지의 군집과 어떻게 다른가? 군집화를 개선하기 위해 수집하기를 원하는 다른 데이터는 무엇인가?

03

지도학습:
선형과 로지스틱 회귀

선형 회귀 분석은 통계학자들이 수년간 사용해 왔다. 유명한 수학자 칼 프리드리히 가우스는 약 1800년에 선형 회귀의 기초가 되는 최소 제곱 접근법을 처음으로 제안한 것으로 인정받고 있다. 머신러닝에서는 선형 관계를 가정할 필요가 없다. (사실, 이 책 후반부에서 제시하게 될 많은 도구들은 비선형 모델로 이어진다. 그럼에도 불구하고, 선형 회귀는 머신러닝에서 중요한 도구로 남아있다. 그것은 종종 애널리스트들이 지도학습에서 사용하는 첫 번째 도구 중 하나이다.)

플레인 바닐라 선형 회귀 분석에는 하나 이상의 특성에서 타깃값을 예측하는 경우 평균제곱오차$^{\text{mse, mean squared error}}$를 최소화하는 것이 포함된다. 이것은 많은 독자들에게 친숙할 것이다. 이 장에서는 범주형 특성(즉, 숫자가 아닌 특성)을 선형 회귀 분석으로 통합해서 예측에 사용할 수 있는 방법을 설명한다. 또한 다수의 특성으로 예측이 이뤄질 때 특히 유용한 릿지, 라쏘 및 일래스틱넷 회귀에 대해서도 논의한다. 그런 다음, 데이터를 분류하는 방법을 배우는 것이 목적이 되는 상황을 처리하는 방법인 로지스틱 회귀 분석을 설명한다. 마지막으로 선형 및 로지스틱 회귀 분석의 간단한 대안인 k-최근접 이웃 알고리즘을 다룬다.

3.1 선형 회귀: 한 개의 특성

단일 특성 X로부터 타깃 Y가 예측되는 간단한 상황부터 시작한다. 선형 회귀 분석에서는 모델이 다음과 같이 되도록 선형 관계를 가정한다.

$$Y = a + bX + \varepsilon$$

여기서 a와 b는 상수이고, ε는 오차항이다. X_i와 $Y_i (1 \leq i \leq n)$를 훈련셋의 i번째 관측치에 대한 X와 Y의 값으로 표기한다. "최적 적합화된" a와 b 값은 훈련셋의 관측치에 대해서 평균제곱오차^{mse}를 최소화하는 것으로 정의한다. 이는 다음이 최소화되도록 a와 b를 선택하는 것을 의미한다.[1]

$$\frac{1}{n} \sum_{i=1}^{n} (Y_i - a - bX_i)^2$$

미적분을 사용해 최소점을 발견할 수 있다. X와 Y에 대한 관측치의 평균을 $\overline{X}$와 $\overline{Y}$로 표기하면, a와 b는 다음과 같다.

$$b = \frac{\sum_{i=1}^{n} X_i Y_i - n\overline{X}\,\overline{Y}}{\sum_{i=1}^{n} X_i^2 - n\overline{X}_i^2}$$

$$a = \overline{Y} - b\overline{X}$$

단 하나의 특성이 있을 때의 선형 회귀 예는 1장의 그림 1.5로 확인 할 수 있다. 이는 표 1.1의 훈련 데이터셋을 기반으로 하는데, 표 3.1로 재현된다. 이 경우, $n = 10$, $\overline{X} = 43$ 그리고 $\overline{Y} = 216{,}500$이다. 또한,

$$\sum_{i=1}^{10} X_i Y_i = 100{,}385{,}000$$

$$\sum_{i=1}^{10} X_i^2 = 20{,}454$$

이어서

---

1 이는 주어진 데이터셋에 대해 n이 상수이므로 제곱오차의 합을 최소화하는 것과 같다.

$$b = \frac{100,385,000 - 10 \times 43 \times 216,500}{20,454 - 10 \times 43^2} = 3,827.3$$

$$a = 216,500 - 3827.3 \times 43 = 51,160.4$$

이며, 모델은 다음과 같이 된다.

$$Y = 51,160.4 + 3,827.3X$$

종종 파라미터 a는 0으로 설정된다. 이 경우는

$$b = \frac{\sum_{i=1}^{n} X_i Y_i}{\sum_{i=1}^{n} X_i^2}$$

이다. (여기서 선형모델을 예제로 사용하지만, 1장에서 표 3.1의 데이터에 대해 선형모델이 최적이 아니라는 것을 발견했던 사실을 기억할 것이다.)

표 3.1 훈련셋: 특정 지역의 특정 직업에서 일하는 10명의 무작위 샘플에 대한 급여

연령(세)	급여(달러)
25	135,000
55	260,000
27	105,000
35	220,000
60	240,000
65	265,000
45	270,000
40	300,000
50	265,000
30	105,000

3.2 선형 회귀: 여러 특성

한 가지 이상의 특성을 사용해 타깃을 예측할 때, 모델을 다음과 같이 표현할 수 있다.

$$Y = a + b_1X_1 + b_2X_2 + \ldots + b_mX_m + \varepsilon \qquad (3.1)$$

여기서 Y는 타깃값이고 $X_j (1 \leq j \leq m)$는 Y를 예측하는 데 사용되는 특성값이다. 이전과 같이 예측오차는 ε로 표시한다. 파라미터 a와 $b_j (1 \leq j \leq m)$는 훈련 데이터셋에 대한 평균제곱오차를 최소화하도록 선택된다. 즉 선형 회귀 분석의 과제는 다음을 최소화하는 a와 b_j에 대한 값을 찾는 것이다.

$$\frac{1}{n}\sum_{i=1}^{n} (Y_i - a - b_1X_{i1} - b_2X_{i2} - \ldots - b_mX_{im})^2 \qquad (3.2)$$

여기서 Y_i 및 X_{ij}는 관측치 i에 대한 타깃값과 j번째 특성이다. 머신러닝에서 파라미터 a를 편향bias라고 하고 계수 b_j를 가중치weight라고 한다. 단일 특성의 경우와 마찬가지로 미적분학을 사용해 최소화 조건을 결정할 수 있다. 이것은 a와 b_j를 결정하기 위한 연립 방정식셋으로 이어진다. 이러한 방정식은 행렬 대수학을 이용해 해결할 수 있다.

통계학자는 선형 회귀가 유효하기 위해 충족해야 하는 여러 조건을 나열한다. 타깃값과 특성 간의 관계는 선형이어야 하며, 특성값 사이에 상관관계가 없어야 한다. 예측의 오차는 일반적으로 일정한 표준편차로 분포돼야 하며, 관측치는 독립적이어야 한다. 실무에서 이러한 조건은 기껏해야 대략적으로만 충족된다. 심각한 위반을 발견하면 애널리스트가 더 나은 모델을 찾을 수 있다.(예: 선형에서 2차 모델로 전환하거나 어떤 방식으로 특성값을 변환함) 그러나 머신러닝은 통상적으로 매우 큰 데이터셋을 가지고 작업하며, 1장에서 설명한 대로 데이터를 훈련셋, 검증셋, 테스트셋으로 나눠 모델 적합성 문제를 처리할 수 있다는 점에서 기존의 통계와 다르다는 것에 주목할 가치가 있다.

그래디언트 하강 알고리즘

3장의 후반부에 제시되는 몇몇 분석에 사용되는 행렬 대수학의 대안은 그래디언트 하강 알고리즘이다. 이것은 최소값을 찾기 위한 반복적인 탐색

루틴이다. 식 (3.2)의 표현식을 a와 $b_j (1 \leq j \leq m)$의 함수로서 $m+1$차원이라고 상상해 보자. 이 함수를 계곡으로 생각하고, 과제를 계곡의 밑바닥을 찾는 것이라고 생각할 수 있다. 계곡 안 어디에 있던, 미적분을 이용해 계곡 아래로 가장 가파르게 내려가는 길(즉, a와 b_j 각각을 가능한 한 빨리 하강시키기 위해 바꿔야 하는 방향)을 결정할 수 있다. 그래디언트 하강 방법은 다음과 같이 진행된다.

- a 및 b_j의 초기 값 선택
- 가장 가파른 내리막길을 계산한다
- 가장 가파른 내리막길을 한 걸음 내딛는다
- 가장 가파른 내리막길을 재계산한다
- 한 걸음 더 나아간다
- 등등

6장에서 이 방법론에 대해 더 자세히 토론할 것이다.

다항식 회귀 분석

1장은 표 3.1의 데이터를 사용해 다항식 회귀를 수행한다. 이들은 단일 특성 X가 있고, X_j가 X^j와 같게 설정돼 모델은 다음과 같다.

$$Y = a + b_1 X + b_2 X^2 + \ldots + b_m X^m + \varepsilon$$

1장에서 $m=5$인 모델이 훈련셋에 잘 적합화되나 이는 검증셋으로 잘 일반화되지 않는다는 것을 알았다. $m=2$인 2차함수가 선택됐는데, 그 이유는 여전히 잘 일반화하면서 선형모델보다는 더 좋은 적합도를 제공하기 때문이다.

종종 특성곱은 특성의 제곱과 함께 회귀에 사용된다. 타깃이 2개의 특성으로 예측되는 예시는 다음과 같다.

$$Y = a + b_1 X_1 + b_2 X_1^2 + b_3 X_2 + b_4 X_2^2 + b_5 X_1 X_2 + \varepsilon$$

회귀 통계량

선형 회귀 분석에서 많은 통계량을 산출할 수 있으며 앞에서 언급한 가정이 대략적으로 충족될 경우 유용할 수 있다. R-제곱 통계량은 0과 1 사이에 있고 특성에 의해 설명되는 타깃값의 분산 비율을 측정한다. 이는 다음과 같다.

$$1 - \frac{\text{오차 } \varepsilon \text{의 분산}}{\text{타깃 } Y \text{에 대한 관측치의 분산}}$$

특성이 하나만 있는 경우 R-제곱은 상관 계수의 제곱이다. 표 3.1의 데이터의 경우 선형 모형의 R-제곱은 0.54이고 2차 모형의 R-제곱은 0.80이다.

선형 회귀 분석으로 추정된 파라미터 a 또는 b_j의 t-통계량은 파라미터의 값을 표준오차로 나눈 값이다. P-값은 파라미터가 전혀 설명력이 없는 상황에서 관측된 크기의 t-통계량을 얻을 확률이다. P-값 5% 또는 그 이하는 일반적으로 파라미터가 유의하다는 것을 나타내는 것으로 간주된다. 등식 (3.1)의 파라미터 b_j에 대한 P-값이 5% 이하라면, 특성 X_j가 Y에 어느 정도 영향을 미친다고 95% 이상 확신할 수 있다. 데이터셋이 클 때 95% 신뢰도에 대한 유의한 t-값은 1.96이다.[2] (즉, t-통계량이 1.96보다 크면 P-값이 5%보다 작다는 점에서 유의하라.)

3.3 범주형 특성

예측에 사용되는 특성은 수치형뿐만 아니라 범주형일 수 있다. 1장에서 설명했듯이, 범주형 변수는 여러 범주 중 하나에 속할 수 있는 변수다. 예를 들어, 제품의 구매자는 남성 또는 여성으로 분류될 수 있다. 특정 미용 제품

---

2 이는 애널리스트가 특성과 목표값 사이의 양 또는 음의 관계에 대한 유의성을 시험하는 "양측검증(two-tailed test)"이라고 하는 것을 위한 것이다. P-값은 보통 양측검증을 위해 사용된다. 단측검증에서 관계가 한 특정한 부호(양 또는 음)를 가지기를 기대하며, 다른 부호를 가질 가능성은 무시한다. 데이터셋이 클 때 단측검정의 임계 P-값은 1.65이다.

을 사는 여성의 머리 색깔은 금발, 빨강, 갈색, 검정색으로 분류될 수 있다.

범주형 특성을 다루는 표준 방법은 각 범주에 대한 더미변수를 만드는 것이다. 이 변수의 값은 특성이 범주에 있으면 1이고 그렇지 않으면 0이다. 이를 원 핫 인코딩$^{one-hot\ encoding}$이라고 한다. 개인이 남성 또는 여성으로 분류되는 상황에서 두 가지 더미변수를 만들 수 있다. 남성의 경우 첫 번째 더미변수는 1이고 두 번째 더미변수는 0일 것이다. 여성의 경우 첫 번째 더미변수는 0이고 두 번째 더미변수는 1이다. 머리색 예제에서, 네 개의 더미변수가 있을 것이고, 각 관측치의 경우, 관련 변수에 1, 나머지 세 개에 0을 할당한다.

여기서 설명한 절차는 특성값 사이에 자연스러운 순서가 없을 때 적절하다. 자연적인 순서가 있을 때, 이것을 할당된 숫자에 반영할 수 있다. 예를 들어 주무의 크기가 소량, 중간, 대량으로 분류되는 경우, 소량 = 1, 중간 = 2, 대량 = 3인 수치형 변수로 특성을 대체할 수 있다. 이와 마찬가지로 직함이 특성이고 분류가 애널리스트, 과장, 부장, 상무이사, 전무이사가 있는 경우에는 애널리스트 = 1, 과장 = 2, 부장 = 3, 상무이사 = 4, 전무이사 = 5와 같이 수치값으로 특성을 대체할 수 있다. 그러나 급여와 책임을 고려한 후엔 애널리스트 = 1, 과장 = 2, 부장 = 4, 상무이사 = 7, 전무이사 = 10 등 다른 수치값을 선택할 수도 있다.

범주형 특성이 숫자 값으로 변환되면 선형 회귀 분석을 일반적인 방법으로 수행할 수 있다. 범주형 변수에서 생성된 더미변수 중 일부는 타깃에 유의미한 영향을 줄 수 있지만, 일부는 그렇지 않을 수 있다.

더미변수 함정

하나 이상의 범주형 변수에 대해 핫 인코딩을 사용하고 회귀 분석에서 상수(편향) 항이 있는 경우, 고유한 최적 선형 회귀식이 존재하지 않는다. 이것을 더미변수 함정$^{dummy\ variable\ trap}$이라고 한다.

타깃 Y를 예측하기 위해 다음 방정식이 도출됐다고 가정하자.

$$Y = a + b_1X_1 + b_2X_2 + \ldots + b_mX_m + \varepsilon$$

그리고 처음 몇 가지 특징인 X_1, X_2, ..., $X_k(k \leq m)$는 특정 범주형 변수의 원 핫 인코딩에서 생성된 더미변수이다. 만약 편향에 상수 C를 더하고, a를 더하고, 각각의 무게 b_1, b_2, ..., b_k에서 C를 빼면 어떻게 되는지 상상해 보라. 원 핫 인코딩의 특성상, 반드시 $X_j = 1$인 하나의 값 j를 제외하고는 $X_j = 0$, $1 \leq j \leq k$이다. 그 결과, b_1, b_2, ..., b_k 각각에서 C를 빼면 Y의 추정 값은 정확히 C만큼 감소한다. a에 C를 더하면 Y의 추정 값이 C만큼 증가한다. 따라서 Y의 추정치는 이 두 가지를 변경할 때 같다. 이것은 C의 어떤 값에도 적용된다.

다행히 모델을 단순화하고 과대적합을 피하도록 설계된 규제화(다음 절 참조)는 단일 "최적" 회귀 방정식을 찾아 더미변수 트랩 문제를 처리하는 부수적 효과가 있다. 방정식은 작은 크기의 가중치를 갖는다.

3.4 규제화

머신러닝에는 종종 많은 특성이 있는데, 그 중 일부는 서로 상관관계가 있을 수 있다. 이것은 불필요하게 복잡한 모델과 과대적합으로 이어질 수 있다. 이것을 다루는 일반적인 방법은 규제화라고 알려져 있다. 다음 세 절에서는 세 가지 규제화 기법을 소개하고 표 3.1의 데이터를 사용해 이를 설명한다. 모든 계산은 www-2.rotman.utoronto.ca/~hull에 있다.

규제화를 사용하기 전에 특성 스케일링을 수행해 특성의 수치 값이 비교 가능한지 확인하는 것이 중요하다. 이는 2.1절에 기술돼 있다.

3.5 릿지 회귀

릿지 회귀[Ridge regression](Tikhonov 회귀라고도 한다.)는 규제화 기법으로, 최소화할 함수를 식 (3.2)에서 다음으로 바꾼다.[3]

$$\frac{1}{n}\sum_{i=1}^{n}(Y_i - a - b_1X_{i1} - b_2X_{i2} - \dots - b_mX_{im})^2 + \lambda\sum_{j=1}^{m} b_j^2 \qquad (3.3)$$

각 특성 j에 대해, 릿지 회귀에는 평균제곱오차에 λb_j^2 항을 추가하는 것이 포함된다. (편향에 해당하는 항 a는 추가하지 않는다는 것에 주의하라.) 이러한 변화는 모델에게 가능한 한 가중치 b_j를 작게 유지하도록 장려하는 효과가 있다. 릿지 회귀를 L2 규제화[L2 regularization]라고 한다.

평균 0과 표준편차 1을 갖도록 스케일링된 X_1과 X_2의 상관관계가 높은 두 가지 특성이 있는 상황을 고려해 보자. 식 (3.2)의 목적함수를 최소화해 얻은 최적 적합화된 선형 모델이 다음과 같다고 가정하자.

$$Y = a + 1000X_1 - 980X_2$$

특성들이 유사한 대체재이기 때문에 다음과 같은 더 간단한 모델

$$Y = a + bX_1 \ or \ Y = a + bX_2$$

이 더 좋은 성과를 보일 수 있다. (여기서 b는 약 20) 릿지 회귀는 더 큰 양 또는 음수값에 페널티를 주므로 이들 모델 중 하나를 발견할 것이다.

식 (3.3)의 릿지 회귀 분석 모델은 훈련셋을 사용해 모델 파라미터를 결정하는 데만 사용해야 한다. 모델 파라미터가 결정되면 식 (3.2)(즉 $\lambda\sum_{j=1}^{m} b_j^2$ 항이 없는 식)를 예측에 사용해야 한다. 검증셋은 식 (3.2)가 잘 일반화되는지 여부를 테스트하기 위해 사용해야 한다. 최종적으로 선택된 모델의 정확도

---

3 릿지 회귀를 위한 다른 등가의 목적함수를 사용하는 경우가 있다. λ의 값은 목표함수를 지정하는 방법에 따라 달라진다. Sklearn의 파이썬용 LinerRegression 패키지는 평균 제곱오차가 아닌 제곱오차의 합계를 $\lambda\sum_{j=1}^{m} b_j^2$에 더한다. 이는 SKlearn의 λ가 식 (3.3)의 λ의 n배여야 한다는 것을 의미한다. Geron의 저서 Hands on machine learning with Scikit-Learn and TensorFlow에서 방정식 (3.3)의 $1/n$은 $1/(2n)$로 대체된다. 이 공식에 사용된 λ의 값은 식 (3.3)에서 사용한 것의 절반이어야 한다.

는 테스트셋에 대해 식 (3.2)를 사용해 계량화해야 한다.

파라미터 λ는 모델을 훈련시키는 데 사용되지만 Y를 예측하는 데 사용되는 모델의 일부가 아니기 때문에 하이퍼파라미터hyperparameter라고 불린다. λ값의 선택은 분명히 중요하다. λ에 대한 큰 값은 모든 b_j를 0으로 설정하게 한다.(결과 모델은 항상 Y에 대한 값을 a로 예측하기 때문에 흥미가 없을 것이다.) 실제로 λ에 대해 여러 가지 다른 값을 시도하고 그 결과 모델이 검증셋에 얼마나 잘 일반화되는지 확인하는 것이 바람직하다.

행렬 대수학을 사용해 식 (3.2)의 표준 선형 회귀 목적함수를 분석적으로 최소화할 수 있다고 언급했다. 또한 식 (3.3)의 릿지 회귀 목적함수를 분석적으로 최소화할 수 있다. 3.2절에 도입된 그래디언트 하강법은 대안이 될 수 있다.

표 3.1의 훈련 데이터셋에 5차 다항식을 적합화시킨 모델을 규제화의 예시로 사용할 것이다. 1장에서 그 모델이 훈련셋에 과대적합하다는 것을 살펴보았다. 규제화가 이것을 어떻게 처리하는지 보는 것은 유익할 것이다.

첫 번째 단계로 특성 스케일링이 필요하다. 이 예는 다섯 가지 특성을 가지고 있다. 이들은 X, X^2, X^3, X^4, X^5이다. X는 년(세)으로 표시한 연령이다. 이들은 각각 크기를 조정해야 한다. (단지 X만 스케일링하기에는 충분하지 않다는 점에 유의해야 한다.) Z-점수 스케일링을 사용할 것이다. 표 3.2는 평균 및 표준편차와 함께 특성값을 보여준다. (표에서 숫자의 크기는 스케일링의 중요성을 강조한다.) 표 3.3은 스케일링된 특성을 보여준다.

특성들이 표 3.3의 스케일링된 값을 가지고 급여 Y가 천달러 단위로 측정될 때, 최적 적합화된 선형 회귀는 다음과 같다.

$$Y = 216.5 - 32{,}622.6X + 135{,}402.7X^2 - 215{,}493.1X^3$$
$$+ 155{,}314.6X^4 - 42{,}558.8X^5 \tag{3.4}$$

표 3.2 특성값. X는 훈련셋에서 개인들의 연령이다.

샘플	X	X^2	X^3	X^4	X^5
1	25	625	15,625	390,625	9,765,625
2	55	3,025	166,375	9,150,625	503,284,375
3	27	729	19,683	531,441	14,348,907
4	35	1,225	42,875	1,500,625	52,521,875
5	60	3,600	216,000	12,960,000	777,600,000
6	65	4,225	274,625	17,850,625	1,160,290,625
7	45	2,025	91,125	4,100,625	184,528,125
8	40	1,600	64,000	2,560,000	102,400,000
9	50	2,500	125,000	6,250,000	312,500,000
10	30	900	27,000	810,000	24,300,000
평균	43.2	2,045	104,231	5,610,457	314,153,953
표준편차	14.1	1,259	89,653	5,975,341	389,179,640

표 3.3 스케일링을 거친 후의 표3.2의 특성값

샘플	X	X^2	X^3	X^4	X^5
1	−1.290	−1.128	−0.988	−0.874	−0.782
2	0.836	0.778	0.693	0.592	0.486
3	−1.148	−1.046	−0.943	−0.850	−0.770
4	−0.581	−0.652	−0.684	−0.688	−0.672
5	1.191	1.235	1.247	1.230	1.191
6	1.545	1.731	1.901	2.048	2.174
7	0.128	−0.016	−0.146	−0.253	−0.333
8	−0.227	−0.354	−0.449	−0.511	−0.544
9	0.482	0.361	0.232	0.107	−0.004
10	−0.936	−0.910	−0.861	−0.803	−0.745

이제 릿지 회귀 분석을 적용할 수 있다. 표 3.4는 두 가지 다른 값인 λ에 대한 편향 a와 가중치 b_j를 보이며, $\lambda = 0$로 설정하면, 방정식 (3.4)의 "추가 항이 없는" 회귀 결과를 제공한다. $\lambda = 0$에서 $\lambda = 0.02$로 이동하면 가중치에 극적 영향을 미치며, 가중치를 크게 감소시키는 것을 알 수 있다. λ을 0.02에서 1.0으로 증가시키면 가중치가 더 감소한다. 그림 3.1~3.3에는

$\lambda=0,\ 0.02,\ 0.1$이 주어졌을 때, 예측을 위한 연령의 함수로 예측된 급여를 표시한다. λ이 증가할수록 모델이 덜 복잡해지는 것을 알 수 있다. $\lambda=0.02$ 모델은 1장에서 발견한 2차 모델(그림 1.4 참조)과 매우 유사하며 새로운 데이터에 잘 일반화된다.

표 3.4 릿지 회귀식에 있어서 여러 값의 λ에 대한 편향과 가중치의 변화. 급여는 천달러 단위로 측정된다. (급여 대 연령 예는 엑셀 파일을 참조하라.)

λ	a	b_1	b_2	b_3	b_4	b_5
0.02	216.5	97.8	36.6	−8.5	−35.0	−44.6
0.10	216.5	56.5	28.1	3.7	−15.1	−28.4

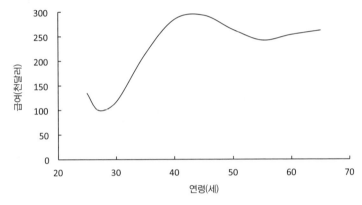

그림 3.1 규제화가 사용되지 않은 경우($\lambda=0$) 급여 예측

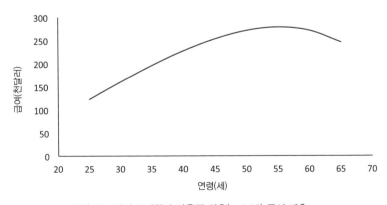

그림 3.2 릿지 규제화가 사용된 경우($\lambda=0.02$) 급여 예측

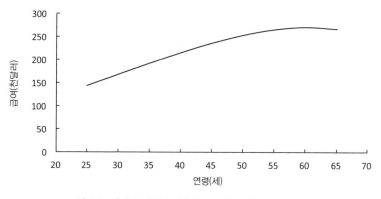

그림 3.3 릿지 규제화가 사용된 경우($\lambda = 0.1$) 급여 예측

3.6 라쏘 회귀

라쏘^{Lasso}는 "Least absolute shrinkage and selection operator"의 약자이다. 릿지에서는 목적함수에 가중치 제곱의 합에 상수를 곱한 것을 더했다. 라쏘에서는 가중치 절대값의 합에 상수를 곱한 것을 더한다. 이를 통해 다음과 같은 목적함수를 도출한다.[4]

$$\frac{1}{n} \sum_{i=1}^{n} (Y_i - a - b_1 X_{i1} - b_2 X_{i2} - \dots - b_m X_{im})^2 + \lambda \sum_{j=1}^{m} |b_j| \qquad (3.5)$$

이 함수는 분석적으로 최소화할 수 없으므로 앞에서 설명한 그래디언트 하강 알고리즘과 유사한 접근법을 사용해야 한다. 라쏘 회귀를 L1 규제화라고 한다.

이전 절에서는 모델을 단순화하기 위해 릿지 회귀는 특성에 할당된 가중치를 줄인다는 것을 보았다. 단순화된 모델은 종종 비규제화된 모델보다 더 잘 일반화된다. 라쏘 회귀는 모델을 단순화하는 효과도 있다. 중요하지 않은 특성의 가중치를 0으로 설정해 이를 수행한다. 특성의 수가 많을 때, 라

---

4 목적함수가 특정되는 방식에는 차이가 있다. Sklearn의 파이썬용 LinearRegression 패키지는 식 (3.5)에서 l/n을 1/2(2n)로 대체한다. Sklearn's λ는 방정식(3.5)의 λ의 절반 수준이어야 한다는 뜻이다.

쏘는 상대적으로 작은 부분집합의 특성을 식별해 좋은 예측 모델을 형성할
수 있다.

개인의 연령에서 개인의 급여를 예측하기 위해 5차 다항식을 사용하는 예에
라쏘를 사용한 결과는 표 3.5에 나와 있다. 표는 라쏘가 실제로 일부 특성
의 가중치를 0으로 설정한다는 것을 보여준다. 여기서 b_5, b_4와 그리고 b_3이
0이 돼 모델이 2차 또는 3차 모델로 감소할 것으로 예상할 수 있다. 사실,
이런 일은 일어나지 않는다. 라쏘는 $\lambda = 0.02$일 때 b_3을 0으로, $\lambda = 0.1$일
때 b_2와 b_4를 0으로, $\lambda = 1$일 때 b_2, b_3과 b_5를 0으로 감소시킨다.

그림 3.4, 3.5, 3.6은 $\lambda = 0.02$, 0.1, 1에 대해 생성된 예측 모델을 보여준
다. 그것들은 식 (3.4)에서 5차 다항식 모델보다 훨씬 낮은 가중치로 단순
하다. 릿지 회귀 분석의 경우와 마찬가지로 λ이 증가함에 따라 모델은 더
단순해진다. 그림 3.6의 모델은 그림 1.4의 2차 모델과 매우 유사하다.

표 3.5 라쏘 회귀에서 여러 λ값에 대한 편향과 가중치 변화. 급여의 단위는 천달러이다. (급여 대 연령 예제에 대해서는 엑셀 파일을 참조하라.)

λ	a	b_1	b_2	b_3	b_4	b_5
0.02	216.5	−646.4	2,046.6	0	−3,351.0	2,007.9
0.10	216.5	355.4	0	−494.8	0	196.5
1.00	216.5	147.4	0	0	−99.3	0

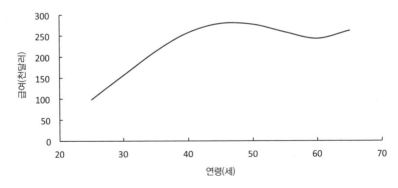

그림 3.4 $\lambda = 0.02$의 라쏘 회귀가 사용될 때 급여 예측

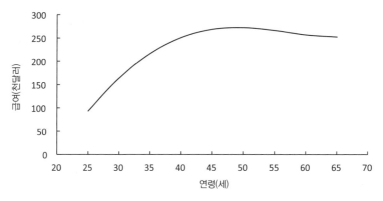

그림 3.5 λ = 0.1의 라쏘 회귀가 사용될 때 급여 예측

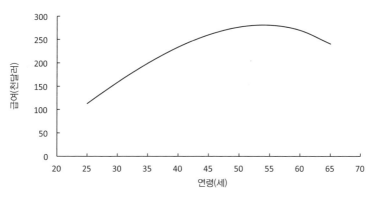

그림 3.6 λ = 1의 라쏘 회귀가 사용될 때 급여 예측

3.7 일래스틱넷 회귀

일래스틱넷 회귀는 릿지와 라쏘의 혼합이다. 최소화할 함수는 가중치 제곱의 합에 상수를 곱한 것과 가중치 절대값의 합에 다른 상수를 곱한 것 모두를 포함한다.

$$\frac{1}{n}\sum_{i=1}^{n}(Y_i - a - b_1X_{i1} - b_2X_{i2} - \dots - b_mX_{im})^2 + \lambda_1\sum_{j=1}^{m}b_j^2 + \lambda_2\sum_{j=1}^{m}|b_j|$$

라쏘에서는 어떤 가중치는 0으로 줄어들지만, 다른 가중치는 꽤 클 수도 있다. 릿지에서는 가중치의 크기는 작지만 0로 줄어들지 않는다. 일래스틱 넷의 기초가 되는 아이디어는 몇몇 가중치를 0로 만들고 다른 가중치들의 크기를 줄임으로써 두 세계의 최고를 얻을 수 있을 지도 모른다는 것이다. $\lambda_1 = 0.02$ 및 $\lambda_2 = 1$로 설정해 5차 다항식 예제에 대해 이를 실증해 본다. 연령(년)으로 급여(천달러)를 예측하는 결과 모델은 다음과 같다.

$$Y = 216.5 + 96.7X + 21.1X^2 - 26.0X^4 - 45.5X^5$$

이는 비영$^{\text{non-zero}}$ 가중치가 훨씬 작다는 점을 제외하고 $\lambda = 0.02$일 때(표 3.5 참조) 라쏘 모델과 유사한 구조를 가지고 있다. 모델은 그림 3.7에서 볼 수 있다. 다시 한번, 그 결과가 이 예제에 대해 1장에서 개발한 2차 모델과 매우 유사하다는 것을 알 수 있다.

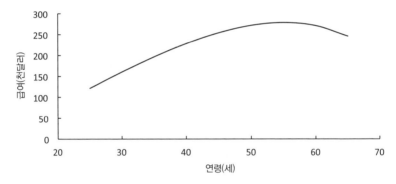

그림 3.7 $\lambda_1 = 0.2$와 $\lambda_2 = 1.0$의 일래스틱넷 회귀가 사용될 때 급여 예측(급여 대 연령 예제에 대해서는 엑셀 파일을 참조하라.)

3.8 주택가격 데이터 결과

지금까지 관측치 10개에 불과한 간단한 데이터셋으로 규제화를 설명했다. 이제 그것이 어떻게 더 현실적인 상황에서 사용될 수 있는지 살펴보자.

많은 나라의 지방정부는 재산세를 결정하기 위해 주택의 시장 가격을 예측할 필요가 있다. 지방정부는 팔린 집의 알려진 가격을 침실 수, 욕실 수, 집이 위치한 동네와 같은 특성과 연관시킴으로써 예측 할 수 있다. 여기서 사용할 데이터셋은 아이오와에서 4년 동안 팔린 주택에 대한 정보로 구성 돼 있다.[5]

본격적인 시작 전에, 1장에 다룬 이용 가능한 모든 데이터를 훈련셋, 검증셋, 테스트셋 등 세 부분으로 나눌 필요성에 관한 중요성을 강조한다.

훈련셋은 대상 모델에 대한 파라미터를 결정하는 데 사용된다. 검증셋은 훈련셋에서 생성된 모델이 새 데이터에 대해 일반화하는 정도를 결정하는 데 사용된다. 테스트셋은 선택된 모델의 정확도에 대한 최종 추정치로 사용된다. 데이터 정제 후 2,908개의 관측치를 갖는다. 이것을 훈련셋 1,800개, 검증셋 600개, 그리고 테스트셋 508개로 분할한다.

전체 데이터 집합에는 총 80여 개의 특성이 포함돼 있으며, 일부 특성은 숫자이고 일부 특성은 범주형이다. 4장에서 설명한 회귀 기법을 설명하기 위해 총 23개의 특징을 사용할 것이다. 이것들은 표 3.6에 열거돼 있다. 21개는 수치형, 2개는 범주형이다. 범주형 특성 중 하나는 천장 높이로 표시된 지하실의 품질과 관련이 있다. 범주는 다음과 같다.

- 우수(> 100인치)
- 양호(90~99인치)
- 일반적(80~89인치)
- 적당(70~79인치)
- 불량(< 70인치]
- 지하실 없음

이것은 자연적인 순서가 있는 범주형 변수의 예다. 위의 6개 범주에 대해 각각 5, 4, 3, 2, 1, 0의 값을 갖는 변수를 새로 만들었다.

---

5 이 데이터셋은 경쟁자들이 테스트 데이터에 대해 가격을 예측하는 캐글 경연대회에서 사용된 것이다.

다른 범주형 특성은 25개 동네 중 하나와 같이 집의 위치를 명시한다. 부동산 중개업자들이 "위치"를 핵심요소로 고려하므로, 이 특성을 포함하는 것이 중요하다고 판단했다. (그들의 마법 주문인 "위치, 위치, 위치"를 상기하라.) 따라서 25개의 더미변수를 도입했다. 더미변수는 동네에 관찰 대상의 집이 위치한 경우 1이고, 그렇지 않으면 0이다. 따라서 모델의 총 특성 수는 47 개(수치형 특성 21개, 지하 품질 1개, 위치 25개)이다.

표 3.6 규제화없이 스케일링된 데이터에 대해 선형 회귀를 사용해 주택가격과 가중치를 추정하기 위한 특성들 (파이썬으로부터)

특성	단순 선형 회귀 가중치
대지면적(스퀘어피트)	0.08
전체 품질(스케일: 1~10)	0.21
전체 상태(스케일: 1~10)	0.10
건축년도	0.16
리모델 년도(만약 리모델이나 추가건축없었으면 건축년도)	0.03
마감된 지하실(스퀘어피트)	0.09
마감되지 않은 지하실(스퀘어피트)	−0.03
총 지하실(스퀘어피트)	0.14
1층(스퀘어피트)	0.15
2층(스퀘어피트)	0.13
거주면적(스퀘어피트)	0.16
욕조가 있는 화장실 수	−0.02
욕조가 없는 화장실 수	0.02
침실수	−0.08
지상층 방수	0.08
벽난로 수	0.03
차고의 주차공간	0.04
차고면적(스퀘어피트)	0.05
목재데크(스퀘어피트)	0.02
실외포치(스퀘어피트)	0.03
실내포치(스퀘어피트)	0.01
동네(25개 특성)	−0.05~0.12
지하실 품질	0.01

표 3.6의 특성들 사이에는 관계가 있다. 예를 들어, 지하의 전체 면적은 완성된 면적과 미완성 면적의 합이다. 거주면적, 침실수, 욕실수 등의 특성은 주택 크기와 관련이 있어 상관관계가 있을 가능성이 높다. 릿지와 라쏘 회귀가 다룰 수 있는 문제들이다.

특성과 더미변수는 Z-점수 방법과 훈련셋 데이터를 사용해 스케일링했다. 또한 Z-점수법과 훈련셋 관측을 이용해 타깃값(즉, 주택가격)을 스케일링했다. (후자는 필요 없지만 유용하다는 것이 증명될 것이다.)

플레인 바닐라 선형 회귀를 사용할 경우 그 결과를 표 3.6에서 볼 수 있다. 훈련셋 내 주택가격 예측에 대한 평균제곱오차는 0.114이다. 가격에 대한 관측치가 1의 분산을 갖도록 스케일링 됐기 때문에, 이는 훈련셋에서 주택가격 변동의 1-0.114 또는 88.6%가 회귀 모형으로 설명된다는 것을 의미한다.

고려 대상의 데이터의 경우, 이 회귀 모형이 잘 일반화되는 것으로 나타났다. 검증셋의 평균제곱오차는 0.117로 설정된 훈련셋의 오차보다 조금 더 높았다. 그러나 규제화가 없는 선형 회귀는 특성 간의 상관관계 때문에 일부 이상한 결과를 초래한다. 예를 들어, 욕조가 있는 욕실 수와 침실 수에 대한 가중치가 음수라는 것은 말이 안 된다.

하이퍼파라미터 λ값이 다른 릿지 회귀Ridge regression를 사용해 봤다. 이것이 검증셋에 대한 예측 오류에 미치는 영향은 그림 3.8에 나와 있다. 예상대로 λ가 증가할수록 예측오차는 증가한다. λ값이 0에서 0.1의 범위에 있을 때 예측 오류의 증가가 작기 때문에 이 범위의 λ값을 합리적으로 고려할 수 있다. 단, 이러한 값에 대해서는 모델 개선이 상당히 적은 것으로 밝혀졌다. λ값이 0에서 0.1로 증가함에 따라 가중치의 평균 절대값이 약 0.049에서 약 0.046으로 감소한다. λ값을 0.6으로 증가해도 가중치의 평균 절대값은 0.039로 감소한다.

라쏘 회귀는 더 흥미로운 결과로 이어진다. 그림 3.9는 라쏘의 λ값이 초기 값 0에서 증가함에 따라 검증셋의 오차가 어떻게 변하는지 보여준다. λ의 작은 값의 경우, 오차는 실제로 $\lambda = 0$일 때보다 작지만, λ가 약 0.02 이상 으로 증가함에 따라 오차는 증가하기 시작한다. 0.04에 해당하는 값이 매력적일 수 있다. 정확도의 손실은 상당히 적다. 검증셋에 대한 평균제곱오차는 관측치 전체 분산의 12.0%에 불과하다.(λ가 0으로 설정돼 규제화 효과가 없을 때의 11.7%와 비교된다.) 단, $\lambda = 0.04$일 때, 25개의 가중치가 0이고 가중치의 평균값이 0.034로 감소한다.(이것은 릿지를 이용한 해당 결과보다 훨씬 좋다.)

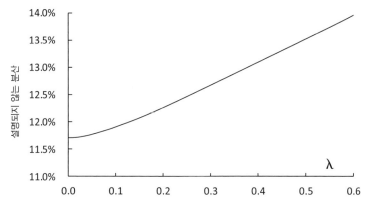

그림 3.8 검증셋 관측치의 총제곱오차의 비율로 표시한 평균제곱오차를 보여주는 릿지 회귀 결과(엑셀과 파이썬으로부터)

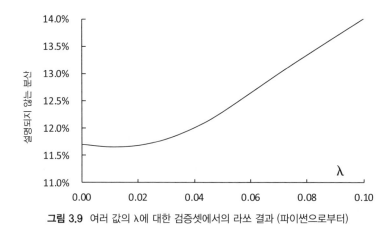

그림 3.9 여러 값의 λ에 대한 검증셋에서의 라쏘 결과 (파이썬으로부터)

백분율 평균제곱오차가 약 14%까지 상승하도록 한다면 λ을 0.1로 설정할 수 있다. 이로 인해 30개의 가중치가 0이 된다. 나머지 0이 아닌 가중치는 표 3.7에 표시된다. (목재데크와 실외포치의 가중치는 0.005보다 작았지만, 0은 아니고 표에 나타나지 않았다.) 표 3.6과 3.7에서 전체품질과 거주면적이 가장 중요한 예측 변수임을 알 수 있다. 핵심은 말이 안 되는 표 3.6의 마이너스 가중치가 없어졌다는 점이다.

표 3.7 λ = 0.1(파이썬으로부터)의 라쏘 모델에서의 비영특성과 가중치(스케일링 이후)

특성	단순 선형 회귀 가중치
대지면적(스퀘어피트)	0.04
전체 품질(스케일: 1~10)	0.30
건축년도	0.05
리모델 년도	0.06
마감된 지하실(스퀘어피트)	0.12
총 지하실(스퀘어피트)	0.10
1층(스퀘어피트)	0.03
거주면적(스퀘어피트)	0.30
벽난로 수	0.02
차고의 주차공간	0.03
차고면적(스퀘어피트)	0.07
동네(25개의 비영 중 3개)	0.01, 0.02와 0.08
지하실 품질	0.02

고려 대상의 데이터의 경우, 일래스틱넷은 라쏘에 비해 개선되지 않았다. 따라서 이 경우 애널리스트는 라쏘 모델 중 하나를 선택할 가능성이 높다. 모델을 선택한 후에는 테스트셋을 사용해 정확도를 평가해야 한다. λ = 0.04의 라쏘를 선택할 경우, 테스트 데이터셋의 평균제곱오차는 12.5%(주택가격 변동의 87.5%를 설명)이다. λ = 0.1의 라쏘를 선택한 경우, 테스트 데이터셋의 평균제곱오차는 14.7%(주택가격 변동의 85.3%를 설명)이다.

3.9 로지스틱 회귀

1장에서 언급한 바와 같이 지도학습 모델에는 두 가지 유형이 있다. 즉, 수치형 변수를 예측하는 데 사용되는 모델과 분류에 사용되는 모델이다. 이번장에서는 지금까지 수치형 변수를 예측하는 문제를 고려했다. 이제 분류 문제로 넘어간다. 즉, 새로운 관측치가 두 범주 중 어느 범주에 속할 것인가를 예측하는 문제다. 로지스틱 회귀^{logistic regression}는 이를 위해 사용할 수 있는 도구 중 하나이다. 다른 도구는 4, 5, 6장에서 제시될 것이다.

많은 특성 $X_j(1 \leq j \leq m)$가 있으며, 그 중 일부는 범주형 특성에서 생성된 더미변수일 수 있다고 가정하자. 또한 관측치가 속할 수 있는 클래스가 두 개 있다고 가정하자. 그 클래스 중 하나는 양성 결과로(일반적으로 이것은 예측하려고 하는 것이 될 것이다), 다른 클래스는 음성 결과로 언급될 것이다. 분류의 예로는 이메일에 포함된 단어들로부터 정크 메일을 탐지하는 것이다. 정크 메일은 양성 결과로, 정크 메일이 아닌 이메일은 음성 결과로 분류될 것이다.

로지스틱 회귀 분석(로짓 회귀^{logit regression}라고도 함)을 사용해 양성 결과의 확률 Q를 계산할 수 있다. 시그모이드함수를 사용해 다음과 같이 계산한다.

$$Q = \frac{1}{1 + e^{-Y}} \tag{3.6}$$

이것은 그림 3.10에 그려진 S자형 함수다. 0과 1 사이의 값을 가지고 있다. Y가 매우 크고 음수일 때 e^{-Y}는 매우 크고 Q함수는 0에 가깝다. Y가 매우 크고 양수일 때, e^{-Y}는 매우 작고 Q는 1에 가깝다.

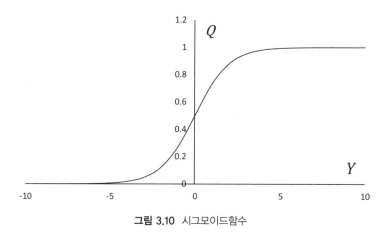

그림 3.10 시그모이드함수

Y를 특성의 선형함수에 상수(편향)를 더한 것과 같다.

$$Y = a + b_1X_1 + b_2X_2 + \cdots + b_mX_m$$

그러면 양성 결과의 확률은 다음과 같다.

$$Q = \frac{1}{1 + \exp(-a - \sum_{j=1}^{m} b_jX_j)} \tag{3.7}$$

아이오와 주택가격 예시에서처럼 타깃값을 예측하고 있을 때 평균제곱오차를 목적함수로 사용할 수 있다. 관측치를 분류할 때는 다른 목적함수가 필요하다. 통계에서 최대우도법은 관측치가 발생할 가능성을 최대화하는 방법으로 관측치 집합에서 파라미터를 선택하는 방법이다. 현 상황에서는 다음을 최대화하는 a와 b_j를 선택한다.

$$\sum_{\substack{\text{양성} \\ \text{결과}}} \ln(Q) + \sum_{\substack{\text{음성} \\ \text{결과}}} \ln(1 - Q)$$

위 식에서 처음 합은 양성 결과를 이끄는 모든 관측치에 대한 것이고, 두 번째 합은 음성 결과를 이끄는 모든 관측치에 대한 것이다. 이 함수는 분석적으로 최대화될 수 없으므로, (그래디언트 하강법과 유사한) 그래디언트 상승법이 사용돼야 한다.

위의 식은 다음 식을 최소화하는 것과 동일하다.

$$-\sum_{\substack{\text{양성} \\ \text{결과}}} \ln(Q) - \sum_{\substack{\text{음성} \\ \text{결과}}} \ln(1-Q) \qquad (3.8)$$

식 (3.2)와 같은 식 (3.8)은 비용함수$^{\text{cost function}}$로 불린다.

이번 장 앞부분에서 어떻게 규제화가 선형 회귀모델을 단순화하고 과대적합을 회피할 수 있는지를 보았다. 규제화는 로지스틱 회귀에서도 유사하게 사용될 수 있다. L2(릿지) 규제화는 식 (3.8)에 $\lambda\sum_{j=1}^{m} b_j^2$를 더하고 최소화한다. 유사하게 L1(라쏘) 규제화는 식 (3.8) 표현에 $\lambda\sum_{j=1}^{m} |b_j|$을 더해 최소화한다. 본 장의 선형 회귀의 맥락에서 설명한 바와 같이 릿지는 가중치를 제거하지 않고 감소시키는 것이고, 반면 라쏘는 일부 가중치를 0으로 설정한다. $\lambda\sum_{j=1}^{m} b_j^2 + \lambda\sum_{j=1}^{m} |b_j|$를 더하는 일래스틱넷 규제화 역시 사용될 수 있다.

이들 공식이 훈련셋으로부터 편향과 가중치를 추정하는 데 사용한다는 것을 강조한다. 일단 이것이 실행되면, 식(3.7)은 검증셋, 테스트셋 또는 새로운 데이터로부터 Q를 예측하는 데 사용한다.

3.10 결정 기준

양성 결과의 확률을 추정하는 모델이 개발되면, 새로운 관측치를 양성으로 분류해야 하는지를 결정하는 기준을 선택할 필요가 있다. 단순한 정확도 측정값, 즉 정확하게 분류된 관측치의 비율을 최대화하는 것은 솔깃한 일이다. 그러나 이것이 항상 잘 작동되는 것은 아니다. 하루 사용 수, 구매 유형 등과 같은 특성으로부터 신용카드 사기 행위를 탐지하려고 한다고 가정하자. 만약 1%의 거래만 사기라면, 단지 모든 거래들이 좋은 거래라고 예측하는 것만으로 99%의 정확성을 얻을 수 있다.

여기서 문제는 클래스 불균형이 있다는 것이다. 다음의 두 가지 클래스가 있다.

- 정상 거래
- 사기 거래

그리고 첫 번째 클래스는 두 번째 클래스보다 훨씬 크다. 클래스의 크기가 같다면(또는 크기가 거의 같을 경우), 방금 언급한 정확도 측정을 사용하는 것이 적절할 수 있다. 불행히도 여기서 다루는 클래스는 대부분 불균형이다.

이 문제를 해결하는 한 가지 방법은 다수 클래스의 관찰 결과를 과소 샘플링under-sampling해서 균형 잡힌 훈련셋을 만드는 것이다. 예를 들어, 방금 언급한 상황에서 애널리스트는 10만 건의 사기 거래에 대한 데이터를 수집하고 이를 10만 건의 정상 거래의 무작위 샘플과 결합함으로써 훈련셋을 구성할 수 있다. 또 다른 접근법은 합성 관측치를 만들어 소수 클래스를 과대 샘플링over-sampling하는 것을 포함한다. 이것은 SMOTE(합성 소수 클래스 과대 표본추출법)으로 알려져 있다.[6] 이러한 방법 중 하나로 훈련셋의 균형을 맞추는 것이 로지스틱 회귀에는 반드시 필요한 것은 아니지만, 이 책의 후반부에서 논의할 SVM 및 신경망과 같은 방법들을 더 잘 작동하게 한다.

실무에서 많은 경우, 로지스틱 회귀를 위해서 훈련셋의 클래스 균형을 맞추지 않는다. 따라서 분류의 목적을 명심하는 것이 중요하다. 많은 경우 새로운 관측치를 양성으로 분류했는데 실제로 음성으로 판명되었을 때 발생하는 비용은 음성으로 분류했는데 실제로 양성으로 판명되었을 때의 비용과 다르다. 그렇다면 Q가 0.5보다 큰지 작은지를 기반으로 결정을 하는 것은 실수일 수 있다. 0.5와 다른 Q의 임계값이 적절할 수 있다. 다음 절의 예시로 설명하겠지만, 의사결정자에게 일정 범위의 여러 대안적 의사결정 기준을 제시하는 것이 유용할 수 있다.

---

6   N. V. W. Bowyer, L. O. Hall, and W. P. Kegelmeyer, "SMOTE: Synthetic Minority Over-Sampling Technique," journal of Artificial Inteligence Research, 16(2002), 321-357 를 참조하라.

3.11 신용 결정에 대한 응용

이 절에서는 렌딩클럽이란 회사가 제공하는 대출 실적에 관한 데이터 일부를 고려한다. (이 자료와 분석은 www2.rotman.utoronto.ca/~hull에 있다.) 렌딩클럽은 투자자가 중개인이 관여하지 않고 차입자에게 돈을 빌려줄 수 있는 P2P 대출기관이다.[7]

렌딩클럽은 머신러닝을 사용한다. 여기서는 머신러닝을 이용해 렌딩클럽의 기준을 향상시키기 위해 노력하는 도전적인 과제를 시도할 것이다. 여기서 사용하는 데이터의 일부를 발췌한 것이 표 3.8에 나와 있다. 이 예에서는 오직 하나의 모델만을 살펴볼 것이다. 따라서 훈련셋과 테스트셋을 사용하는 것으로 충분할 것이다. (검증셋은 여러 모델을 고려할 때 필요하며, 애널리스트는 이들 중에서 선택해야 하는 것을 상기하라.)

이 책의 여러 곳에서 제시된 분석에서 우량 대출은 "경상current"으로, 채무불이행 대출은 "대손처리"로 정의한다. 여기서는 양성 결과를 우량 대출로, 음성대출을 채무불이행으로 각각 정의한다. 이것은 다소 자의적이다. 일부 애널리스트들은 채무불이행을 예측하려고 하고 있기 때문에 채무불이행이 양성 결과가 돼야 한다고 주장할 것이다.[8]

훈련셋은 8,695개의 관측치들로 구성되는데 1,499개는 채무불이행 대출이었고, 나머지 7,196개는 우량 대출이었다. 테스트셋은 5,916개의 관측치들로 구성돼 있는데, 1,058개는 채무불이행 대출이었고, 나머지 4,858개는 우량 대출이었다.

여기서는 네 가지 특성을 사용한다.

- 주택소유 여부
- 연간 소득(달러)

---

7 https://www.lendingclub.com을 참조하라.
8 채무불이행 대출이 "양성"으로 레이블링될 때 분석이 어떻게 변하는지는 연습문제 3.14를 참조하라.

- 총부채상환비율^{DTI} (%)
- 신용점수^{FICO}

(이들 중 하나인 주택소유 여부는 범주형이었으며, 0 또는 1의 더미변수로 처리됐다.) 표 3.8은 샘플 데이터를 보여준다. 훈련셋에 대해 추정된 가중치는 표 3.9와 같다. 편향은 −6.5645로 추정된다. 따라서 채무불이행이 발생하지 않을 확률은 다음의 식 (3.6)에 의해 구할 수 있다.

표 3.8 대출 채무불이행을 예측하는 데 사용된 훈련 데이터

주택보유여부 X_1	소득(천달러) X_2	총부채상환비율 X_3	신용점수 X_4	대출 결과
1	44,304	18.47	690	채무불이행
1	136,000	20.63	670	우량
0	38,500	33.73	660	채무불이행
1	88,000	5.32	660	우량
...	...	...	...	...
...	...	...	...	...

표 3.9 최적 가중치(엑셀 또는 파이썬 참조)

특성	심볼	가중치 b_i
주택보유여부(0 또는 1)	X_1	0.1395
소득(천달러)	X_2	0.0041
총부채상환비율(%)	X_3	−0.0011
신용점수(FICO)	X_4	0.0113

대출 허용여부를 결정하기 위한 결정은 Q의 가치에 대한 임계값 Z를 설정해 다음과 같이 할 수 있다.

- $Q \geq Z$일 경우 대출이 우량일 것으로 예측
- $Q < Z$일 경우 대출이 부실할 것으로 예측

테스트셋에 Z의 특정 값을 적용할 때의 결과는 혼동행렬이라고 하는 것으로 요약할 수 있다. 이것은 예측과 결과의 관계를 보여준다. 표 3.10, 3.11

및 3.12는 모델에서 세 가지 다른 Z값에 대한 혼동행렬을 보여준다. (엑셀 또는 파이썬 결과 참조)

표 3.10 Z = 0.75인 경우 테스트셋에 대한 혼동행렬

	양성 예측(우량)	음성 예측(채무불이행)
양성 결과(우량)	77.59%	4.53%
음성 결과(채무불이행)	16.26%	1.62%

표 3.11 Z = 0.80인 경우 테스트셋에 대한 혼동행렬

	양성 예측(우량)	음성 예측(채무불이행)
양성 결과(우량)	55.34%	26.77%
음성 결과(채무불이행)	9.75%	8.13%

표 3.12 Z = 0.85인 경우 테스트셋에 대한 혼동행렬

	양성 예측(우량)	음성 예측(채무불이행)
양성 결과(우량)	28.65%	53.47%
음성 결과(채무불이행)	3.74%	14.15%

혼동행렬 그 자체는 혼동스러운 것이 아니지만, 이것이 수반하는 용어는 그럴 수 있다. 혼동행렬의 4가지 요소는 다음과 같이 정의된다.

- 참양성[TP, True Positive]: 예측과 결과가 모두 양성이다.
- 거짓음성[FN, False Negative]: 예측은 음성이나 결과가 양성이다.
- 거짓양성[FP, False Positive]: 예측은 양성이나 결과가 음성이다.
- 참음성[TN, True Negative]: 예측도 음성이고 결과도 음성이다.

이들 정의는 표 3.13에 요약돼 있다.

표 3.13 혼동행렬 요약

	양성 결과 예측	음성 결과 예측
양성 결과	TP	FN
음성 결과	FP	TN

표로부터 정의할 수 있는 비율은 다음과 같다.

$$정확도 = \frac{TP + TN}{TP + FN + FP + TN}$$

$$참양성률 = \frac{TP}{TP + FN}$$

$$참음성률 = \frac{TN}{TN + FN}$$

$$거짓양성률 = \frac{FP}{TN + FP}$$

$$정밀도 = \frac{TP}{TN + FP}$$

이들 비율로부터 계산되는 또 하나의 척도는 F-점수[F-score] 또는 F1-점수[F1-score]로 알려져 있다. 이는 다음과 같이 정의된다.

$$2 \times \frac{P \times TPR}{P + TPR}$$

여기서 P는 정밀도이고, TPR은 참양성률이다. 이는 불균형 데이터에 대해 종종 사용되는 얼마나 양성이 잘 식별되는가에 초점을 맞추는 정확도 척도이다.

표 3.10에서 3.12에서 고려된 3개의 다른 Z값에 대한 척도를 표 3.14에 보여준다.

표 3.14 표 3.10~표 3.12에서의 혼동행렬로부터 계산된 비율들(엑셀과 파이썬 결과 참조)

	Z = 0.75	Z = 0.80	Z = 0.85
정확도	79.21%	63.47%	42.80%
참양성률	94.48%	67.39%	34.89%
참음성률	9.07%	45.46%	79.11%
거짓양성률	90.93%	54.54%	20.89%
정밀도	82.67%	85.02%	88.47%
F-점수	88.18%	75.19%	50.04%

정확도는 정확하게 분류된 관측치의 백분율이다. 정확도를 극대화하는 것이 최선의 전략이라고 생각할 수 있다. 그러나 이전 절에서 언급했듯이 반드시 그렇지는 않다. 실제로 본 예에서는 모든 관측치를 양성으로 분류하기만 하면 정확도가 82.12%로 극대화된다.(즉, 항상 채무불이행이 없을 것으로 예측하고 $Z = 0$으로 설정)

민감도 또는 재현율^{recall}이라고도 하는 참양성률은 정확하게 예측되는 양성 결과의 백분율이다. 정확도와 마찬가지로, 이것은 모든 관측치를 좋은 것으로 분류함으로써 만들어질 수 있기 때문에 유일한 목표가 돼서는 안 된다.

특이도^{specificity}라고도 불리는 참음성률$^{True Negative Rate}$은 음성으로 예측된 음성 결과의 비율이다. 거짓양성률$^{False Positive Rate}$은 1에서 참음성률을 뺀 것이다. 잘못 분류된 음성 결과의 비율이다. 정밀도는 정확한 것으로 증명되는 양성 예측의 비율이다.

여러 가지 트레이드 오프가 존재한다. 정상으로 증명되는 대출의 더 낮은 비율을 식별해야만 참음성률을 높일 수 있다.(즉, 채무불이행의 더 큰 비율을 식별할 수 있다) 또한, 참음성률이 증가함에 따라 정확도는 떨어진다.

트레이드 오프는 그림 3.11에 요약돼 있으며, 그림 3.11은 Z의 모든 가능한 임계값에 대해 거짓양성률에 대한 참양성률을 그린다. 이를 ROC 곡선$^{Receiver Operator Curve}$이라고 한다. 이 곡선 아래 면적$^{AUC, Area Under Curve}$은 모델의 예측 능력을 요약하는 일반적인 방법이다. AUC가 1.0이라면 100% 참양성률과 0% 거짓양성률을 결합하는 완벽한 모델이 있다. 그림 3.11의 점선은 AUC 0.5에 해당한다. 이는 예측 능력이 없는 모델에 해당한다. 무작위 예측을 하는 모형의 AUC는 0.5이다. AUC < 0.5를 가진 모델은 무작위보다 더 나쁘다.

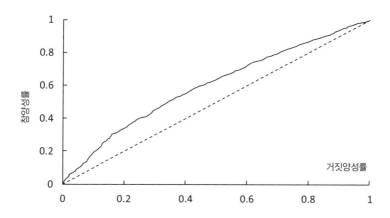

그림 3.11 테스트셋에 대한 참양성률과 거짓양성률 간의 관계를 보여주는 ROC곡선(엑셀과 파이썬 파일 참조)

이제까지 검토해 온 데이터에 대해, 파이썬 구현은 AUC를 0.6020으로 계산하는데 이는 모델이 약간의 작은 예측 능력을 가지고 있다는 것을 나타낸다. (렌딩클럽은 이미 대출 결정을 하기 위해 머신러닝을 사용했고, 여기서는 단지 네 가지 특성만을 사용하고 있다는 것을 고려할 때, AUC는 상당히 고무적이다.)

만일 디폴트를 양성 결과(아마도 이것이 예측하고자 하는 것이기 때문에)로 설정하고, 디폴트가 아닌 결과를 음성 결과로 설정했더라도 채무불이행과 정상으로 추정되는 확률은 같았을 것이라는 점에 주목하자. 정확도 비율은 동일하지만 표 3.14의 다른 비율은 변경될 것이다. AUC도 마찬가지일 것이다. 이를 이해하려면 연습 3.14를 참조하자.

대출자는 Z에 대한 적절한 값(즉, ROC에서의 포지셔닝)를 결정할 때 채무불이행이 아닌 대출로부터의 평균 이익과 채무불이행으로 인한 평균 손실을 고려해야 한다. 예를 들어 채무불이행이 아닌 대출 이익은 V인 반면, 채무불이행의 비용에 따른 손실은 $4V$라고 가정하자. 대출자의 이익은 다음을 최대화할 때 가장 크다.

$$V \times \text{TP} - 4V \times \text{FP}$$

표 3.10, 3.11 및 3.12에서 고려한 대안의 경우, 이는 12.55V, 16.34V와 13.69V이다. 이는 세 가지 대안 Z값 중 Z = 0.80이 가장 수익성이 높을 것이라는 것을 나타낸다.

3.12 *k*-최근접 이웃 알고리즘

이 장을 마치기 전에 *k*-최근접 이웃 알고리즘으로 알려진 선형 또는 로지스틱 회귀에 대한 간단한 대안을 언급한다. 여기에는 *k*에 대한 값을 선택한 다음 예측하기 위해 사용하는 특성과 가장 유사한 특성이 있는 *k*개의 관측 값을 찾는 작업이 포함된다.

어떤 동네에 있는 주택가치를 대지면적$^{\text{lot size}}$이나 주거 공간 면적$^{\text{square feet of living area}}$으로 예측한다고 가정하자. 여기서 *k* = 3으로 설정해 보자. 그런 다음 훈련셋에서 주택 3채를 탐색할 것인데, 그 3채의 주택은 대지면적과 주거 공간 면적과 관련해 고려되고 있는 주택과 가장 유사하다. 특성을 스케일링한 다음 2장에 기술된 유클리드 거리 척도를 사용해 유사도를 측정할 수 있다. 가장 비슷한 세 주택의 가격이 23만 달러, 24만 5천 달러, 21만 8천 달러라고 가정해 보자. 대상 주택의 추정가치는 이 주택가격들의 산술 평균인 23만 1천달러와 같게 설정된다.

알고리즘은 분류에도 사용될 수 있다. 표 3.8의 네 가지 특성에서 대출이 정상일지를 예측하고자 하며, *k* = 10으로 설정한다. 고려 중인 대출과 가장 유사한 특성을 가진 10건의 대출을 훈련셋에서 찾아볼 것이다. 만약 그 대출 중 8건이 양호한 것으로 판명되고 2건이 채무불이행이면, 채무불이행이 아닐 확률 예측은 80%가 될 것이다.

요약

선형 회귀는 물론 새로운 머신러닝 기법은 아니다. 이것은 여러 해 동안 경험적 연구에 중심적인 역할을 해왔다. 데이터 과학자들은 이것을 예측 도구로 채택했다.

머신러닝 응용은 종종 상호 연관성이 높은 특성을 많이 가지고 있다. 선형 회귀는 한 특성값에 큰 양의 계수를 제공하고 다른 상관관계가 있는 특성값에 큰 음의 계수를 제공하는 결과를 산출하기 쉽다. 이것을 1장에서 논의한 급여 예측 사례로 설명했다.

회귀 모델에서 가중치의 크기를 줄이는 한 가지 접근법은 릿지 회귀다. 또하나는 라쏘 회귀다. 후자는 중요하지 않은 변수의 가중치를 0으로 줄이는 효과가 있다. 일래스틱넷 회귀는 릿지와 라쏘 회귀의 기초가 되는 아이디어를 사용하며 양자의 장점(즉, 크기가 더 작은 계수 및 중요하지 않은 변수 제거)을 얻기 위해 사용할 수 있다.

범주형 변수는 각 범주에 하나씩 더미변수를 생성해 선형 회귀에서 수용할 수 있다. 관측값에 대한 더미변수는 관측값이 범주에 속할 경우 1과 같고 그렇지 않은 경우 0과 같다.

로지스틱 회귀는 일반적 선형 회귀와 마찬가지로 여러 해 동안 경험적 연구에 사용해 왔다. 이것은 데이터 과학자들에게 중요한 분류 도구가 됐다. 전형적으로 두 개의 클래스가 있다. 하나는 "양성"으로, 다른 하나는 "음성"으로 지정된다. S자형의 시그모이드함수는 관측값이 양성 클래스로 떨어질 확률을 정의하는 데 사용한다. 반복적 탐색 절차를 사용해 시그모이드함수를 대입할 경우 양성 결과에 높은 확률을, 음성 결과에 낮은 확률을 할당하는 작업을 가장 잘하는 특성값의 선형함수를 찾는다. 테스트 데이터 셋에 로지스틱 회귀 분석을 사용한 결과는 혼동행렬이라고 하는 것으로 요약할 수 있다.

일단 로지스틱 회귀가 실행되면 그 결과가 어떻게 사용될지 결정할 필요가 있다. 여기서는 이를 대출 결정으로 예시했다. 의사결정자는 Z-값을 정의할 필요가 있다. 대출로 인한 긍정적 결과의 확률이 Z보다 클 것으로 추정될 때 대출이 승인된다. Z 미만이면 대출이 기각된다. 우량 대출의 식별 성공과 채무불이행의 식별 성공 사이에는 트레이드 오프가 있다. 후자를 개선하는 것은 전자를 악화시키는 경향이 있고, 그 반대의 경우도 마찬가지다. 이러한 트레이드 오프는 참양성률(즉 양성 결과가 양성으로 분류되는 빈도의 백분율)과 거짓양성률(음성 결과가 양성으로 분류되는 빈도의 백분율)이 관련된 ROC 곡선으로 요약할 수 있다.

일반적인 견해는 머신러닝 모델이 완벽한 예측을 할 것으로 기대해서는 안 된다는 것이다. 핵심 테스트는 이들의 예측이 인간의 예측과 비교해서 어떤지, 더 나은지 여부다. 다양한 분야에서의 머신러닝 모델의 인기는 이들이 이 테스트를 통과하고 있는 것이 분명하다는 것을 의미한다.

짧은 개념 질문

3.1 "플레인 바닐라" 선형 회귀 분석의 목적함수는 무엇인가?

3.2 (a) 릿지 회귀 분석, (b) 라쏘 회귀 분석 및 (c) 일래스틱넷 회귀 분석의 목적함수는 어떻게 변경되는가?

3.3 (a) 릿지 회귀 분석과 (b) 라쏘 회귀 분석의 주요 장점은 무엇인가?

3.4 주택가격을 예측할 때, 만약 주택에 에어컨이 있다면 "예"이고, 에어컨이 없다면 "아니오"인 특성을 어떻게 처리할 것인가?

3.5 주택가격을 예측함에 있어, 대지ᵈ를 "경사가 없음", "낮은 경사", "중간 경사"와 "급경사"라고 묘사하는 특성을 어떻게 처리할 것인가?

3.6 주택가격을 예측함에 있어 주택의 이웃을 식별하는 특성을 어떻게 처리할 것인가?

3.7 "규제화"라는 용어의 의미를 설명하라. L1과 L2 규제화의 차이점은 무엇인가?

3.8 시그모이드함수란 무엇인가?

3.9 로지스틱 회귀 분석의 객관적 함수는 무엇인가?

3.10 (a) 참양성률, (b) 거짓성양률, (c) 정밀도의 정의는 무엇인가?

3.11 ROC 그래프는 무엇인가? ROC 그래프가 설명하는 트레이드 오프에 대해 설명하라.

3.12 더미변수 트랩이 의미하는 바를 설명하라.

연습문제

3.13 표 1.2에 설정된 검증셋을 사용해서 표 3.2 및 3.3과 유사한 표를 계산하라. 축척된 데이터를 사용해 다음에 대한 절편, 가중치 및 평균 제곱오차를 계산하라.

　(a) X, X^2, X^3, X^4 및 X^5에 대한 급여의 플레인 바닐라 선형 회귀(X가 연령인 경우)

　(b) X, X^2, X^3, X^4 및 X^5에 대한 급여의 $\lambda=0.02$, 0.05와 0.1로 설정된 릿지 회귀 분석

　(c) X, X^2, X^3, X^4 및 X^5에 대한 급여의 $\lambda=0.02$, 0.05와 0.1로 설정된 라쏘 회귀 분석

3.14 렌딩클럽 데이터에서 디폴트(채무불이행)를 양성 결과로 정의하고 디폴트가 발생하지 않는 것을 음성 결과로 정의한다고 가정하자.

　(a) 이것이 절편과 가중치에 어떤 영향을 미치는가? 디폴트와 디폴트가 발생하지 않을 확률은 변경되지 않음을 보여라.

　(b) 디폴트 예측을 위해 0.25, 0.20, 0.15의 Z값을 선택한다. 표 3.14의 혼동행렬과 비율을 계산하라.

　(c) 파이썬 구현을 사용해 (a) 및 (b)에 대한 답변을 확인하고, AUC가 여전히 0.6020인지 확인하라.

3.15 www-.rotman.utoronto.ca/~hull의 Original_Data.xlsx 파일의 추가 특성을 포함시켜 아이오와 주의 주택가격 예제를 확장하라.

본문 분석과 동일하게 첫 번째 관측치 1,800개를 훈련셋으로, 다음 600개를 검증 셋으로, 나머지 600개를 테스트셋으로 선택한다. 한 가지 추가 특성은 대지 앞면^{Lot Frontage}이여야 하며, 결측된 관측치를 처리하기 위한 대안 접근법을 고려해야 한다. 또 다른 추가 특성은 범주형 특성 토지 모양^{Lot Shape}이여야 한다. 예측 모델을 선택하고 테스트셋의 정확도를 계산하라. 훈련셋, 검증셋 및 테스트 셋으로 데이터를 랜덤하게 분할해 분석을 반복하라.

3.16 렌딩클럽에 대한 전체 데이터셋은 Full_Data_Set.xlsx(www-2.rotman.utoronto.ca/~hull 참조하라.) 파일에 있다. 3장의 분석에서 "우량 대출"은 "경상^{Current}"으로 리스트된 대출이며, 채무불이행 대출은 "대손처리^{Charged Off}"로 리스트된 대출이다.(Full_Data_Set.xlsx의 0열 참조) 다른 대출은 고려되지 않는다. "우량 대출"이 "완전 지급^{Fully Paid}"으로 리스트된 대출이고 채무불이행 대출이 "대손처리"로 리스트된 대출이라고 가정하고, 3장의 분석을 반복한다. 이 때 결과가 3장의 결과보다 나은가? 전체 데이터 집합에서 추가 특성을 선택하고 로지스틱 회귀 분석 결과의 개선 사항에 대해 보고하라.(선택한 특성이 대출 당시 알려진 값을 가지는지 확인하라.)

04

지도학습: 의사결정트리

이 장에서는 의사결정트리가 예측에 사용될 수 있는 방법을 고려해 지도학습에 대한 논의를 계속한다. 의사결정트리는 선형 또는 로지스틱 회귀분석보다 많은 잠재적 장점을 가진다.

예를 들면 다음과 같다.

- 의사결정트리는 많은 사람들이 문제에 대해 생각하는 방식에 해당하며 비전문가들에게 설명하기 쉽다.
- 타깃과 특성 사이의 관계가 선형적일 필요는 없다.
- 트리는 자동으로 최적의 특성을 선택해서 예측한다.
- 의사결정트리는 회귀 분석보다 이상 관측치에 덜 민감하다.

4장의 첫 번째 부분은 분류를 위한 의사결정트리 사용에 초점을 맞출 것이다. 3장에서 소개된 렌딩클럽 데이터를 사용해 방법론을 설명한다. 그러고 나서, 1장에서의 베이즈 정리를 바탕으로 나이브 베이즈 분류기로 알려진 것을 설명한다. 그다음 아이오와 주택가격 데이터를 사용해 연속 변수 타깃에 의사결정트리를 어떻게 사용할 수 있는지 보여줄 것이다. 이후에 어떻게 서로 다른 머신러닝 알고리즘이 복합적인 예측을 도출하기 위해 결합될 수 있는지 설명한다. 이것의 중요한 예는 많은 다양한 의사결정트리를 생성하고 그 결과를 결합해 만드는 랜덤 포레스트다.

4.1 의사결정트리의 성격

의사결정트리는 예측을 위한 단계별 과정을 보여준다. 그림 4.1은 구직자를 두 가지 범주로 분류하는 것과 관련된 간단한 예를 보여준다.

- 구직 제안을 받아야 하는 사람들
- 구직에 대해 거절이라는 말을 들어야 하는 사람

이 예는 의사결정트리의 주요 특징을 보여준다. 한 번에 보기보다는 한 번에 한 가지 특성을 보는 것으로 결정된다. 본 예에서 가장 중요한 특성인 관련 학위 소지 여부가 우선 고려된다. 그 후에는 경험과 의사소통 능력이 의사결정트리에 의해 고려된다.

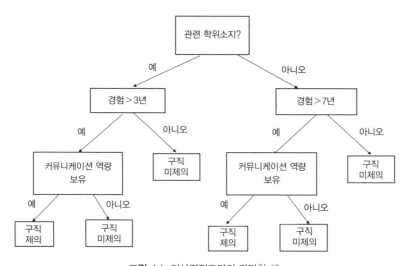

그림 4.1 의사결정트리의 간단한 예

고용주는 그림 4.1과 같은 의사결정트리를 공식화하지 않고 무의식적으로 사용할 수 있다. 의사결정트리가 머신러닝 도구로 사용될 때, 이후에 설명하듯이 알고리즘을 이용해 역사적 데이터로 트리를 구축한다.

4.2 정보이득 척도

트리의 첫 번째(루트) 노드에서 선택할 수 있는 가장 좋은 특성은 무엇인가? 분석의 목적은 과거에 고용 결정이 어떻게 이루어졌는지를 재현하는 것이라고 가정해 보자.[1] 루트 노드에 배치하는 특성은 정보이득이 가장 많다. 구직자에 대한 많은 자료를 가지고 있고, 그들 중 20%에게 구직 제안을 했다고 가정하자. 더 나아가 구직자의 50%가 관련 학위를 가지고 있다고 가정하자. 관련 학위 소지자와 관련 학위가 없는 사람 모두 취업 제의를 받을 확률이 20%라면 지원자의 관련 학위 소지 여부를 아는 것에 대한 정보이득은 없을 것이다. 대신 다음을 가정하자.

- 관련 학위 소지자의 30%가 채용 제안을 받았다.
- 관련 학위가 없는 사람의 10%가 채용 제안을 받았다.

그러면 지원자가 관련 학위를 가지고 있는지 여부를 아는 것에 대한 정보이득이 분명히 있다.

정보이득의 한 척도는 엔트로피를 기반으로 한다. 이것은 불확실성의 척도다. 결과가 n개 있고 각 결과가 $p_i(1 \leq i \leq n)$의 확률을 갖는 경우 엔트로피는 다음과 같이 정의될 수 있다.

$$\text{엔트로피} = -\sum_{i=1}^{n} p_i \log(p_i)$$

여기서 머신러닝 문헌과 일관성을 유지하기 위해, "로그"를 베이스 2에 대한 로그로 정의한다.[2] 예시에서 처음에 채용 제의를 할 확률이 20%이고, 채용 제의을 하지 않을 확률이 80%이므로 다음을 얻는다.

$$\text{엔트로피} = -[0.2 \times \log(0.2) + 0.8 \times \log(0.8)] = 0.7219$$

---

[1] 고용 결정 시 알려진 특성과 직원의 성과를 연관시키는 것으로 좀 더 정교한 분석을 할 수 있다.

[2] 베이스의 변화는 모든 x에 대해 동일한 상수를 $\log(x)$에 곱하는 것이므로 로그에 사용된 베이스는 결과에 영향을 주지 않는다. 베이스가 2이면, $2^y = x$일 때 $\log(x) = y$이다.

후보자가 관련 학위를 가지면, 이는 다음과 같이 된다.

$$엔트로피 = -[0.3 \times \log(0.3) + 0.7 \times \log(0.7)] = 0.8813$$

후보자가 관련 학위를 가지고 있지 않으면, 이는 다음과 같이 된다.

$$엔트로피 = -[0.1 \times \log(0.1) + 0.9 \times \log(0.9)] = 0.4690$$

50%의 후보자가 관련 학위를 가지고 있으므로, 후보자가 관련 학위를 가지고 있는지에 대한 정보가 얻어진다고 가정할 때, 엔트로피의 기대값은 다음과 같이 구해진다.

$$0.5 \times 0.8813 + 0.5 \times 0.4690 = 0.6751$$

후보자가 관련 학위를 가지고 있는가를 발견하는 것에 대한 정보이득 척도는 기대 불확실성의 감소이다. 만약 불확실성이 엔트로피에 의해 측정된다면, 이는 다음과 같다.

$$0.7219 - 0.6751 = 0.0468$$

의사결정트리를 구축할 때, 정보이득이 가장 큰 특성을 우선 탐색한다. 이 것이 루트 트리에 놓인다. 루트로부터 뻗어 나오는 각 가지에 대해 루트는 다시 정보이득이 가장 큰 특성을 탐색한다. "관련 학위를 가지고 있다"는 것과 "관련 학위를 가지고 있지 않다"는 것 모두에 대해서 우리의 예시에서 기대 정보이득(기대 엔트로피의 감소)을 최대화하는 특성은 비즈니스 경험 년수이다. 후보자가 관련학위를 가지고 있을 때, 기대 정보이득을 최대화 하는 특성에 대한 임계값은 3년이다. 트리의 두 번째 레벨에서 "관련 학위를 가지고 있다"는 따라서 "경험 > 3년"과 "경험 ≤ 3년"의 가지로 분할된다. 관련 학위를 가지고 있지 않은 후보자에 상응하는 가지에 대해 기대 정보이득을 최대화하는 임계값은 7년이다. 다음의 두 가지는 따라서 "경험 > 7년"과 "경험 ≤ 7년"이다. 동일한 절차를 트리의 나머지를 구축하는데 사용한다. 수치형 특성은 한 번 이상 사용될 수 있다는 것에 주목하라. 예를 들어, "경험 > 3년" 가지는 더 나가서 "경험 3년에서 6년 사이"와 "6년 이상의 경험"으로 분할할 수 있다.

정보이득을 계량화하는 데 있어 엔트로피 이외의 다른 방법은 지니계수다.
이는 다음과 같다.

$$지니계수 = 1 - \sum_{i=1}^{n} p_i^2$$

이는 엔트로피와 동일한 방식으로 사용된다. 위에서 고려한 예시에서 초기
에는

$$지니계수 = 1 - 0.2^2 - 0.8^2 = 0.32$$

이다.

후보자가 관련 학위를 가지고 있는지를 발견한 이후 기대 지니계수는 다음
과 같다.

$$0.5 \times (1 - 0.1^2 - 0.9^2) + 0.5 \times (1 - 0.3^2 - 0.7^2) = 0.30$$

정보이득(기대 지니계수의 감소)은 0.02이다. 대부분의 경우, 엔트로피와 지
니계수는 유사한 트리를 생성한다.

4.3 신용 결정에의 응용

이제 3장에서 소개된 렌딩클럽 데이터에 엔트로피 측정을 이용한 의사결정
트리 접근법을 적용한다. 훈련셋에는 8,695개의 관측치가 있고, 테스트셋
에는 5,916개의 관측치가 있다는 사실을 상기할 수 있다. 훈련셋의 관측치
중 7,196명은 우량 대출이었고 1,499명은 불량 대출이었다. 따라서 추가
정보 없이 우량 대출 확률은 7,196/8,695 또는 82.76%로 훈련셋에서 추정
된다. 따라서 최초 엔트로피는 다음과 같다.

$$-0.8276 \times \log(0.8276) - 0.1724 \times \log(0.1724) = 0.6632$$

3장에서와 동일한 4가지 특성을 고려할 것이다.

- 주택소유 변수(주택소유의 경우 1, 임대하는 경우 0)
- 신청자의 수입
- 신청자의 총부채상환비율[dti]
- 신청자의 신용점수[FICO]

트리를 구성하는 첫 번째 단계는 각 특성으로부터 예상되는 정보이득(예상 엔트로피 감소)을 계산하는 것이다. 신청자 중 59.14%가 자신의 집을 소유하고 있는 반면 40.86%는 임대료를 내고 있다. 대출은 자가 보유자의 84.44%, 임차인의 80.33%가 양호했다. 따라서 주택소유가 알려질 경우 (다른 특성은 아님) 예상되는 엔트로피는 다음과 같다.

$$0.5914 \times [-0.8444 \times \log(0.8444) - 0.1556 \times \log(0.1556))$$
$$+ 0.4086 \times [-0.8033 \times \log(0.8033) - 0.1967 \times \log(0.1967)] = 0.6611$$

엔트로피의 기대감소는 따라서 $0.6632 - 0.661 = 0.0020$으로 미미하다.

소득으로부터의 기대 엔트로피 계산은 임계소득의 지정을 필요로 한다. 다음과 같이 정의하자.

- P_1: 소득이 임계값보다 클 확률
- P_2: 소득이 임계값보다 큰 경우, 차입자가 채무불이행을 하지 않을 확률
- P_3: 소득이 임계값보다 작은 경우, 차입자가 채무불이행을 하지 않을 확률

기대 엔트로피는 다음과 같다.

$$P_1[-P_2\log(P_2) - (1 - P_2) \log(1 - P_2)]$$
$$+ (1 - P_1)[-P_3\log(P_3) - (1 - P_3) \log(1 - P_3)]$$

반복 시행을 수행해 훈련셋에 대해 이 기대 엔트로피를 최소화하는 임계소득을 찾는다. 이는 85,202달러로 구해진다. 이 임계값에 대해, $P_1 = 29.93\%$, $P_2 = 87.82\%$, 그리고 $P_3 = 80.60\%$이고, 기대 엔트로피는 0.6573이다.

모든 정보이득 계산 결과는 표4.1에 나와 있다. 임계값 717.5의 FICO 점수가 가장 큰 정보이득을 얻는다. 따라서 이것이 트리의 루트 노드에 놓인다. 트리의 시작 가지는 FICO > 717.5와 FICO ≤ 717.5이다.

표 4.1 루트 노드를 결정하기 위한 특성으로부터의 정보이득(렌딩클럽 케이스는 의사결정트리 엑셀 파일을 참조하라.)

특성	임계값	기대 엔트로피	정보이득
주택보유여부	없음	0.6611	0.0020
소득(천달러)	85.202	0.6573	0.0058
총부채상환비율(%)	19.87	0.6601	0.0030
신용점수(FICO)	717.5	0.6543	0.0088

트리의 다음 단계에 대해 이 과정을 반복한다. 표 4.2는 FICO > 717.5에 대한 계산을 보여준다. 이 경우 시작 예상 엔트로피는 0.4402이다. 나머지 세가지 특성 각각에 대한 정보이득을 계산하고 FICO 점수와 관련된 추가적인 가지의 가능성을 고려해야 한다. (즉, 717.5점 이상의 FICO 점수의 범위를 두 범주로 나눈다) 소득은 정보이득이 가장 높으므로 다음으로 고려해야 할 특성이다. 소득 임계값은 48,750 달러다.

표 4.2 FICO > 717.5일 때 트리의 두 번째 레벨을 결정하기 위한 특성으로부터의 정보이득 (엑셀 파일과 파이썬 구현을 참조하라.)

특성	임계값	기대 엔트로피	정보이득
주택보유여부	없음	0.4400	0.0003
소득(천달러)	48.75	0.4330	0.0072
총부채상환비율(%)	21.13	0.4379	0.0023
신용점수(FICO)	789	0.4354	0.0048

표 4.3은 FICO ≤ 717.5일 때의 결과를 나타낸다. 이 경우 시작 엔트로피는 0.7043이다. 소득은 정보이득이 가장 많은 특성으로 입증되며 임계값은 85,202달러다.(노드에서 나오는 양쪽 가지에 대해 선택한 특성이 항상 동일한 것은 아니라는 점에 유의한다. 또한 선택한 특성이 양쪽 가지에 대해 동일할 때 일반적으로 양쪽 가지에 대해 동일한 임계값을 가지지는 않을 것이다.)

표 4.3 FICO≤717.5일 때 트리의 두 번째 레벨을 결정하기 위한 특성으로부터의 정보이득 (엑셀 파일과 파이썬 구현을 참조하라.)

특성	임계값	기대 엔트로피	정보이득
주택보유여부	없음	0.7026	0.0017
소득(천달러)	85.202	0.6989	0.0055
총부채상환비율(%)	16.80	0.7013	0.0030
신용점수(FICO)	682	0.7019	0.0025

트리의 구축은 이런 식으로 계속된다. Sklearn의 DecisionTreeClassifier는 그림 4.2에 요약돼 있다. 트리가 도달한 마지막 점(타원형으로 표시)을 리프라고 한다. 그림 4.2의 리프에 표시된 숫자는 채무불이행의 예측 확률이다. 예를 들어, FICO > 717.5, 소득 > 48.75 및 dti > 21.885의 경우, 추정된 채무불이행이 발생하지 않을 확률은 0.900이다. 훈련셋에서 이러한 조건을 만족하는 관측치는 379개이었고, 그 중 341개가 우량 대출(341/379 = 0.900)이었기 때문이다.

트리를 결정할 때, 다수의 하이퍼파라미터가 필요하다. 위의 경우, 다음과 같다.

- 트리의 최대 깊이는 4로 설정됐다. 트리가 분할되는 레벨이 최대 4단계라는 것을 의미한다.
- 분할에 필요한 최소 관측치 개수는 1,000개로 설정됐다.

두 번째 하이퍼파라미터는 트리가 때때로 4단계에 도달하기 전에 종료하는 이유를 설명한다. 예를 들어, FICO > 717.5와 소득 ≤ 48.75인 경우에 관측치는 단지 374명이고, FICO > 717.5, 소득 > 48.75, 그리고 dti ≤ 21.885인 경우의 관측치는 893개뿐이며, FICO > 717.5, 소득 > 48.75, dti > 21.885일때 관측치는 379개이다.

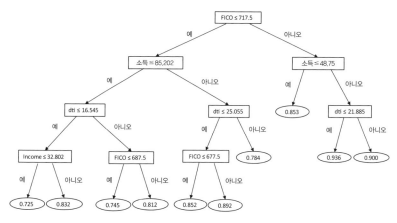

그림 4.2 렌딩클럽에 대한 의사결정트리. 트리 끝의 숫자는 훈련셋에 대한 우량 대출의 확률이다.

로지스틱 회귀 분석과 마찬가지로 대출이 승인 가능한지 여부를 정의하기 위해 Z-값이 필요하다. 3.11절과 마찬가지로 0.75, 0.80, 0.85의 Z-값을 고려한다. 그림 4.2를 살펴보면, 이 세 가지 Z-값이 다음 기준에 해당한다는 것을 알 수 있다.

- $Z = 0.75$: (a) 소득 ≤ 85,202달러, dti > 16.545, FICO ≤ 687.5와 (b) 소득 ≤ 32,802달러, dti ≤ 16.545, FICO ≤ 717.5를 제외한 모든 대출이 양호한 것으로 예측한다.
- $Z = 0.80$: FICO ≤ 717.5, 소득 > 85,202달러, dti > 25.055인 대출이 양호하지 않은 것을 제외하고는 $Z = 0.75$와 동일하다.
- $Z = 0.85$: (a) FICO > 717.5 또는 (b) FICO ≤ 717.5, 소득 > 85,202달러, 그리고 dti ≤ 25.055일 때 대출이 양호하다고 예측한다.

트리의 예측이 일관성이 없을 수 있다는 것은 흥미롭다. 예를 들어 FICO = 700, dti = 10, 소득 = 30일 때 트리에서 예측한 디폴트가 나지 않는 확률은 0.725이다. 그러나 dti 값이 10에서 20(더 나쁜 값)으로 변경되면 디폴트가 나지 않는 확률은 0.812로 증가한다.

표 4.4~4.6은 Z가 각각 0.75, 0.80, 0.85일 때 테스트셋에 대한 혼동행렬을 제공하며, 표 4.7은 3.11절에서 소개된 비율을 나타낸다.

그림 4.3은 ROC 곡선을 보여준다. 표시된 점은 그 안에서 임계값 Z를 선택할 수 있는 11개 범위에 해당한다. Z가 0.725일 경우 모든 대출이 허용되고, $0.725 < Z \leq 0.745$이면, 그림 4.2의 0.725 리프에 해당하는 대출을 제외한 모든 대출을 승인하며, $0.745 < Z \leq 0.784$이면, 그림 4.2의 0.725와 0.745 리프에 해당하는 대출을 제외한 모든 대출이 허용된다. 마지막으로, $Z > 0.936$이면 어떠한 대출도 승인하지 않는다. Python 구현에서 계산된 AUC는 0.5948로 로지스틱 회귀 모델에 대해 계산된 0.6020보다 약간 더 나쁘다.

표 4.4 $Z = 0.75$인 경우 테스트셋에 대한 혼동행렬(파이썬 또는 엑셀 파일 참조)

	양성(우량) 예측	음성(채무불이행) 예측
양성(정상) 결과	67.42%	19.69%
음성(채무불이행) 결과	11.07%	6.81%

표 4.5 $Z = 0.80$인 경우 테스트셋에 대한 혼동행렬(파이썬 또는 엑셀 파일 참조)

	양성(우량) 예측	음성(채무불이행) 예측
양성(정상) 결과	59.47%	22.65%
음성(채무불이행) 결과	10.45%	7.44%

표 4.6 $Z = 0.85$인 경우 테스트셋에 대한 혼동행렬(파이썬 또는 엑셀 파일 참조)

	양성(우량) 예측	음성(채무불이행) 예측
양성(정상) 결과	32.15%	49.97%
음성(채무불이행) 결과	4.73%	13.15%

표 4.7 표 4.4와 표 4.6에서 계산된 비율들(파이썬 또는 엑셀 파일을 참조)

	Z = 0.75	Z = 0.80	Z = 0.85
정확도	69.24%	66.90%	45.30%
참양성률	76.02%	72.42%	39.15%
참음성률	38.09%	41.59%	73.53%
거짓양성률	61.91%	58.41%	26.47%
정밀도	84.94%	85.06%	87.17%
F-점수	80.23%	78.23%	54.03%

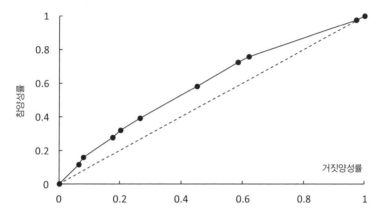

그림 4.3 의사결정트리에 대한 참양성률(FPR)과 거짓양성률(FPR) 간의 트레이드 오프(파이썬 또는 엑셀 파일을 참조하라.)

4.4 나이브 베이즈 분류기

1장에서 베이즈 정리를 소개했다. 베이지안 학습은 베이즈 정리를 사용해 확률을 갱신하는 것을 포함한다. 예를 들어, 1상에서 베이즈 정리가 어떻게 사기 거래 식별에 사용될 수 있는지를 살펴 보았다.

그림 4.2의 트리는 베이즈 학습의 예로 간주할 수 있다. 특성에 대한 정보가 없는 훈련셋에서 우량 대출의 확률은 0.8276이다. 우량 대출일 경우 신용점수가 717.5점 이상이 될 조건부 확률은 0.2079, 반면 FICO가 717.5점

이상일 무조건부 확률은 0.1893이다. 베이즈 정리로부터 FICO > 717.5일 경우, 우량 대출의 조건부 확률은 다음과 같다.

$$= \frac{\text{Prob}(\text{FICO} > 717.5|\text{우량 대출}) \times \text{Prob}(\text{우량 대출})}{\text{Prob}(\text{FICO} > 717.5)}$$

$$= \frac{0.2079 \times 0.8276}{0.1893} = 0.9089$$

다른 (더 복잡한) 베이지안 계산을 사용해서 확률을 추가로 업데이트할 수 있다. 예를 들어, 다음 단계에서 FICO > 717.5와 소득 > 48,750달러 모두를 조건부로 우량 대출의 확률을 계산할 수 있다.

나이브 베이즈 분류기는 특정 방식으로 분류된 관측치에 대해 특성값들이 독립적이라고 가정할 수 있는 경우 사용할 수 있는 절차다. C가 분류 결과이고 x_j가 j번째 특성($1 \leq j \leq m$)의 값이라면, 베이즈 정리로부터 다음을 알 수 있다.

$$\text{Prob}(C|x_1, x_2, \ldots, x_m) = \frac{\text{Prob}(x_1, x_2, \ldots, x_m|C)}{\text{Prob}(x_1, x_2, \ldots, x_m)}\text{Prob}(C)$$

독립성 가정으로부터 위의 식은 다음과 같이 축약할 수 있다.

$$\text{Prob}(C|x_1, x_2, \ldots, x_m) = \frac{\text{Prob}(x_1|C)\text{Prob}(x_2|C)\ldots\text{Prob}(x_m|C)}{\text{Prob}(x_1, x_2, \ldots, x_m)}\text{Prob}(C)$$

이것은 각 특성의 클래스에 대한 조건부확률을 안다면, 발생하는 특성의 특정 조합을 조건으로 클래스의 확률을 계산할 수 있다는 것을 보여준다. 이에 대한 간단한 예로, 대출의 무조건부 확률은 85%이며, 대출이 평가될 때 세 가지 독립적인 특성이 있다고 가정해 보자. 이는 다음과 같다.

- 신청인이 주택을 소유하고 있는지 여부(H로 표시). 우량 대출시 주택을 소유할 확률은 60%인 반면, 채무불이행 대출 시 주택을 소유할 확률은 50%이다.

- 신청자가 1년 이상 고용되었는지 여부(E로 표시). 우량 대출시 1년 이상 고용될 확률은 70%인 반면, 채무불이행일 경우 이 확률은 60%이다.
- 신청자가 2명(공동서명)인지 1명(단독서명)인지 여부(T로 표시). 우량 대출의 경우, 공동서명일 확률은 20%인 반면, 채무불이행시 공동서명일 확률은 10%이다.

세 개의 박스를 모두 체크할 수 있는 지원자를 고려하자. 이 지원자는 주택을 소유하고 있고, 취업한 지 1년이 넘었으며, 같은 대출에 대한 공동서명자 중 한 명이다. 이 특성들이 우량 대출과 채무불이행 대출에 걸쳐 독립적이라고 가정할 경우 다음과 같이 구할 수 있다.

$$\text{Prob}(\text{우량 대출}|H, E, T) = \frac{0.6 \times 0.7 \times 0.2}{\text{Prob}(H와 E와 T)} \times 0.85$$

$$= \frac{0.0714}{\text{Prob}(H와 E와 T)}$$

$$\text{Prob}(\text{채무불이행 대출}|H, E, T) = \frac{0.5 \times 0.6 \times 0.1}{\text{Prob}(H와 E와 T)} \times 0.15$$

$$= \frac{0.0045}{\text{Prob}(H와 E와 T)}$$

우량 대출 확률과 채무불이행 대출 확률의 합이 1이 돼야 하므로, Prob(H와 E와 T)를 계산할 필요가 없다. 우량 대출 확률은 다음과 같다.

$$\frac{0.0714}{0.0714 + 0.0045} = 0.941$$

그리고 채무불이행 확률은 다음과 같다.

$$\frac{0.0045}{0.0714 + 0.0045} = 0.059$$

세 개의 박스를 모두 체크하는 신청자의 경우 우량 대출 즉, 승인할 확률은 85%에서 94%을 약간 넘게 상승한다.

또한 연속 분포를 사용하는 나이브 베이즈 분류기를 사용할 수 있다. 3장의 데이터를 사용해 FICO 점수와 소득이라는 두 가지 특성을 사용해 대출 예측을 한다고 가정하자. 이러한 특성들은 우량 대출에 대한 데이터와 채무불이행 대출 데이터에 대해 모두 독립적이라고 가정한다.[3] 표 4.8은 우량 대출과 채무불이행 대출에 대한 FICO 점수와 소득의 조건부 평균 및 표준편차를 보여준다.

표 4.8 대출결과에 따른 FICO 점수와 소득에 대한 통계량. 소득의 단위는 천달러다.

대출 결과	평균 FICO	표준편차 FICO	평균 소득	표준편차 소득
우량 대출	696.19	31.29	79.83	59.24
채무불이행 대출	686.65	24.18	68.47	48.81

FICO 점수는 720점이고 소득은 100(단위: 천달러)인 개인을 고려해 보자. 우량 대출인 경우, FICO 점수는 조건부 평균이 696.19, 조건부 표준편차는 31.29이다. 정규분포를 가정했을 때, 우량 대출을 조건부로 해당 개인의 FICO 점수에 대한 확률밀도는 다음과 같다.

$$\frac{1}{\sqrt{2\pi} \times 31.29} \exp\left(-\frac{(720-696.19)^2}{2 \times 31.29^2}\right) = 0.00954$$

유사하게, 정규분포 가정 시, 우량 대출일 때, 소득에 대한 조건부 확률 밀도는 다음과 같다.[4]

$$\frac{1}{\sqrt{2\pi} \times 59.24} \exp\left(-\frac{(100-79.83)^2}{2 \times 59.24^2}\right) = 0.00636$$

채무불이행 대출일 때, 신용점수에 대한 조건부 확률밀도는 다음과 같다.

---

3 독립성 가정은 일종의 근사이다. 채무불이행 대출에 대한 신용점수와 소득 간의 상관관계는 0.07이고, 우량 대출에 대해서는 약 0.11이다.

4 소득에 대해서는 로그 정규분포를 가정하는 것이 더 좋을 것이지만, 예제를 단순하게 하기 위해 이러한 가정을 하지 않았다.

$$\frac{1}{\sqrt{2\pi} \times 24.18} \exp\left(-\frac{(720 - 686.65)^2}{2 \times 24.18^2}\right) = 0.00637$$

유사하게, 채무불이행 대출일 때, 소득에 대한 조건부 확률밀도는 다음과 같다.

$$\frac{1}{\sqrt{2\pi} \times 48.81} \exp\left(-\frac{(100 - 68.47)^2}{2 \times 48.81^2}\right) = 0.00663$$

우량 대출의 무조건부 확률은 0.8276이고 채무불이행 확률은 0.1724이다. 신용점수 720과 소득 100(단위: 천달러)을 조건부로 우량 대출일 확률은

$$\frac{0.00954 \times 0.00636 \times 0.8276}{Q} = \frac{5.020 \times 10^{-5}}{Q}$$

여기서 Q는 관측(소득 100,000달러와 신용점수 720)의 확률 밀도이다.

상응하는 불량 대출의 조건부 확률은 다음과 같다.

$$\frac{0.00637 \times 0.00663 \times 0.1724}{Q} = \frac{0.729 \times 10^{-5}}{Q}$$

두 확률은 합이 1이 돼야 하므로, 우량 대출 확률은 $5.020/(5.020 + 0.729)$ 또는 0.873이다. (나이브 베이즈 분류기의 한 가지 매력적인 점은 결과를 얻기 위해 Q를 계산하지 않아도 된다는 점이다.)

나이브 베이즈 분류기는 특성 수가 많을 때 사용하기 쉽다. 나이브 베이즈는 단순한 가정을 한다. 이런 가정들은 현실에서 완전히 사실이지는 않을 것이다. 그러나 이 접근법은 다양한 상황에서 유용한 것으로 밝혀졌다. 예를 들어, 단어 빈도를 특성으로 사용할 때 스팸을 식별하는 데 상당히 효과적이다. (자연어 처리 시에 나이브 베이즈 분류기의 사용은 8장을 참조한다.)

4.5 연속형 타깃변수

지금까지 분류 문제에 대해서 의사결정트리의 적용을 고려했다. 이제 의사결정트리를 사용해 연속형 변수의 값을 예측하는 방법을 설명한다. 루트 노드의 특성이 X이고 X에 대한 임계값이 Z라고 가정하자. 여기서 X와 Z를 선택해 훈련셋에 대한 타깃 예측에서 기대평균제곱오차^{mse}를 최소화한다. 즉, 다음을 최소화하는 것이다.

$$\text{Prob}(X \geq Z) \times (\text{mse if } X \geq Z) + \text{Prob}(X < Z) \times (\text{mse if } X < Z)$$

다음 노드의 특성과 그 임계값이 유사하게 선택된다. 트리 리프에서 예측되는 값은 리프에 해당하는 관측치의 평균이다.

우리는 3장에서 고려했던 아이오와 주택가격 데이터에 대해 이 절차를 설명할 것이다. 예시를 다루기 쉽게 하도록 다음 두 가지 특성만 고려한다.

- 전체적 품질(1에서 10까지의 스케일)
- 거주 면적(스퀘어피트)

(이들은 3장에서 선형 회귀에 의해 가장 중요한 특성으로 확인됐다.) 3장에서와 같이 데이터(총 2,908개의 관측치)를 나눠 훈련셋에서 1,800개의 관측치, 검증 셋에서 600개의 관측치, 그리고 테스트셋에서 508개의 관측치가 나오도록 한다. 훈련셋의 주택가격 평균 및 표준편차(단위: 천달러)는 180.817달러와 77.201달러이다.

먼저 루트 노드에 배치할 특성과 임계값을 결정한다. 두 특성 각각에 대해 반복 검색 절차를 사용해 최적 임계값을 계산한다. 그 결과는 표 4.9에 나와 있다. 기대 mse는 전체 품질의 최적 임계값을 7.5로 할 때 가장 낮다. 따라서 이 특성(전체 품질)과 임계값(7.5)은 루트 노드를 정의한다. (전체 품질은 정수이기 때문에 7과 8 사이의 모든 임계값은 동등하다. 주거면적에도 비슷한 점이 적용된다.)

표 4.10은 전체 품질≤7.5일 때의 최적 특성을 고려한다. 루트 노드에서 전체 품질을 분할했더라도 다시 임계값 6.5를 사용해 2단계에서 재분할하는 것이 최선인 것으로 나타났다. 표 4.11은 전체 품질>7.5일 때도, 다시 8.5의 임계치로 전체 품질을 재분할하는 것이 최선이라는 것을 보여준다. 전체 품질에 대해 두 개의 분할을 따른다면, 3단계에서의 각 의사결정점에서 주거면적을 분할하는 것이 최적이다.

표 4.9 루트 노드에서의 기대평균제곱오차. 주택가격은 mse 계산을 위해 천달러 단위로 측정한다. (아이오와 주택가격 사례는 의사결정트리 엑셀을 참조) 임계값 = Z다.

특성	Z	특성이 Z보다 낮은 경우의 샘플수	특성이 Z보다 낮은 경우의 mse	특성이 Z 이상인 경우의 샘플 수	특성이 Z 이상인 경우의 mse	기대 mse (E(mse))
전체 품질	7.5	1,512	2,376	288	7,312	3,166
거주면적 (스퀘어피트)	1,482.5	949	1,451	851	6,824	3,991

표 4.10 전체 품질≤7.5일 때 두 번째 레벨에서의 기대평균제곱오차. (나머지 사항은 상동)

특성	Z	특성이 Z보다 낮은 경우의 샘플수	특성이 Z보다 낮은 경우의 mse	특성이 Z 이상인 경우의 샘플 수	특성이 Z 이상인 경우의 mse	기대 mse (E(mse))
전체 품질	6.5	1,122	1,433	390	1,939	1,564
거주면적 (스퀘어피트)	1,412.5	814	1,109	698	2,198	1,612

표 4.11 전체 품질>7.5일 때 두 번째 레벨에서의 기대평균제곱오차. (나머지 사항은 상동)

특성	Z	특성이 Z보다 낮은 경우의 샘플수	특성이 Z보다 낮은 경우의 mse	특성이 Z 이상인 경우의 샘플 수	특성이 Z 이상인 경우의 mse	기대 mse (E(mse))
전체 품질	8.5	214	3,857	7.4	8,043	4,933
거주면적 (스퀘어피트)	1,971.5	165	3,012	123	8,426	5,324

Sklearn's DecisionTreeRegressor에서 생성한 트리를 그림 4.4에서 볼 수 있다. 트리의 최대 깊이는 3으로 지정됐다. 평균 주택가격과 루트평균제곱오차는 각 리프 노드에 대해 트리에 보인다(원 참조). 훈련셋, 검증셋 및 테스트셋에 대한 예측의 전체 루트평균제곱오차는 표 4.12에 나와 있다. 모델이 꽤 잘 일반화됐음을 알 수 있다.

루트평균제곱오차는 매우 크다. 왜냐하면 실제로 트리가 모든 주택을 단지 8개의 군집으로 나누기 때문이다. 더 많은 특성과 더 깊은 깊이로, 더 많은 군집이 고려될 것이다. 그러나 일부 군집의 주택 수는 그렇게 되면 상당히 적을 것이고, 계산된 평균 집값은 신뢰할 수 없을지도 모른다. 결국 더 나은 결과를 얻으려면 더 큰 데이터셋이 필요할 것이다.

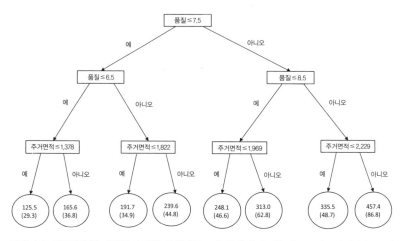

그림 4.4 주택가격을 계산하기 위한 의사결정트리. 주택가격 예측과 rmse는 마지막 (동그라미의) 리프 노드에 보여진다.

표 4.12 훈련셋, 검증셋과 테스트셋 결과 비교(파이썬 참조)

	주택가격의 루트평균제곱오차(단위: 천달러)
훈련셋	38.66
검증셋	40.46
테스트셋	39.05

마지막으로, 한 노드에서 두 개 이상의 가지가 고려되도록 계산을 조정할 수 있다는 점에 유의하라. 이것은 가능한 값이 세 개 이상인 범주형 특성에 적합하다. 일정 범위의 정수 값을 취할 수 있는 특성에 대해서는 노드에서 N개의 가지 ($N>2$)를 고려하고 $N-1$개의 임계값에 대한 정보이득을 최대화할 수 있다.

4.6 앙상블 학습

여러 가지 다른 머신러닝 알고리즘의 예측을 합할 때, 그 결과는 어떤 한 가지 알고리즘의 예측보다 좋을 수 있다. 예측의 개선은 알고리즘에서 도출된 추정치 사이의 상관관계에 따라 달라진다. 만약 두 알고리즘이 항상 같은 예측을 낸다면, 두 알고리즘을 모두 사용함으로써 얻을 수 있는 것은 분명히 아무것도 없다. 그러나 그렇지 않다면 두 알고리즘의 결과를 사용하는 복합 예측을 생성하는 것이 잠재적으로 가치가 있다. 두 개 이상의 알고리즘을 사용해 예측하는 것을 앙상블 학습ensemble leanring이라고 한다.

동전을 던졌을 때 한쪽 결과(앞면이든 뒷면이든, 어느 쪽 결과가 나오는지 알 수 없는)에 편향된 동전이 있다고 가정하자. 더 가능성이 높은 것이 앞면인지 뒷면인지 알고 싶다면 동전을 한 번 던져도 되지만, 이것은 별로 많은 지침을 주지 못할 것이다. 동전을 1,000번 던져 앞면의 확률이 0.52라면 뒷면보다 앞면을 더 많이 볼 가능성이 약 90%가 될 것이다. 마찬가지로 확률 0.52가 뒷면이라면 앞면보다 뒷면이 더 많이 보일 확률이 약 90%다. 이는 1,000개의 약한 학습기를 결합해 예측을 신뢰할 수 있는 학습기를 만들 수 있음을 보여준다. 물론, 이 예에서 학습기들은 서로 독립적이다. 머신러닝에서 서로 다른 학습 알고리즘이 완전히 독립적일 가능성이 낮기 때문에, 예측 개선은 일반적으로 동전 던지기 사례만큼 좋지는 않을 것이다.

예측을 결합하는 방법에는 여러 가지가 있다. 종종 예측의 (가중) 평균이 적절하다. 각 학습기가 특정 클래스를 추천할 때는 다수결(즉, 가장 많이 추천

하는 클래스)을 사용할 수 있다.

배깅

배깅Bagging은 동일한 알고리즘을 사용하지만 상이한 랜덤 샘플의 훈련셋 또는 특성으로 훈련시킨다. 훈련셋이 20,000개의 관측치를 가지고 있을 때, 무작위로 10,000개의 관측치를 500번 무작위로 샘플링해 500개의 부분집합으로 이뤄진 훈련셋을 만들 수 있다. 그러고 나서 통상적인 방법으로 각 부분집합에 대해서 모델을 훈련시킨다. 샘플링은 보통 동일한 관측치가 부분집합에 두 번 이상 나타나도록 복원추출로 수행된다. (복원없이 샘플링이 이루어진 경우, 그 방법을 페이스팅pasting이라고 한다.)

또한 특성들로부터도 (복원없이) 샘플링해 새로운 모델을 많이 만들 수도 있다. 예를 들어 50개의 특성이 있다면 각각 25개의 특성을 사용하는 100개의 모델을 만들 수 있다. 때로는 특성과 관측치 모두에서 랜덤 샘플링을 사용해 모델을 생성할 수도 있다.

랜덤 포레스트

그 이름이 암시하는 랜덤 포레스트Random Forest는 의사결정트리들의 앙상블이다. 트리는 종종 방금 언급한 배깅 접근법을 사용해 특성이나 관측을 샘플링해 생성한다. 각 트리는 차선의 결과를 주지만, 전체적으로는 예측이 개선된다.

랜덤 포레스트를 만드는 또 다른 접근법은 가능한 최상의 임계값을 찾기보다는 특성에 사용되는 임계값을 랜덤화하는 것이다. 각 노드에서 최적의 특성 임계값을 찾는 것은 많은 시간이 소요될 수 있으므로, 이는 계산적으로 효율적일 수 있다.

랜덤 포레스트에서 각 특성의 중요도는 노드에서 고려되는 관측수에 비례하는 가중치를 갖는 가중평균 정보이득(엔트로피 또는 지니로 측정된 값)으로 계산할 수 있다.

부스팅

부스팅Boosting은 예측 모델을 순차적으로 사용하는 앙상블 방식을 말하며, 각각 이전 모델의 오차를 수정하려고 한다.

앞에서 살펴본 대출 분류 문제를 생각해 보자. 우선 일반적인 방법으로 첫 번째 분류를 만들 것이다. 그런 다음 잘못 분류된 관측치에 주어진 가중치를 증가시키고 새로운 예측셋을 만든다. 예측에 주어진 가중치가 정확도에 의존한다는 점을 제외하면 예측은 통상적인 방식으로 결합된다. 이 절차는 아다부스트AdaBoost라고 알려져 있다.

아다부스트와 다른 접근 방식은 그래디언트 부스팅이다. 각 반복 시행에서 그래디언트 부스팅은 이전 예측 변수의 오차에 새로운 예측기를 적합화하려고 시도한다. 세 번의 반복 시행이 있다고 가정하자. 최종 예측은 세 예측기의 합이다. 이는 두 번째 예측기가 첫 번째 예측기의 오차를 추정하고, 세 번째 예측기가 처음 두 예측기의 합과 동일한 예측기의 오차를 추정하기 때문이다.

요약

의사결정트리는 변수의 값을 분류하거나 예측하기 위한 알고리즘이다. 특성은 그들이 제공하는 정보이득의 순서로 고려된다. 분류에 있어서 정보이득의 두 가지 대안적 척도는 엔트로피와 지니이다. 연속변수의 값이 예측될 때, 정보이득은 기대평균제곱오차의 개선에 의해 측정된다.

범주형 특성의 경우, 정보이득은 특성의 레이블(예: 잠재적 차입자의 주택소유 또는 임대 여부)에 대한 지식에서 발생한다. 수치형 특성의 경우, 특성값에 대해 두 개 이상의 범위를 정의하는 하나 이상의 임계값을 결정할 필요가 있다. 이러한 임계값은 예상 정보이득이 극대화되도록 결정된다.

의사결정트리 알고리즘은 먼저 방금 설명한 "정보이득 극대화" 기준을 사용해 트리의 최적 루트 노드를 결정한다. 그런 다음 후속 노드에 대해서도 동일한 작업을 계속한다. 트리의 마지막 가지 끝부분은 리프 노드를 가리킨다. 트리를 분류에 사용할 경우, 리프 노드는 각 범주가 정확하게 예측됐을 확률을 포함한다. 수치형 변수가 예측할 때, 리프 노드는 타깃의 평균값을 제공한다. 트리의 기하학은 훈련셋으로 결정되지만, 정확도와 관련된 통계는 (머신러닝에서 항상 그렇듯이) 테스트셋에서 나와야 한다.

때때로 둘 이상의 머신러닝 알고리즘이 예측에 사용된다. 그리고 결과를 결합해 복합적인 예측을 할 수 있다. 이것이 앙상블 방법이다. 랜덤 포레스트 머신러닝 알고리즘은 많은 상이한 트리를 구축하고 그 결과를 조합해 만들어진다. 트리는 관측치 또는 특성 (또는 둘 다)에서 표본을 추출해서 생성할 수 있다. 임계값을 랜덤화해서도 생성할 수 있다.

배깅은 여러 모델을 만들기 위해 훈련셋의 관측치 또는 특성의 상이한 부분집합을 사용할 때 쓰는 용어다. 부스팅은 예측 모델을 순차적으로 선택하는 앙상블 버전이며, 각 모델은 이전 모델의 오차를 수정하도록 설계돼 있다. 분류에서 이를 수행하는 한 가지 방법은 잘못 분류된 관측치의 가중치를 증가시키는 것이다. 또 다른 방법은 머신러닝 모델을 이용해 다른 모델에 의해 주어지는 오차를 예측하는 것이다.

짧은 개념 질문

4.1 예측에 대한 의사결정트리 접근 방식과 회귀 접근 방식의 주요 차이점은 무엇인가?

4.2 엔트로피는 어떻게 정의되는가?

4.3 지니계수는 어떻게 정의되는가?

4.4 정보이득은 어떻게 측정되는가?

4.5 의사결정트리에서 수치형 변수에 대한 임계값을 어떻게 선택하는가?

4.6 나이브 베이즈 분류기의 근거는 무엇인가?

4.7 앙상블 방법이란?

4.8 랜덤 포레스트란 무엇인가?

4.9 배깅과 부스팅의 차이점을 설명하라.

4.10 "의사결정트리 알고리즘은 투명하다는 장점이 있다." 이 코멘트를 설명하라.

연습문제

4.11 그림 4.2의 Z-값 0.9에 해당하는 전략은? 이 Z-값이 테스트 데이터에 사용될 때 혼동행렬은 무엇인가?

4.12 표 4.8의 나이브 베이즈 분류기 데이터의 경우, 신용점수가 660점이고 소득이 4만 달러일 때 채무불이행 확률은 얼마인가?

4.13 파이썬 연습: 마찬가지로, 연습 3.16과 관련해서, 우량 대출을 "경상 current"이 아닌 "완전 지급fully paid"으로 정의하는 의사결정트리 분석에 미치는 영향을 결정하라. 분석에 추가적 특성을 더했을 때의 효과를 조사하라.

4.14 Sklearn's DecisionTreeClassifier를 사용해 렌딩클럽의 의사결정트리 결과에 대한 (a) 트리의 최대 깊이 및 (b) 분할에 필요한 최소 샘플 수의 변경 효과를 테스트하라.

4.15 그림 4.4에서 고려하는 두 가지 특성 외에 추가 특성을 선택, 이 세 가지 특성을 모두 사용해 트리를 생성하라. 이 결과를 4.5절의 결과와 비교하라. Sklearn's DecisionTreeRegressor를 사용하라.

지도학습: SVM

이번 장에서는 또 하나의 인기있는 범주의 지도학습 모델인 서포트 벡터 머신^{SVM}을 살펴보자. 의사결정트리와 같이 SVM도 분류 또는 연속변수의 예측 모두에 대해 사용할 수 있다.

우선 특성값의 선형함수가 관측치들을 두 개의 범주로 분리하는 선형 분류를 고려한다. 그리고 나서 비선형 분리가 달성되는 법을 설명한다. 마지막으로 목적식을 거꾸로함으로써 SVM을 이용해 분류가 아닌 연속 변수값의 예측에 대해서 사용할 수 있음을 설명한다.

5.1 선형 SVM 분류

선형 분류가 어떻게 작동하는가를 설명하기 위해 단지 두 개의 특성 즉, 차입자의 신용점수와 소득을 고려해서 우량 대출과 디폴트(채무불이행) 대출로 분류하는 간단한 상황을 고려해 보자. 표 5.1은 데이터 일부의 예시다. 이는 5개의 우량 대출과 5개의 디폴트 대출이 있다는 점에서 균형 데이터이다. SVM은 불균형이 심각한 데이터셋에는 잘 작동하지 않으며, 3.10절에 언급한 것과 같은 절차가 종종 사용돼 균형 데이터셋을 만든다.

표 5.1 SVM을 예시하기 위한 대출 데이터

신용점수	조정된 신용점수	소득(천달러)	디폴트 = 0, 우량 대출 = 1
660	40	30	0
650	30	55	0
650	30	63	0
700	80	35	0
720	100	28	0
650	30	140	1
650	30	100	1
710	90	95	1
740	120	64	1
770	150	63	1

첫 번째 단계는 데이터를 정규화해 각 특성에 주어진 가중치가 동일하도록 한다. 본 예시에서는, 신용점수에서 620을 차감하는 간단한 방법을 택할 것이다. 이는 수정된 신용점수가 30에서 150까지의 범위를 가지고, 소득은 28에서 140의 범위를 갖기 때문에 근사적인 정규화라 할 수 있다.

그림 5.1은 대출의 산점도를 제공한다. 디폴트 대출(원으로 표현됨)은 우량 대출(정사각형으로 표현됨)보다 원점에 더 근접하는 경향이 있다. 관측치들을 그림에서 보여준 것과 같이 직선을 그어 두 그룹으로 분리할 수 있다. 직선의 북동쪽에 있는 것들이 우량 대출이다. 직선의 남서쪽에 있는 것들은 디폴트 대출이다. (이는 이상적인 경우의 예이다. 이후에 논의하는 바와 같이 그림 5.1에서의 완벽한 분리는 보통 가능하지 않다.)

그림 5.1의 선이 어디에 놓여야 하는가에 불확실성이 존재한다. 옆으로 이동하거나, 기울기를 약간 변화시키는 여전히 완벽한 분리를 달성한다. SVM은 이러한 불확실성을 통로를 사용해 다룬다. 최적 통로는 최대 너비를 가진 것이다. 관측치들을 분리하는 선은 통로의 중심이다.

그림 5.2는 표 5.1의 데이터에 대한 최적 통로를 보여준다. 통로에 의해 정확히 분류되는 관측치들(즉, 통로의 북동쪽에 있는 우량 대출 또는 남서쪽의 디폴트 대출)을 더 추가해도 최적 통로는 변하지 않는다. 중요한 점들은 통로

의 경계에 있는 점들이다. 이들은 서포트 벡터^{support vectors}라 불린다. 현재
예시의 데이터에서 서포트 벡터는 3번째, 7번째 그리고 9번째 관측치이다.

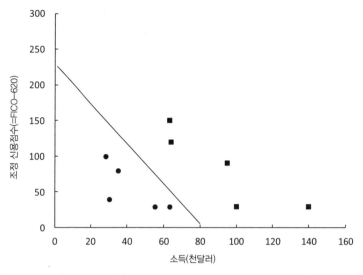

그림 5.1 표 5.1의 데이터셋. 원은 디폴트 대출을 나타내고, 사각형은 우량 대출을 나타낸다.

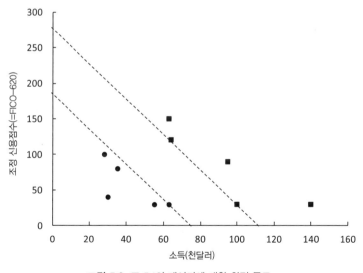

그림 5.2 표 5.1의 데이터에 대한 최적 통로

그림 5.2의 굵은 선은 통로의 중심이다. 이는 새로운 관측치를 우량 대출과 디폴트할 것으로 예측되는 것들로 분리하는 데 사용되는 선이다.

최적 통로가 두 특성의 경우에 어떻게 결정되는지 설명하기 위해, 특성이 x_1과 x_2이고, 통로의 위 경계와 아래 경계에 대한 방정식이 각각 다음과 같다고 가정한다.[1]

$$w_1 x_1 + w_2 x_2 = b_u \qquad (5.1)$$

와

$$w_1 x_1 + w_2 x_2 = b_d \qquad (5.2)$$

여기서 w_1, w_2, b_u와 b_d는 상수이다. 이들의 정의는 그림 5.3에서 예시된다.

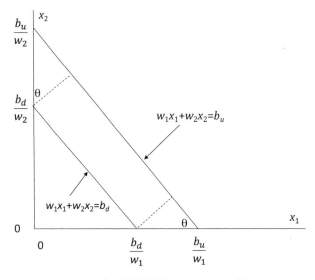

그림 5.3 일반적인 상황에서 통로 너비의 계산

각 θ를 가리키는 대로 정의하면, 그림 5.3에 θ에 연관된 아래쪽의 삼각형으로부터 통로 너비 P는 다음과 같이 표현할 수 있다.

---

1 종종 b_u와 b_d가 여기에서 명기한 것과 반대 부호를 갖는 것으로 제시되는데, 이는 단지 표기 상의 문제이지 모델의 차이는 없다.

$$P = \left(\frac{b_u}{w_1} - \frac{b_d}{w_1} \right) \sin \theta = \left(\frac{b_u - b_d}{w_1} \right) \sin \theta$$

따라서

$$\sin \theta = \left(\frac{Pw_1}{b_u - b_d} \right)$$

θ에 관련된 위쪽의 삼각형으로부터 통로의 너비 P는 다음과 같이 쓸 수 있다.

$$P = \left(\frac{b_u}{w_2} - \frac{b_d}{w_2} \right) \cos \theta = \left(\frac{b_u - b_d}{w_2} \right) \cos \theta$$

따라서

$$\cos \theta = \left(\frac{Pw_2}{b_u - b_d} \right)$$

$\sin^2 \theta + \cos^2 \theta = 1$이므로,

$$\left(\frac{Pw_1}{b_u - b_d} \right)^2 + \left(\frac{Pw_2}{b_u - b_d} \right)^2 = 1$$

따라서 다음을 얻는다.

$$P = \frac{b_u - b_d}{\sqrt{w_1^2 + w_2^2}}$$

(5.1)와 (5.2) 식을 변화시키지 않고 동일한 상수를 w_1, w_2, b_u와 b_d에 곱해서 통로의 위 경계와 아래 경계를 구할 수 있다. $b_u - b_d = 2$가 되도록 이 상수를 선택할 수 있다. 그러면, 다음과 같이 설정할 수 있다.

$$b_u = b + 1 \tag{5.3}$$

그리고

$$b_d = b - 1 \qquad\qquad (5.4)$$

통로의 중심을 정의하는 선의 방정식은 다음과 같다.

$$w_1 x_1 + w_2 x_2 = b$$

그리고 통로의 너비는 다음과 같다.

$$P = \frac{2}{\sqrt{w_1^2 + w_2^2}}$$

이는 통로가 관측치들을 두 클래스로 분리하고, (5.1)에서 (5.4)까지의 식을 만족하는 제약조건 하에 $\sqrt{w_1^2 + w_2^2}$를 최소화함으로써 또는 동일하게 $w_1^2 + w_2^2$를 최소화함으로써 통로의 너비를 최대화할 수 있다는 것을 보여준다.

표 5.1의 예에서 x_1이 소득, x_2가 신용점수라고 설정할 수 있다. 모든 우량 대출은 통로의 북동쪽에 있어야 하며, 반면 모든 디폴트 대출은 통로의 남서쪽에 있어야 한다. 이는 만약 대출이 우량하면 차입자의 소득과 신용점수는 다음을 만족해야만 하고,

$$w_1 x_1 + w_2 x_2 \geq b + 1$$

반면 대출이 디폴트되면, 이들은 다음을 만족해야 한다.

$$w_1 x_1 + w_2 x_2 \leq b - 1$$

따라서 표 5.1로부터 다음 값을 만족해야 한다.

$$30w_1 + 40w_2 \leq b - 1$$
$$55w_1 + 30w_2 \leq b - 1$$
$$63w_1 + 30w_2 \leq b - 1$$
$$35w_1 + 80w_2 \leq b - 1$$
$$28w_1 + 100w_2 \leq b - 1$$
$$140w_1 + 30w_2 \geq b + 1$$
$$100w_1 + 30w_2 \geq b + 1$$

$$95w_1 + 90w_2 \geq b + 1$$
$$64w_1 + 120w_2 \geq b + 1$$
$$63w_1 + 150w_2 \geq b + 1$$

$w_1^2 + w_2^2$을 이들 제약조건 하에 최소화하면, $b = 5.054$, $w_1 = 0.05405$, $w_2 = 002162$를 얻는다. 그림 5.2의 통로의 중심은 따라서 다음과 같다.

$$0.05405x_1 + 0.02162x_2 = 5.054$$

이것이 우량 대출과 디폴트 대출을 분리하는 데 사용되는 선이다. 통로의 너비 P는 34.35이다.

이 분석은 두 개보다 많은 특성의 경우에도 확장될 수 있다. m개의 특성이 있다면, 목적함수는 다음을 최소화하는 것이 된다.

$$\sum_{j=1}^{m} w_j^2$$

만약 xij는 i번째 관측치에 대한 j번째 특성값이라면, 만족해야 하는 제약식은 관측치 i에 대해 양의 결과가 있는 경우(여기의 예제에서는 대출이 디폴트하지 않는 경우) 다음과 같다.

$$\sum_{j=1}^{m} w_j x_{ij} \geq b + 1$$

그리고 관측치에 대해 음의 결과가 있는 경우 (즉, 여기의 예제에서 대출이 디폴트하는 경우)는 다음과 같다.

$$\sum_{j=1}^{m} w_j x_{ij} \leq b - 1$$

제약식 하에 목적함수를 최소화하는 것은 2차 계획quadratic programming이라고 알려진 표준 수치 절차를 따른다.

5.2 소프트 마진을 위한 수정

이제까지 고려한 것은 통로가 관측치들을 하나의 위배없이 완벽하게 분리하기 때문에 하드 마진 분류hard margin classification라고 한다. 실무에서는 일반적으로 위배되는 경우(즉, 통로 내에 있는 관측치 또는 통로의 잘못된 쪽에 있는 경우)가 발생한다. 이 문제는 소프트 마진 분류soft margin classification라고 하며, 통로의 너비와 위배의 심각도 간에는 트레이드 오프가 존재한다. 통로가 더 확장됨에 따라, 위배되는 정도가 더 커진다.

x_{ij}가 i번째 관측치의 j번째 특성이라는 표기를 계속해서, 다음같이 z_i를 정의한다.

즉, 양의 결과의 경우

$$z_i = \max\left(b + 1 - \sum_{j=1}^{m} w_j x_{ij},\ 0\right)$$

이고,

음의 결과의 경우

$$z_i = \max\left(\sum_{j=1}^{m} w_j x_{ij} - (b - 1),\ 0\right)$$

이다.

여기서 변수 z_i는 관측치 i가 이전 장 끝의 하드 마진 조건을 위배하는 정도에 대한 척도이다.

머신러닝 알고리즘은 통로의 너비와 위배의 트레이드 오프를 정의하는 하이퍼파라미터 C를 도입한다. 최소화하는 목적함수는 다음과 같다.

$$C\sum_{i=1}^{n} z_i + \sum_{j=1}^{m} w_j^2$$

여기서 n은 관측수다. 하드 마진 경우와 마찬가지로, 이는 2차 계획 문제로 정립될 수 있다.

소프트 마진 문제를 예시하기 위해, 표 5.1의 예제를 변경해 (a) 2번째 대출의 조정 신용점수가 30이 아닌 140이고 (b) 8번째 대출의 소득이 95가 아닌 60이라고 가정한다. 새로운 데이터는 표 5.2에 있다.

표 5.2 소프트 마진 분류를 예시하는 대출 데이터셋

신용점수	조정된 신용점수	소득(천달러)	디폴트 = 0, 우량 대출 = 1
660	40	30	0
650	140	55	0
650	30	63	0
700	80	35	0
720	100	28	0
650	30	140	1
650	30	100	1
710	90	60	1
740	120	64	1
770	150	63	1

그림 5.4는 $C = 0.001$일 때 최적 통로와 함께 새로운 데이터를 보여준다. 이는 한 관측치(1번째)가 통로의 남서쪽에 있으며, 다른 관측치(6번째)는 통로의 북동쪽에 있다. 3개 관측치(5번째, 7번째, 그리고 10번째)는 통로 경계의 서포트 벡터이고 나머지 5개 관측치는 통로 내에 있다.

대출이 분류되는 방법을 결정하는 것은 그림 5.4의 중심 굵은 선이다. 단지 한 관측치(2번째)만 SVM 알고리즘에 의해 잘못 분류되고 있다.

C의 상이한 값에 대한 결과는 표 5.3에 나와 있다. 방금 보았던 $C = 0.001$인 경우, 대출 하나 (전체의 10%)가 오분류된다. 이 경우, $w_1 = 0.0397$, $w_2 = 0.0122$ 그리고 $b = 3.33$이다. C가 0.0003으로 감소해 분류 제약식 위반의 비용이 줄어들면, 2개의 대출(전체의 20%)이 오분류된다. 다시 C가 0.0002로 감소되면, 3개의 대출(전체의 30%)이 오분류된다.

이 작은 예는 SVM이 한 데이터셋에 대해 많은 수의 가능한 경계를 생성하는 방법이라는 것을 보인다. 다른 머신러닝 알고리즘과 마찬가지로, 최적

의 모델과 그 오차를 결정하기 위해 훈련셋, 검증셋과 테스트셋을 사용하는 것이 필요하다.

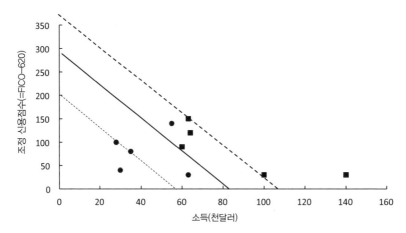

그림 5.4 C=0.001인 경우, 표 5.2의 데이터에 대한 최적 통로(엑셀 또는 파이썬 파일을 참조하라.)

표 5.3 SVM을 표 5.2의 데이터에 적용한 결과. 파이썬 결과를 보라. 엑셀 결과는 그다지 정확하지 않다.

C	w_1	w_2	b	대출 오분류	통로 너비
0.01	0.054	0.022	5.05	10%	34.4
0.001	0.040	0.012	3.33	10%	48.2
0.0005	0.026	0.010	2.46	10%	70.6
0.0003	0.019	0.006	1.79	20%	102.2
0.0002	0.018	0.003	1.69	30%	106.6

5.3 비선형 분리

이제까지 관측치들을 두 개의 클래스로 분리하는 통로는 특성값의 선형함수로 가정했다. 이제 이 가정을 어떻게 완화할 수 있는지 알아보자.

그림 5.5는 단지 두 개의 특성 x_1과 x_2가 있는 상황을 제공한다. 비선형 경계는 선형 경계보다 더 잘 작동할 것으로 보인다. 비선형 경계를 찾는 일반

적 방법은 특성을 변환해 5장에서 이제까지 제시된 선형모델이 사용될 수 있도록 하는 것이다.

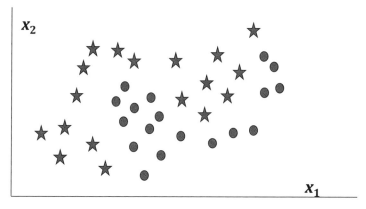

그림 5.5 비선형 분리가 적절한 데이터의 예(원과 별은 다른 클래스의 관측치를 나타낸다.)

이 방법의 간단 예로서 차입자의 연령(년수) A를 대출을 분류하는 특성으로 도입한다고 가정하자. $A < 23$이고 $A > 63$에 대해서 연령의 영향은 부정적이고(따라서 대출이 디폴트될 가능성이 더 크고), 반면 $23 < A < 63$에 대해서는 연령의 영향이 긍정적이다. 선형 통로는 연령변수를 잘 다루지 못한다.

한 아이디어는 다음과 같이 A를 새로운 변수로 바꾸는 것이다.

$$Q = (43 - A)^2$$

만약 연령에 대한 신용도의 의존성이 선형이 아니라 2차 함수라면, 변환된 변수 Q는 원래의 변수 A보다 특성으로 더 잘 작동할 것이다.

이 아이디어를 확장해 기존 특성의 거듭제곱인 여러 특성을 만들 수 있다. 예를 들어, 대출 분류를 위해 소득의 제곱, 소득의 세제곱, 소득의 네제곱 등의 특성을 만들 수 있다.

선형성을 달성하기 위해 특성을 변환하는 다른 방법은 가우시안 방사형 기저 함수^RBF, Gaussian radial basis function라고 알려진 것을 사용하는 것이다. m개의 특성이 있다고 가정하자. m차원 공간에서 랜드마크의 수를 선택한다.

이는 특성의 관측치에 해당할 수 있다. (반드시 이럴 필요는 없다.) 랜드마크에 대해, 랜드마크로부터 관측치의 거리를 포착하는 새로운 특성을 정의한다. 한 랜드마크에서의 특성값이 l_1, l_2, ..., l_m이라 가정하고, 각 관측치에 대한 특성값은 x_1, x_2, ..., x_m이라고 가정하자. 랜드마크로부터 관측치의 거리는 다음과 같다.

$$D = \sqrt{\sum_{j=1}^{m} (x_j - l_j)^2}$$

그리고 관측치에 대해 만든 새로운 RBF 특성값은 다음과 같다.

$$\exp(-\gamma D^2)$$

파라미터 γ는 랜드마크로부터의 거리가 증가함에 따라 얼마나 새로운 RBF 특성값이 감소하는가를 결정한다. (γ가 증가하면, 감소가 더욱 빨라진다.)

많은 랜드마크를 사용하거나 또는 특성의 거듭제곱을 새로운 특성으로 도입하면, 보통 그림 5.5에서와 같은 선형 분리 상황이 된다. 단점은 특성수가 증가함에 따라 모델이 더욱 복잡하게 되는 것이다.[2]

5.4 연속변수 예측

SVM은 연속변수 값을 예측하는 데 사용할 수 있다. 따라서 이는 SVM 회귀SVM regression으로 불린다. 제약 시 위반을 제한하면서 두 클래스 간의 가장 넓은 통로를 적합화하는 대신 가능한 한 많은 관측값을 포함하는 미리 지정된 너비의 통로를 발견하고자 한다.

타깃 y가 단지 하나의 특성 x로부터 추정되는 간단한 상황을 고려하자. 타깃값은 종축에 표시되고 특성값은 횡축에 표시된다. 통로 수직 너비의 1/2

---

2 이 복잡도는 커널트릭(kernel trick)이란 것에 의해 줄어든다. 예를 들어 J. H. Manton and P. O. Amblard, "A primer on reproducing Hilbert spaces," https://arxiv.org/pdf/1408.095v2.pdf를 참조하라.

이 하이퍼파라미터 e로 설정된다. 통로의 중심이 다음과 같다고 가정한다.

$$y = wx + b$$

이 상황은 그림 5.6에 나타나 있다. 만약 관측 i가 통로 안에 놓여 있으면, 오차가 없다고 간주한다. 만약 통로 밖에 있으면, 오차 z_i는 통로의 경계로부터 수직 거리로 계산한다. 다음을 최소화하는 통로를 선택할 수 있다.

$$C\sum_{i=1}^{n} z_i + w^2$$

여기서 C는 하이퍼파라미터이다. w^2 항은 규제화의 한 형태이다. 단지 하나의 특성만 있을 때 이는 필요 없지만, 특성의 수가 증가함에 따라 더욱 연관성이 커진다.

값 $x_j(1 \leq j \leq m)$을 가진 m개의 특성이 있을 때, 통로는 $2e$에 의해 수직으로 분리된 2개의 초평면^{hyperplane}에 의해 형성된다.[3] 초평면의 식은

$$y = \sum_{j=1}^{m} w_j x_j + b + e$$

과

$$y = \sum_{j=1}^{m} w_j x_j + b - e$$

이다.

최소화할 목적함수는 다음과 같다.

$$C\sum_{i=1}^{n} z_i + \sum_{j=1}^{m} w_j^2$$

---

3 예를 들어, 2개의 특성이 있을 때, 타깃과 특성 간에는 3차원 관계가 있으며, 통로는 2개의 평행 평면으로 구성된다. $m(>2)$개의 특성이 있을 때, 타깃과 특성 간의 관계는 $m+1$차원 공간에서 표현된다.

여기서 2번째 항의 규제화 측면은 명확해진다. 이 목적은 큰 양 또는 음의 가중치를 방지하는 것이다.[4]

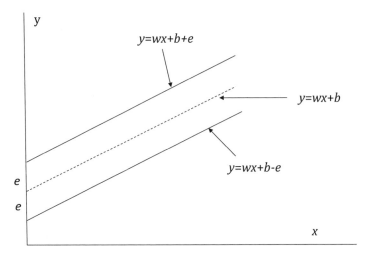

그림 5.6 SVM 회귀의 통로

주거면적(스퀘어피트)으로부터 주택가격을 추정하는 작업을 살펴보자. 그림 5.6에 보인 것과 같은 통로를 찾는다. 그림 5.7은 e=50,000이고 C=0.01일 때의 훈련셋에 대한 결과를 보이고 있으며, 그림 5.8은 e=100,000이고, C=0.1일 때의 훈련셋에 대한 결과를 보인다. 주택가격을 예측하는 데 사용된 선은 그림의 굵은 선이다.

---

4 이 효과는 릿지 회귀에 포함된 추가 항과 같다. (3장 참조)

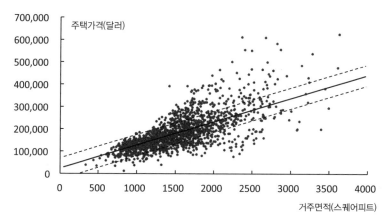

그림 5.7 $e = 50,000$, $C = 0.01$을 가지고 주택가격이 주거면적으로부터 예측될 때 훈련셋에 대한 결과(계산을 위해서는 엑셀 파일의 SVM 회귀식을 보라.)

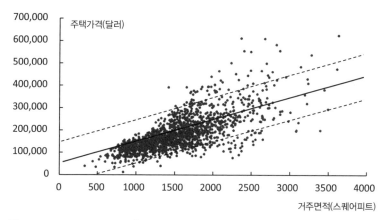

그림 5.8 $e = 100,000$, $C = 0.1$을 가지고 주택가격이 주거면적으로부터 예측될 때 훈련셋에 대한 결과(계산을 위해서는 엑셀 파일의 SVM 회귀식을 보라.)

두 개의 SVM 회귀선은 조금 다른 편향과 가중치를 갖는다. 그림 5.7에서 $b = 21,488$이고, $w = 104.54$인 반면 그림 5.8에서는 $b = 46,072$이고 $w = 99.36$이다. (그림 5.7에서의 회귀식의 기울기가 그림 5.8에서보다 조금 크다는 것을 의미한다.)

어떤 것이 더 좋은 모델일까? 항상 그렇듯이 이는 표본 외에서 결정돼야 한다. 표 5.4는 검증셋의 예측 오차의 표준편차가 그림 5.7의 모델에 대해서 조금 낮다는 것을 보여준다. 이는 전혀 놀라운 사실이 아닌데, 왜냐하면 단지 한 개의 특성이 있으므로, SVM 목적함수에 있는 규제화가 모델을 그 다지 개선하지 않기 때문이다. (그러나 이 예제의 확장으로 연습문제 5.11을 참조하라)

표 5.4 고려 대상인 두 SVM 회귀 모델에 대한 검증셋 결과

	예측 오차의 표준편차(달러)
그림 5.7 모델	58,413
그림 5.8 모델	58,824
선형 회귀	57,962

요약하면, SVM 접근법은 단순한 선형 회귀와 다르다. 왜냐하면,

- 타깃과 특성 간의 관계가 단일 직선이 아닌 통로에 의해 표현된다.
- 예측오차는 관측치가 통로 안에 놓여있을 때 0으로 카운트한다.
- 통로 밖의 관측치에 대한 오차는 타깃값과 특성값과 일치하는 통로 안의 가장 근접한 값 간의 거리로 계산한다.
- 위에서 설명한 바와 같이 규제화가 목적함수 내에 구축될 수 있다.

비선형 분류에 대해서 5.3절에서 논의한 것과 유사한 방법으로 SVM 회귀를 확장해 새로운 특성을 원래 특성의 함수로 만들어 통로가 비선형이 되도록 할 수 있다.

요약

SVM은 훈련셋의 관측치들 사이의 통로를 도출함으로써 관측치들을 분류하고자 한다. 통로의 중심은 새로운 관측치를 한 클래스에 할당하는 데 사용하는 경계이다. 가장 간단한 상황에서 통로는 특성들의 선형함수이고 모든 관측치들이 정확하게 분류된다. 이를 하드 마진 분류라고 한다. 그러나 완벽한 분리는 일반적으로 불가능하므로, 통로의 너비와 위배 정도 간의

트레이드 오프를 고려하는 대안적인 경계가 개발됐다.

특성값 자체보다는 특성값의 함수로 작업함으로써 관측치들을 두 클래스로 분리하기 위한 통로를 비선형으로 만들 수 있다. 특성값의 제곱, 세제곱, 네제곱 등으로 새로운 특성을 만드는 가능성에 대해 논의했다. 또는 특성 공간에 랜드마크를 설정해 관측치의 랜드마크로부터의 거리의 함수인 새로운 특성을 만들 수도 있다.

SVM 회귀는 SVM 분류에 깔려있는 아이디어를 사용해 연속변수의 값을 예측한다. 관측치를 통과하는 통로가 만들어져 타깃을 예측한다. 만약 관측치에 대한 타깃값이 통로 내에 있으면, 예측오차가 없다고 간주한다. 만약 통로 바깥에 있으면, 예측오차는 타깃값과 관측치가 통로 안에 있었다면 가졌을 값과의 차이다. 통로의 너비(타깃값의 방향으로 측정)는 사용자에 의해 지정된다. 평균 통로 예측 오차와 규제화 정도 간의 트레이드 오프가 존재한다.

짧은 개념 질문

5.1 SVM 분류의 목적은 무엇인가?

5.2 하드와 소프트 마진 분류 간의 차이는 무엇인가?

5.3 m개의 특성을 가진 선형 분류에서 통로의 위 경계와 아래 경계에 대한 식은 가중치 w_j와 특성값 x_j의 항으로 어떻게 표현되는가?

5.4 위배에 할당된 비용이 증가하면, 통로의 너비가 어떻게 되는가?

5.5 소프트 마진 선형 분류에서 측정되는 위배 정도는 어떠한가?

5.6 선형 분류방법이 어떻게 비선형분류로 확장되는가?

5.7 랜드마크가 무엇이며, 가우시안 방사형 기저 함수RBF는 무엇인가?

5.8 SVM 회귀의 목적은 무엇인가?

5.9 SVM 회귀와 단순 선형 회귀 간의 주요 차이는 무엇인가?

연습문제

5.10 표 5.1의 데이터가 변해서 3번째 대출이 우량이고 8번째가 디폴트가 되는 상황에 대해 표 5.3과 유사한 표를 만들어 보라.

5.11 Sklearn.svm.LinearSVR을 사용해 5.4절의 아이오와 주택가격 예제에서, 다른 특성들을 고려해서 SVM 회귀 분석을 확장해 보자.

06

지도학습: 신경망

인공신경망^{ANN, Artificial Neural Network}은 비즈니스 및 기타 분야에서 많은 응용점들을 찾아낸 머신러닝 알고리즘이다. 이 알고리즘은 네트워크로 이뤄진 함수를 사용해서 타깃과 특성 사이의 관계를 학습한다. 모든 연속적인 비선형 관계는 ANN을 사용해 임의의 정확도까지 근사할 수 있다.

6장에서는 먼저 ANN이 무엇인지 설명한다. 그다음 이에 대한 응용을 제공하고, 이러한 기본 아이디어를 오토인코더, 합성곱 신경망^{CNN, Convolutional Neural Network}, 순환 신경망^{RNN, Recurrent Neural Network}으로 확장한다.

6.1 단일층 ANN

다음의 단 두 가지 특성으로 주택의 가치를 예측하는 4.5절에서의 문제를 다시 고려해 보자.

- 전체적 품질
- 주거면적(스퀘어피트)

이를 위한 간단한 ANN은 그림 6.1에 나와 있다. 두 가지 특성으로 구성된 입력층, 주택가격을 구성하는 출력층, 세 개의 뉴런으로 구성된 은닉층 등 세 개의 층이 있다. 그림 6.1의 파라미터와 변수는 다음과 같다.

- w_{jk}는 모델 파라미터다. 그것은 j번째 특징과 k번째 뉴런을 연결하는 가중치다. 2개의 특징과 3개의 뉴런이 있기 때문에 그림 6.1에는 이러한 가중치가 총 6개다. (그림에는 2개만 표시돼 있다.)
- u_k는 모델 파라미터다. k번째 뉴런과 타깃을 연결하는 가중치다.
- V_k는 뉴런 k에서의 값이다. 그것은 모델에 의해 계산된다.

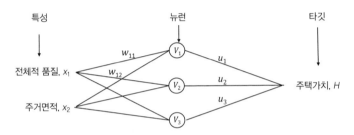

그림 6.1 주택가격을 예측하기 위한 단순 단일 은닉층 ANN

함수는 V_k를 x_j에 연관시키고 주택가격인 H를 V_k에 연결시키도록 설정된다. 핵심 포인트는 ANN은 H를 X_j와 직접 연결하지 않는 대신 H를 V_k에, V_k를 X_j에 연결한다. 이러한 관계들을 정의하는 함수를 활성함수^{activation} ^{function}라고 한다. 널리 사용되는 활성함수는 로지스틱 회귀 분석과 관련해 3장에서 소개한 아래의 시그모이드함수다.(그림 3.10 참조)[1]

$$f(y) = \frac{1}{1 + e^{-y}}$$

인수 y의 모든 값에 대해, 함수는 0과 1 사이에 놓인다. 다음을 설정한다.

$$V_k = f(a_k + w_{1k}x_1 + w_{2k}x_2)$$

---

1 다른 인기있는 활성함수는 다음과 같다. (a) 하이퍼볼릭 탄젠트 함수 $\tanh(y) = (e^{2y} - 1)/(e^{2y} + 1)$는 -1과 1 사이의 값을 산출한다. 그리고 (b) 렐루(Relu)함수 $\max(y, 0)$다.

여기서 a는 편향이고 w는 가중치이다. 이는 다음을 의미한다.

$$V_1 = \frac{1}{1 + \exp(-a_1 - w_{11}x_1 - w_{21}x_2)}$$

$$V_2 = \frac{1}{1 + \exp(-a_2 - w_{12}x_1 - w_{22}x_2)}$$

$$V_3 = \frac{1}{1 + \exp(-a_3 - w_{13}x_1 - w_{23}x_2)}$$

H와 같은 수치형 타깃을 V_k와 연결하기 위해, 통상 선형 활성함수를 사용한다. 따라서,

$$H = c + u_1V_1 + u_2V_2 + u_3V_3$$

여기서 c는 편향이고, u는 가중치이다.

그림 6.1의 모델은 6개의 가중치 w_{jk}와 3개의 편향 a_k, 3개의 가중치 u_k, 또 하나의 추가 편향 c의 총 13개의 파라미터를 갖는다. 목적은 신경망에 의해 주어지는 예측이 가능한 타깃값과 근접하도록 파라미터들을 선택하는 것이다. 전형적으로 이는 모든 관측치에 대한 평균제곱오차^{mse} 또는 평균절대오차^{mae}와 같은 목적함수를 최소화함으로써 달성된다. 목적함수는 비용함수$^{cost function}$으로 불린다.[2]

ANN의 또 다른 간단한 예를 위해 다음 4개의 특성을 사용해서 3장에서 다루었던 대출을 "우량"과 "디폴트" 범주로 분류하는 문제를 살펴보자.

- 신용점수
- 소득(단위: 천달러)
- 총부채상환비율(소득에 대한 부채 비율)
- 주택소유 여부(1 = 소유, 0 = 임대)

---

2 비용함수 용어는 수치적 값이 예측될 때, 머신러닝 전체에 걸쳐 사용된다. 예를 들어, 선형 회귀의 mse는 비용함수로 불린다.

하나의 은닉층이 있는 ANN은 그림 6.2에 있다. 이것은 타깃을 V_k와 연결시키기 위해 선형 활성함수를 사용하지 않는다는 것을 제외하고는 그림 6.1과 같은 방식으로 작동한다. 타깃이 확률이기 때문에 0과 1 사이에 있도록 요구된다. 따라서 V_k로부터 이것을 계산하기 위해 자연스럽게 또 다른 시그모이드함수를 사용한다. 우량 대출의 확률은 다음과 같다.

$$Q = \frac{1}{1 + \exp(-c - u_1 V_1 - u_2 V_2 - u_3 V_3)}$$

그림 6.2에서 파라미터 개수는 19개이다.

확률을 예측하는 그림 6.2에서와 같은 신경망의 목적함수는 식 (3.8)의 로지스틱 회귀와 관련해 도입한 최대우도를 기반으로 하는 것이 될 수 있다.

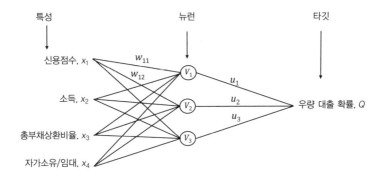

그림 6.2 대출 분류를 위한 단순 단일 은닉층 ANN

그림 6.1과 6.2의 ANN은 3개의 뉴런을 가진 단일의 은닉층을 갖고 있다. 실무적으로 단일 은닉층 ANN은 보통 3개 이상의 뉴런을 갖는다. 보편적 근사 정리$^{universal\ approximation\ theorem}$라는 결과가 있으며, 이는 어떠한 연속함수도 단일 은닉층을 가진 ANN으로 임의의 정확도까지 근사할 수 있다는 것이다.[3] 그러나 이는 많은 수의 뉴런을 필요로 할 수 있고, 여러개의 은닉층을 가지는 것이 계산적으로 효율적일 수 있다.

---

3 K. Hornik, "Approximation capabilities of multilayer feedforward networks," Neural Networks, 1991, 4, 251-257을 참조하라.

6.2 다층 ANN

그림 6.3은 다층 ANN의 일반적인 구성을 보여준다. 그림 6.1과 6.2의 각 부분에는 특성과 특성 사이에 하나의 중간 변수(즉, 하나의 은닉층)가 있다. 그림 6.3에는 총 L 은닉층이 있으며 따라서 $L+1$ 셋의 편향과 가중치가 있다. 특성값을 이전과 유사하게 $x_j(1 \leq j \leq m)$로 명칭한다. 층 당 K 뉴런이 있다고 가정한다. 1번째 층을 구성하는 뉴런의 값을 $V_{lk}(1 \leq k \leq K, \ 1 \leq l \leq L)$로 표시한다.

그림 6.3에 나타낸 것과 같이 출력층에는 여러 개의 타깃이 있을 수 있다. 이 때 목적함수는 각 타깃에 사용될 목적함수의 (가중평균이 될 수도 있는) 합과 같게 설정할 수 있다. (확률값을 갖는 타깃의 경우, 식 (3.8)의 최대우도 목적함수는 부호를 바꿔 최대화가 아니라 최소화하면 된다.)

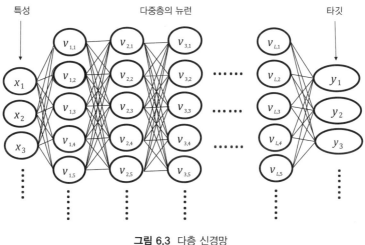

그림 6.3 다층 신경망

그림 6.3의 각 선과 가중치가 연관된다. 활성함수는 다음을 위해 사용한다.

1. 첫 번째 은닉층의 뉴런 값을 특성값과 연관시킨다. 즉, V_{lk}와 X_j를 연관시킨다.

2. 은닉층 $l+1$에 있는 뉴런 값을 l층에 있는 뉴런 값에 연관시킨다.
$(1 \leq l \leq L-1)$

3. 최종 출력층의 값과 타깃값을 연관시킨다. (즉, 타깃값을 V_{lk}와 연관시킨다.)

앞의 절에서 설명한 방법으로 사용되는 시그모이드함수는 1과 2를 위한 활성함수에 대해 인기 있는 선택이다. 앞의 절에서 설명한 바와 같이 3의 경우, 선형 활성함수는 보통 수치형 타깃에 사용되며, 시그모이드함수는 분류에 사용된다.

특정 문제를 해결하는 데 필요한 은닉층의 수와 은닉층 당 뉴런의 수는 보통 시행착오를 통해 발견된다. 일반적으로 층과 뉴런은 추가적인 증가에도 정확도가 거의 증가하지 않는다는 것이 밝혀질 때까지 증가한다.

신경망은 아주 많은 수의 모델 파라미터를 쉽게 가질 수 있다. F개의 특성, H개의 은닉층, 각 은닉층에 M개의 뉴런, 그리고 T개의 타깃이 있으면, 전체

$$(F+1)M + M(M+1)(H-1) + (M+1)T$$

개의 파라미터를 추정해야 한다. 예를 들어, 4개의 특성, 3개의 은닉층, 80개의 층당 뉴런과 1개의 타깃이 있다면, 13,441개의 파라미터가 생긴다. 다음에 논의하는 바와 같이 이는 당연히 과대적합 우려를 낳는다.

6.3 그래디언트 하강 알고리즘

신경망을 사용할 때, 목적함수의 최소화는 그래디언트 하강 알고리즘을 사용해 달성한다. 3장에서 이것이 어떻게 작용하는지 간략하게 설명했다. 첫째, 파라미터 값의 초기 집합을 선택한다. 그런 다음 이들 파라미터를 변경해 목적함수를 점진적으로 개선하는 반복적 절차를 수행한다. 그래디언트 하강 알고리즘을 설명하기 위해 간단한 예를 들어보자.

연령의 함수로서 급여에 대한 1장 표 1.1에서 소개한 자료를 다시 생각해 보자. 이것은 표 6.1에 재현돼 있다. 여기서 다음과 같은 매우 간단한 (반드시 최적은 아닌) 선형 모델을 가정하자.

$$y = bx + \varepsilon$$

여기서 y는 급여, x는 연령이고 ε는 오차이다. 단지 하나의 파라미터 b가 있다. 평균제곱오차 E는 다음과 같이 주어진다.

$$E = \frac{1}{10} \sum_{i=1}^{10} (y_i - bx_i)^2 \tag{6.1}$$

여기서 x_i와 y_i는 i번째 관측치에 대한 연령과 급여이다.

표 6.1 특정 지역의 특정 직업에서 일하는 10명의 랜덤 샘플에 대한 급여

연령(세)	급여(천달러)
25	135
55	260
27	105
35	220
60	240
65	265
45	270
40	300
50	265
30	105

E를 최소화하는 파라미터 b의 값은 3장에서 설명한 바와 같이 물론 분석적으로 계산할 수 있다. 여기서는 그래디언트 하강 알고리즘을 어떻게 사용할 수 있는가를 보인다. 그림 6.4는 평균제곱오차 E를 b의 함수로 보여준다. 알고리즘의 목적은 그림 6.4의 계곡의 바닥에서 b값을 발견하는 것이다.

초기값으로 임의로 $b=1$을 설정한다. 미적분을 이용해, E의 b에 대한 그래디언트가 다음과 같음을 보여줄 수 있다.[4]

$$-\frac{1}{5}\sum_{i=1}^{10} x_i(y_i - bx_i) \tag{6.2}$$

$b=1$을 대입하고 표 6.1의 x_i와 y_i를 사용하면, 이 공식으로 $-15,986.2$가 산출된다. 이는 b가 작은 양 e만큼 증가할 때, E는 e의 $-15,986.2$배 증가한다는 것을 의미한다.

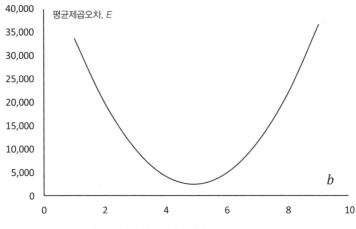

그림 6.3 파라미터 b값의 함수로서 평균제곱오차

$b=1$에서의 그래디언트를 계산한 후, 계곡을 한 스텝 내려간다. 스텝의 크기는 학습률learning rate로 불린다. b의 새로운 값이 b의 과거값으로부터 다음과 같이 계산된다.

$$b^{\text{new}} = b^{\text{old}} - \text{학습률} \times \text{그래디언트} \tag{6.3}$$

---

4 미적분을 몰라도 이 그래디언트는 다음과 같이 계산할 수 있다.
- $b=1.01$을 식 (6.1)에 대입해 E^+를 구한다.
- $b=0.99$를 식 (6.1)에 대입해 E^-를 구한다.
- 그래디언트를 $(E^+ - E^-)/(2 \times 0.01)$로 구한다.

이 예제에서 학습률을 0.0002로 설정하면, $b = 1$을 다음과 같이 업데이트 한다.

$$b = 1 - 0.0002 \times (-15{,}986.2) = 4.1972$$

그다음, 식 (6.2)로부터 $b = 4.1972$일 때 그래디언트를 계산한다. 이는 $-2{,}906.9$이다. 식 (6.3)을 사용해 두 번째 시행에서 새로운 b값을 다음과 같이 계산한다.

$$b = 4.1972 - 0.0002 \times (-2906.9) = 4.7786$$

이런 방식을 계속해 각 스텝에서 b의 값을 개선한다. 표 6.2에서 가리키는 것처럼, b값은 빠르게 (단순 선형 회귀에서 입증되듯이) E를 최소화하는 값인 4.9078에 수렴한다.

표 6.2 학습률이 0.0002일 때, 연속적인 반복 시행에서 b값

반복 시행	b값	그래디언트	b값의 변화
0	1.0000	−15,986.20	+3.1972
1	4.1972	−2,906.93	+0.5814
2	4.7786	−528.60	+0.1057
3	4.8843	−96.12	+0.0192
4	4.9036	−17.48	+0.0035
5	4.9071	−3.18	+0.0006
6	4.9077	−0.58	+0.0001
7	4.9078	−0.11	+0.0000
8	4.9078	−0.02	+0.0000
9	4.9078	0.00	+0.0000

표 6.2에서 학습률 0.0002를 사용했으며, 잘 작동하는 것이 밝혀졌다. 너무 낮은 학습률은 수렴을 느리게 할 것이다. 너무 높은 학습률은 전혀 수렴 못 할 수 있다. 표 6.3과 6.4는 0.00001과 0.0005의 학습률을 사용할 때 어떤 일이 일어나는가를 보여줌으로써 이를 예시한다. 이후에 설명하듯이, 학습률을 최적화하는 방법들이 개발돼 왔다.

표 6.3 학습률이 0.00001일 때, 연속적인 반복 시행에서 b값

반복 시행	b값	그래디언트	b값의 변화
0	1.0000	−15,986.20	+0.1599
1	1.1599	−15,332.24	+0.1533
2	1.3132	−14,705.03	+0.1471
3	1.4602	−14,103.47	+0.1410
4	1.6013	−13,526.53	+0.1353
5	1.7365	−12,973.18	+0.1297
6	1.8663	−12,442.48	+0.1244
7	1.9907	−11,933.48	+0.1193
8	2.1100	−11,445.31	+0.1145
9	2.2245	−10,977.10	+0.1098

표 6.4 학습률이 0.0002일 때, 연속적인 반복 시행에서 b값

반복 시행	b값	그래디언트	b값의 변화
0	1.0000	−15,986.20	+7.9931
1	8.9931	16,711.97	−8.3560
2	0.6371	−17,470.70	+8.7353
3	9.3725	18,263.87	−9.1319
4	0.2405	−19,093.05	+9.5465
5	9.7871	19,959.87	−9.9799
6	−0.1929	−20,866.05	+10.4330
7	10.2401	21,813.37	−10.9067
8	−0.6665	−22,803.69	+11.4018
9	10.7353	23,838.98	−11.9195

다중 파라미터

여러 파라미터가 추정돼야 할 때, 모든 파라미터 값은 각 반복 시행마다 변한다. 그래디언트 하강 알고리즘이 효율적으로 작동하도록 하려면, 특성값은 2.1절에서 설명한 바와 같이 정규화돼야 한다. 파라미터 θ의 값의 변화는 이전처럼 다음과 같다.

이 경우 사용된 그래디언트는 θ에 대한 목적함수 값의 변화율이다. 미적분 용어를 사용하면, 그래디언트는 E의 θ에 대한 편미분이다.

두 개의 파라미터가 있고 그래디언트 하강 알고리즘의 특정 지점에서 한 파라미터 방향의 그래디언트는 다른 파라미터 방향 그래디언트의 10배라고 가정하자. 두 파라미터에 동일한 학습률을 사용할 경우, 첫 번째 파라미터에 대한 변화는 두 번째 파라미터에 대한 변화의 10배가 될 것이다.

파라미터가 많은 경우, 각 매개변수에 적용되는 그래디언트를 결정하는 데 시간이 지나치게 많이 소요되기 쉽다. 다행히도 손쉬운 방법이 개발됐다.[5] 이를 역전파backpropagation라고 하며, 신경망 끝에서 처음으로 역방향으로 필요한 편미분을 계산해 나가는 것과 관련되며, 저자의 다음 웹사이트에서 이를 설명하는 것을 찾을 수 있다.

www−2.rotman.utoronto.ca/~hull

또한 각 특성에 대한 타깃의 편미분은 신경망을 통해 전방으로 나아가면서 신경망으로부터 계산할 수 있다는 점도 주목할 필요가 있다.[6]

6.4 기본방법의 변형

이미 언급한 바와 같이, 신경망은 입력되는 특성의 크기를 조정할 때 훨씬 더 빨리 학습한다(2.1절 참조). 또한 어느 정도의 규제화는 대개 바람직하다. 선형 회귀와 유사하게, L1 규제화는 모든 가중치의 절대값 합계에 상수를 곱한 것을 더하는 것을 포함한다. L2 규제화는 모든 가중치의 제곱합에

---

5 D. Rumelhart, G. Hinton, and R. Williams, "Learning internal representation by error propagation," Nature, 1986, 323, 533–536.

6 이는 활성함수가 모든 곳에서 미분 가능하다는 것을 가정한다. 시그모이드와 하이퍼볼릭 탄젠트 함수가 이러한 특성을 갖는다. 렐루함수는 그렇지 못하다. 역전파와 편미분 계산 모두 미분의 연쇄규칙(chain rule)의 적용과 연관된다.

상수를 곱한 것을 더하는 것을 포함한다. 선형 회귀와 유사하게(3장 참조), L1 규제화는 일부 가중치를 0으로 만드는 반면 L2 규제화는 가중치의 평균 크기를 감소시킨다.

그래디언트 하강 알고리즘은 국지적 최소값으로 이어질 수 있다. 예를 들어 그림 6.5의 상황을 고려해 보자. A 지점에서 시작하면 더 나은 (전역적) 극소점이 C일 때, B 지점의 국지적 극소점에 도달 할 수 있다. 학습 프로세스를 가속화하고 국지적 극소점을 피하기 위해 기본 그래디언트 하강 알고리즘에 대한 몇 가지 변형이 개발됐다. 예를 들어,

- 미니-배치 확률적 그래디언트 하강: 이것은 훈련 데이터셋을 미니 배치로 알려진 작은 부분집합으로 무작위로 분할한다. 전체 훈련 데이터를 사용해 그래디언트를 계산하는 대신, 단일 미니 배치로 계산된 그래디언트에 기반한 모델 파라미터를 업데이트하고, 각 미니 배치는 차례대로 사용된다. 알고리즘은 훈련 데이터의 작은 샘플을 사용해 그래디언트를 추정하기 때문에 더 빠르다. 에폭^{epoch}은 전체 훈련셋을 한 번 사용하는 일련의 반복 시행이다.

- 모멘텀을 이용한 그래디언트 하강: 이것은 과거 그래디언트들에 대한 지수 감쇠 이동평균으로 그래디언트를 계산한다. 이 접근 방식은 어떤 방향으로든 일관성있는 그래디언트를 갖도록 학습 속도를 높이는 데 도움이 된다.

- 적응형 학습률을 통한 그래디언트 하강: 표 6.2, 6.3, 6.4는 적절한 학습률을 선택하는 것이 중요하다는 것을 보여준다. 학습률이 너무 작으면 합리적인 결과를 얻기 위해 많은 에폭이 요구될 것이다. 학습률이 너무 높으면 진동이 일어나고 결과가 좋지 않을 수 있다. 어떤 모델 파라미터는 훈련의 상이한 단계에서 상이한 학습률을 적용함으로부터 이익을 얻을 수 있다. 널리 사용되는 적응형 학습률 알고리즘은 적응형 모멘트 추정을 나타내는 아담^{Adam}이다. 그것은 모멘텀과 과거 제곱 그래디언트의 지수 감쇠 평균을 모두 사용한다.

- **학습률 감쇠**: 이와 더불어 적응형 학습률을 이용해 알고리즘이 진행됨에 따라 학습률이 감소하는 것은 일반적으로 타당하다. 이것은 학습률 감쇠$^{\text{learning rate decay}}$로 알려져 있다. (그림 6.4의 곡선의 모양은 이것이 예제에서 잘 작동할 것을 나타낸다.) 때때로 국지적 극소점을 피하기 위해 학습률을 주기적으로 증가시킨다.
- **드롭아웃을 가진 그래디언트 하강**: 각 은닉층에서 무작위로 선택한 일부 노드를 각각 반복 시행하는 경우 신경망에서 제거하면 훈련 속도가 더 빨라질 수 있다. 수렴에 필요한 반복 횟수는 증가하지만 이는 각 반복의 실행 시간 단축에 의해 더욱 상쇄된다.

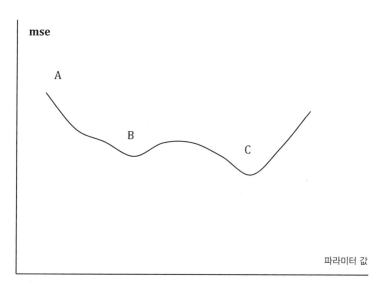

그림 6.5 B에 국지적 최소점이 있는 경우

6.5 종료 규칙

알고리즘이 파라미터의 값이 더 이상 개선될 수 없을 때까지, 즉 파라미터로 목적함수 E를 정의한 계곡의 바닥에 도달할 때까지 계속돼야 한다고 생각할 수 있다. 앞에서 살펴본 간단한 예에서 알고리즘은 이것을 실행한다.

실제로 b의 최적값은 표 6.2에서 단지 7회 반복한 후에 (4자리수까지) 발견됐다.

실제로 앞에서 지적했듯이 신경망에는 수만 개의 파라미터가 있을 수 있다. 오차 E가 훈련셋에 대해 최소화될 때까지 파라미터를 계속 변경하면, 그것이 가능하더라도 매우 복잡한 모델과 과대적합이 발생할 수 있다. 1장에서 언급했듯이, 검증셋의 결과가 악화되기 시작할 때까지 머신러닝 모델을 데이터에 계속 적합화시켜 더 복잡하게 만드는 것이 좋은 관행이다.

그러므로 신경망을 구현할 때, 훈련의 각 에폭 이후의 훈련셋과 검증셋 모두에 대한 비용함수를 계산한다. 일반적 관행은 검증셋의 비용함수값이 증가하기 시작하면 훈련을 종료하는 것이다. 그런 다음 검증셋에 가장 낮은 비용함수를 제공하는 모델을 선택한다. 따라서 훈련이 진행됨에 따라 신경망 소프트웨어는 각 에폭에 대한 검증셋에 대한 비용함수를 계산하고 이 중 가장 낮은 비용함수를 제공하는 모델과 연관된 모든 가중치와 편향을 기억한다.

6.6 블랙-숄즈-머튼 공식

블랙-숄즈-머튼 (또는 블랙-숄즈) 공식은 금융에 있어 가장 유명한 결과 중 하나이다. 이는 자산에 대한 콜옵션가격을 다음과 같이 계산한다.

$$Se^{-qT} N(d_1) - Ke^{-rT} N(d_2) \tag{6.4}$$

여기서

$$d_1 = \frac{\ln(S/K) + (r - q + \sigma^2/2)T}{\sigma\sqrt{T}}$$

$$d_2 = \frac{\ln(S/K) + (r - q - \sigma^2/2)T}{\sigma\sqrt{T}}$$

이 공식에 대한 입력은 다음과 같다. S는 주가, K는 행사가격, r은 무위험 이자율, q는 배당수익률(즉, 주가 대비 배당금 비율로 퍼센트로 표시), σ는 주가 변동성, T는 옵션 만기 시점이다.

이 공식을 사용해 신경망의 한 가지 응용 분야인 옵션가격 결정을 알아볼 것이다.[7] (www-2.rotman.utoronto.ca/~hull을 참조하라.) 이러한 신경망의 응용을 이해하기 위해 콜옵션의 작동 방식을 반드시 이해할 필요는 없다. 그러나 관심 있는 독자들은 10장에서 이것에 대한 논의뿐만 아니라, 파생상품 시장에서 머신러닝의 추가적인 응용사항을 살펴볼 수 있다.

$q = 0$을 가정하고 블랙-숄즈-머튼 공식에 대한 나머지 5개의 입력에 대한 균등 분포로부터 무작위로 추출해 10,000개의 관측치 데이터셋을 만든다.[8] 균등 분포의 하한과 상한은 표 6.5과 같다. 샘플링된 각 파라미터셋에 대해 식 (6.4)을 사용해 블랙-숄즈-머튼 가격을 계산한다. 예시를 더 흥미롭게 만들기 위해 각 관측치에 랜덤 오차를 추가한다. 랜덤 오차는 평균이 0이고 표준편차가 0.15인 정규분포를 갖는다. 관측치는 훈련셋 6만 개, 검증셋 2만 개, 테스트셋 2만 개로 분리한다. 훈련셋에서 관측치의 평균 및 표준편차를 기반으로 하는 Z-점수 스케일링이 모든 특성에 적용됐다.

표 6.5 데이터셋을 작성하기 위해 블랙-숄즈 파라미터에 사용된 상한과 하한

	하한	상한
주식가격, S	40	60
행사가격, K	$0.5S$	$1.5S$
무위험 이자율, r	0	5%
변동성, σ	10%	40%
만기까지 시간, T	3개월	2년

---

7 블랙-숄즈-머튼 모델은 수년 전에 신경망을 설명하기 위해 M. Hutchinson, A. W. Lo, and T. Poggio, "A Nonparametric Approach to Pricing and Hedging Derivative Securities Via Learning Networks," journal of Finance, (July 1994), 49(3): 851-889에 의해 사용됐다. 더 최근의 유사한 구현은 R. Culkin and S. R. Das, "Machine Learning in Finance: The Case of Deep Learning for Option Pricing," journal of Investment Management (2017) 15 (4): 92-100.이다.

8 $q = 0$ 가정은 원래 블랙-숄즈 결과에 해당하는 공식을 사용하고 있다는 것을 의미한다.

비용함수로 평균절대오차^{mae}를 사용한다. 신경망에는 3개의 은닉층과 1 개 층 당 20개의 뉴런이 있어 총 1,000여 개의 파라미터가 존재한다. 그림 6.1과 유사하게, 선형 활성함수가 사용되는 최종 은닉층 값에서 옵션가격 을 계산하는 것을 제외하고, 시그모이드함수가 활성함수로 사용된다. 학습 률은 아담^{Adam}을 사용해 결정된다.

그림 6.6은 에폭 수가 증가함에 따른 훈련셋 및 검증셋의 평균절대오차를 나타낸다. 검증셋에 대한 결과는 훈련셋에 대한 결과보다 잡음이 더 심하 지만, 훈련셋 결과가 계속 개선되고 있는 반면, 검증셋 결과는 몇 천 에폭 후에 악화되기 시작하는 것은 분명하다. 그림 6.7은 각 에폭에 대한 오차에 대해서 동일한 결과를 보여주며, 여기서 각 에폭에 대해 나타난 오차는 매 50 에폭에 걸친 평균 오차이다. 이러한 이동평균 계산은 잡음의 대부분을 제거하며, 이동평균은 검증셋 평균 오차가 처음 몇 천 에폭에 대한 훈련셋 오차와 유사하지만, 이후 악화되기 시작한다는 것을 더 명확하게 보여준다.

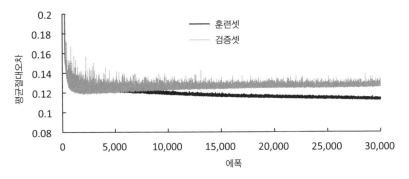

그림 6.6 훈련 에폭수 증가에 따른 훈련셋과 검증셋 평균절대오차

이전에 언급한 바와 같이, 일단 검증셋에 대한 비용함수의 증가가 관찰되 면, 일반적인 관행은 검증에 대해 최상의 결과를 주는 모델로 돌아가는 것 이다. 이 경우, 검증셋에 대한 최상의 결과는 2,575 에폭 훈련 이후였다.

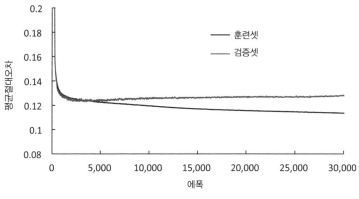

그림 6.7 50 에폭에 걸쳐 평균한 평균절대오차

모델이 얼마나 데이터에 잘 적합화됐는가? 테스트셋에 대한 평균절대오차는 0.122다. 이는 예상하는 바와 일치한다. 평균 0와 표준편차 0.15를 가진 정규분포의 평균절대오차는 다음과 같다.

$$\sqrt{\frac{2}{\pi}} \times 0.15 = 0.120$$

3개의 값을 비교하는 것은 흥미롭다.

1. 참 블랙-숄즈-머튼 옵션가격
2. 잡음이 더해진 옵션가격
3. 신경망에 의해 예측된 가격

3개 가격의 평균은 서로 매우 근접한다. 1과 2의 차이와 2와 3의 차이의 표준편차는 거의 정확히 0.15(블랙-숄즈-머튼 가격에 추가된 잡음의 표준편차가 0.15였기 때문에 예상한 대로)다. 1과 3의 차이의 표준편차는 0.04 정도였다. 이는 신경망 모델이 잡음을 합리적으로 잘 제거한다는 것을 나타낸다. 데이터셋의 크기를 늘리면 1과 3이 더 가까워질 것으로 예상된다.

6.7 확장

앞부분의 예는 약간 인위적으로 보일 수 있다. 블랙-숄즈 가격은 빠르고 정확하게 계산할 수 있기 때문에, 신경망을 사용해 그것을 추정하는 것은 거의 의미가 없다! 다만 거래되는 모든 파생상품의 가격에 대해서는 그렇지 않다. 몇몇은 몬테카를로 시뮬레이션이나 다른 계산적으로 느린 수치적 절차를 사용해 평가돼야 한다. 이는 수많은 이유로 애널리스트들이 몬테카를로 시뮬레이션을 포함하는 시나리오 분석을 수행해 시간이 지남에 따라 파생상품 포트폴리오의 가치가 어떻게 변화할 수 있는지를 탐구해야 하기 때문에 문제를 야기한다. 포트폴리오에 포함된 일부 금융상품의 가격을 계산하는 절차가 몬테카를로 시뮬레이션이나 또 다른 느린 숫자 절차를 포함하는 경우 시나리오 분석은 불가능할 정도로 느릴 수 있다.

이 문제를 해결하기 위해 애널리스트들은 유용하게 느린 수치적 가격결정 절차를 신경망으로 대체할 수 있다.[9] 일단 신경망이 구축되면 그 평가는 매우 빠르다. 이 경우 단지 입력부터 시작해서 신경망을 걸쳐 타깃 가격을 얻으면 된다. 이것은 느린 수치적 절차보다 수백 배의 크기로 빠를 수 있다.

첫 단계는 파생상품의 가격을 기초자산의 가격, 이자율, 변동성 등과 같은 입력변수에 연결하는 대규모 데이터셋을 만드는 것이다. (6.6절의 예시와 같이) 이는 표준(느린) 수치 절차를 사용해 수행되며 시간이 오래 걸릴 수 있다. 하지만 이는 한 번만 하면 된다. 그런 다음 데이터셋을 일반적인 방법으로 훈련셋, 검증셋 및 테스트셋으로 분리한다. 신경망은 훈련셋에서 훈련된다. 검증셋은 훈련을 종료해야 하는 시기를 결정하는 데 사용되며(블랙-숄즈 예에서와 같이), 테스트셋은 모델의 정확도를 계량화하는 데 사용된다.

신경망의 이러한 유형의 적용에 대한 흥미로운 측면은 애널리스트가 대량의 데이터를 수집하고 정리할 필요가 없다는 것이다. 애널리스트는 모델에

---

9 R. Ferguson and A. Green, "Deeply Learning Derivatives," October 2018, ssrn 3244821을 참조하라.

서 필요한 데이터를 생성한다. 출력과 입력의 관계를 아주 적은 오차로 복제할 수 있다. 한 가지 중요한 점은 모델이 훈련셋의 데이터 값 범위 내에서만 신뢰할 수 있다는 것이다. 만약 다른 데이터에 적용한다면, 이에 대해서는 매우 좋지 않은 결과가 산출될 수 있다.[10]

6.8 오토인코더

오토인코더는 데이터의 차원성을 줄이기 위해 고안된 신경망이다. 그 목적은 2.7절에서 논의한 주성분 분석^{PCA}의 목적과 유사하다. 이는 m보다 작게 제조된 특성의 새로운 셋으로 m개의 특성을 가진 데이터셋 변동의 대부분을 설명하도록 설계된다.

오토인코더의 신경망에서는 출력이 입력과 같다. 가장 간단한 유형의 오토인코더는 하나의 은닉층과 선형 활성함수를 가지고 있다. 은닉층에 있는 뉴런의 수는 특성 수보다 적다. 입력으로부터 뉴런의 값이 결정되는 네트워크의 첫 번째 부분은 인코딩^{encoding}이라고 알려져 있다. 뉴런의 값에서 출력이 결정되는 네트워크의 두 번째 부분은 디코딩^{deconding}이라 한다. 신경망은 예측된 출력 값과 실제 출력/입력 값 사이의 총 평균제곱오차(또는 기타 비용함수)를 최소화하려고 한다. 평균제곱오차가 작은 경우, 은닉층으로부터 예측된 출력을 계산하는 데 사용되는 가중치는 원래 특성보다 수는 작지만 유사한 정보를 포함하는 제조된 특성을 제공한다.

2.7절에서 어떻게 PCA를 사용해 금리 변동을 설명하는 소수의 특성을 만들 수 있는지 보여줬다. 그림 6.8은 같은 작업을 하기 위한 오토인코더의 디자인을 보여준다. 그 목적은 8가지 금리의 변동 대부분을 포착하는 두 가지 특성을 결정하는 것이다.

---

10 그러나 이 문제를 극복하려는 시도가 있었다. A. Antonov, M. Konikov, and V. Piterbarg, "Neural Networks with Asymptotic Controls," ssrn 3544698을 참조하라.

r_{ij}를 i번째 관측에 대한 j번째 금리로 정의하고 $\hat{r}_{ij}$를 이 관측에 대한 신경망에 의해 만들어진 j번째 금리의 예측으로 정의한다. 그림 6.8[11]에 나와있는 표기법으로 다음과 같이 표현할 수 있다.

$$V_{i1} = \sum_{j=1}^{8} r_{ij} w_{j1}$$

$$V_{i2} = \sum_{j=1}^{8} r_{ij} w_{j2}$$

여기서 V_{i1}과 V_{i2}는 i번째 관측에 대한 V_1과 V_2의 값이다. 또한

$$\hat{r}_{ij} = V_{i1} u_{1j} + V_{i2} u_{2j}$$

목적은 다음을 최소화하는 것이다.

$$\sum_{i,j} (r_{ij} - \hat{r}_{ij})^2$$

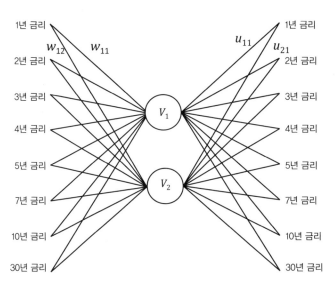

그림 6.8 금리 변화를 설명하는 2개의 특성을 발견하기 위한 오토인코더 설계

---

11 예를 단순화하기 위해, 신경망 전체에 걸쳐 편향을 0이라고 가정한다. 이는 R.Memisevic, K. Konda, and D. Krueger, "Zero-bias Autoencoders and the Benefits of Co-adapting Features" arXiv: 1402.3337에 의해 제안됐다.

첫 번째 제조된 특성은 u_{1j}에 의한 j번째 금리 변동을, 두 번째 제조된 특성은 u_{2j}에 의한 금리 변동을 설명한다. w와 u에 대해 똑같이 좋고, 동일한 예측을 제공하는 여러가지 상이한 집합의 값이 가능하다. 엑셀과 솔버 (www-2.rotman.utoronto.ca/~hull을 참조하라.)를 사용한 한 번의 구현 결과가 표 6.6에 있다.

표 2.9와 비교한 결과, 두 개의 제조된 특성이 PC1 및 PC2와 상당히 다르다는 것을 알 수 있다. 하지만 그것들은 동등하다. 표 6.6의 특성을 변환해 첫 번째 제조된 특성을

$$0.518u_{1j} + 0.805u_{2j}$$

의 j번째 변동이라 하고, 두 번째 제조된 특성을

$$2.234u_{1j} - 2.247u_{2j}$$

의 j번째 변동이라 하면, PCA의 PC1과 PC2를 얻는다.

표 6.6 그림 6.8의 오토인코더로부터 가능한 출력

	첫 번째 제조된 특성(u_{1j})	두 번째 제조된 특성(u_{2j})
1년 금리	0.0277	0.2505
2년 금리	0.1347	0.3248
3년 금리	0.2100	0.3276
4년 금리	0.2675	0.3147
5년 금리	0.3118	0.3017
7년 금리	0.3515	0.2633
10년 금리	0.3858	0.2186
30년 금리	0.3820	0.1331

PCA의 장점은 제조된 특성이 상관관계가 없고 출력으로부터 상대적 중요성이 명백하다는 것이다. 오토인코더의 장점은 비선형 활성함수와 함께 사용할 수 있다는 점이다. PCA 용어를 사용하면, 데이터를 비선형 요인과 함께 설명할 수 있다. 오토인코더는 이미지 인식과 언어 번역에 유용한 것으로 밝혀졌다.

6.9 합성곱 신경망

지금까지 제시한 ANN에서는 한 층의 뉴런이 이전 층의 모든 뉴런과 연결돼 있다. 매우 큰 네트워크에서는 이것은 실현 불가능하다. 합성곱 신경망 CNN은 한 층의 뉴런을 이전 층의 뉴런의 부분집합에 연결함으로써 이런 문제를 푼다.

CNN은 영상인식, 음성인식, 자연어 처리 등에 사용된다. 안면인식을 목적으로 신경망을 통해 이미지를 처리하는 작업을 고려한다. 이미지는 수평선과 수직선을 그리며 여러 개의 작은 직사각형으로 나뉜다. 작은 직사각형을 픽셀이라고 한다. 각각의 픽셀은 특정한 색을 가지고 있고 숫자는 그 색과 연관돼 있다. 가장 단순한 이미지라도 (100개의 수평선과 100개의 수직선으로 형성된) 10,000개의 픽셀을 쉽게 가진다. 이것은 신경망에 대한 많은 입력을 만들어낸다.

그림 6.3에서 층은 숫자의 열이다. 이미지를 처리하는 데 CNN이 사용될 때, 입력은 번호가 매겨진 픽셀의 직사각형 배열이다. 다음 층은 직사각형 그리드의 숫자들이다. 그림 6.9는 첫 번째 층의 그리드 포인트의 값이 입력층의 픽셀값에 어떻게 의존하는지를 보여준다. 층1의 직사각형은 단일 그리드 포인트(또는 뉴런)을 나타내며, 입력층의 굵은 직사각형은 수용 영역 receptive field이라고 불리는 것을 보여준다. 그것은 모두 그리드 포인트가 관련된 픽셀이다. 다음 층의 그리드 포인트에서의 값은 유사한 방식으로 이전 층의 그리드 포인트의 값에 의존한다.[12]

---

12 다음 층이 더 작아지는 것을 방지하기 위해 경계에 추가 관찰이 더해지는 패딩(padding)이 있을 수 있다.

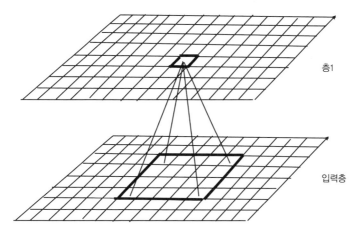

그림 6.9 CNN에서의 층1의 그리드 포인트 값과 입력층의 그리드 포인트 값과의 관계

그림 6.9의 층1에 있는 2차원 점 집합을 특성맵$^{\text{feature map}}$이라고 한다. 문제는 각 층은 여러 특성맵으로 구성돼 3차원으로 표현돼야만 한다는 것이다. 그러나 맵 내에서 모든 뉴런은 동일한 가중치와 편향을 공유한다. 특성맵 내의 뉴런과 관련 수용 영역이 변하지만, 편향과 가중치는 동일하게 유지된다. 이것은 파라미터의 수를 감소시킨다. 또한 이미지 인식에서 물체의 식별은 물체가 나타나는 입력층의 부분에 따라 달라지지 않는다는 장점이 있다.

100×100이어서 10,000 픽셀인 흑백 이미지를 생각해 보자. 일반적인 신경망은 층1의 뉴런을 정의하기 위해 약 $10,000^2$, 즉 1억 개의 파라미터를 가질 것이다. 수용 영역이 10x10이고 특성맵이 6개인 CNN에서는 이것은 6×101, 즉 606 파라미터로 축소된다.

6.10 순환 신경망

플레인 바닐라 ANN에서는 각각의 관측치를 다른 모든 관측치와 분리해서 고려한다. 순환 신경망^{RNN}에서 관측이 일어나는 시간적 순서를 보존한다. 왜냐하면 시간을 통한 예측 모델의 변화를 허용하고 싶기 때문이다. 이것은 특히 변수들 간의 관계가 시간이 지남에 따라 변화하는 경향이 있는 작업에서 중요할 수 있다.

플레인 바닐라 ANN에서는, 앞에서 설명했듯이, 층 l의 뉴런에서의 값은 $l-1$ 층의 뉴런에 있는 값의 선형 조합에 활성함수를 적용함으로써 계산된다. 이것이 한 관측에 대해 수행되면 다음 관측에도 동일한 작업이 진행된다. 그러나 알고리즘에는 메모리가 없다. 시간 t에서 관측치에 대한 계산을 수행할 때, $t-1$ 관측치에 대해 수행한 계산에 대해 아무것도 기억하지 못한다. RNN에서, 시간 t의 활성함수는 다음의 합에 적용된다.

- 시간 t에서 $l-1$ 층 뉴런 값의 선형 결합
- 이전 시간 $t-1$ 관측에 대한 층 l의 뉴런 값들의 선형 결합

이것은 네트워크에 메모리를 준다. 시점 t에서 네트워크의 값은 시점 $t-1$의 값에 따라 달라지며, 이는 또한 시간 $t-2$의 값에 따라 달라지는 식으로 계속된다.

이것과 관련된 한 가지 문제는 이전의 여러 기간 동안의 값이 거의 영향이 없게 되기 쉬운데, 이는 이들이 상대적으로 작은 숫자에 의해 여러 번 곱해지기 때문이다. 이 문제를 극복하기 위해 장단기 기억장치^{LSTM} 접근법이 개발됐다.[13] 과거의 데이터는 현재의 네트워크로 바로 흘러갈 수 있는 잠재력을 가지고 있다. 어떤 데이터를 사용해야 하는지, 어떤 데이터를 잊어버려야 하는지 알고리즘이 결정한다.

---

13 S. Hochreiter and J. Schmidhuber, "Long Short-Term Memory," Neural Computaion, 9(8): 1735–1780.

요약

인공신경망은 비선형 모델을 데이터에 맞추는 방식이다. 출력은 입력과 직접 관련이 없다. 뉴런을 포함하는 여러 개의 은닉층이 있다. 첫 번째 은닉층에서 뉴런의 값은 입력과 관련이 있고, 두 번째 은닉층에서의 뉴런의 값은 첫 번째 은닉층에서의 뉴런의 값과 관련이 있다. 출력은 최종 은닉층에서의 뉴런의 값으로부터 계산된다.

관계를 정의하는 함수를 활성함수라고 한다. 로지스틱 회귀와 관련해서 도입된 시그모이드함수는 (a) 첫 번째 은닉층의 뉴런의 값을 입력값과 연관시키고 (b) 은닉층 l의 뉴런의 값을 $l-1$의 뉴런의 값에 연관시키는 활성함수로 자주 사용된다. 수치값이 추정될 때 출력을 최종 은닉층의 뉴런과 연관시키는 활성함수는 대개 선형이다. 데이터가 분류되는 경우에는 이 마지막 단계에 시그모이드함수가 더 적합하다.

그래디언트 하강 알고리즘은 신경망에서 목적함수를 최소화하기 위해 사용된다. 최소값을 계산하는 것은 계곡의 바닥을 찾는 것이라고 생각할 수 있다. 알고리즘은 각 단계에서 가장 가파른 하강선을 따라 계곡 아래로 내려간다. 학습률이라고 하는 스텝의 정확한 크기를 선택하는 것은 그래디언트 하강 알고리즘의 중요한 측면이다. 그래디언트 하강 알고리즘의 효율을 개선하기 위한 여러 절차가 언급됐다.

신경망이 수만 개의 파라미터를 포함하는 것은 드문 일이 아니다. 훈련셋의 목적함수를 완전히 최소화하는 파라미터의 값을 찾을 수 있다 하더라도, 이것은 거의 확실히 과대적합을 초래하기 때문에 바람직하지 않을 것이다. 실제로 종료 규칙을 적용해 검증셋의 결과가 훈련셋의 결과에서 벗어날 때 그래디언트 하강 알고리즘을 사용한 훈련이 중단된다.

오토인코더는 출력이 입력과 동일한 신경망이다. 입력 특성을 적은 수의 거의 동일한 특성으로 대체하도록 설계됐다. 합성곱 신경망은 한 층의 뉴런들이 이전 층의 모든 뉴런이 아닌 부분집합과 연결되는 신경망이다. 입력이 수만 (또는 수백만 개) 픽셀의 색상으로 정의되는 이미지 인식에 특히 유용하다. 순환 신경망은 출력을 예측하는 모델이 시간을 통해 진화할 것으로 예상되는 상황에 특히 적합한 ANN의 버전이다.

짧은 개념 질문

6.1 (a) 은닉층과 (b) 뉴런, (c) 활성함수가 의미하는 바를 설명하라.

6.2 시그모이드함수가 한 층의 뉴런과 이전 층의 뉴런의 값을 어떻게 연관시키는지 설명하라.

6.3 보편적 근사 정리universal approximation theorem란 무엇인가?

6.4 6장에서 목적함수가 (a) 수치형 변수를 예측하려 할 때 (b) 데이터를 분류할 때 최종층의 값과 타깃을 연결하기 위해 어떤 활성함수가 제시되고 있는가?

6.5 그래디언트 하강 알고리즘에서 학습률은 무엇을 의미하는가?

6.6 학습률이 너무 높거나 낮을 경우 어떤 문제가 발생하는가?

6.7 ANN을 훈련할 때 종료 규칙을 선택하는 방법에 대해 설명하라.

6.8 파생상품 가치평가에 ANN을 어떻게 사용할 수 있는지 설명하라.

6.9 CNN과 플레인 바닐라 ANN의 주요 차이점을 설명하라.

6.10 RNN과 플레인 바닐라 사이의 주요 차이점 설명하라.

연습문제

6.11 ANN이 5개 특성, 2개의 은닉층, 은닉층 당 10개의 뉴런, 그리고 1개의 타깃을 가지고 있을 때 얼마나 많은 매개변수가 필요한가?

6.12 1장 표 1.2에 설정된 검증셋에 대해 표 6.2와 유사한 표를 만들어라. 단순 $y = bx$ 모형을 가정하고, 서로 다른 초기 포인트와 학습률로 실험하라.

6.13 그림 6.1의 모델에서 모든 w_{jk} 가중치를 0, 모든 u_k 가중치를 100, 편향을 0으로 설정해 그래디언트 하강 알고리즘을 시작한다고 가정한다. 초기 네트워크는 전체 품질이 8이고 주거면적이 3,000 스퀘어피트에 해당하는 주택의 가격을 어떻게 계산하는가?

6.14 www-2.rotman.utoronto.ca/~ hull의 파이썬 코드를 사용해 관측치 수, 은닉층 수와 층 당 뉴런 수가 변화할 때, 6.6절의 블랙-숄즈-머튼 응용 프로그램이 얼마나 잘 작동하는지 알아보라.

6.15 아이오와 주 주택가격 자료에 대해 신경망을 이용하라. 다른 은닉층 수와 층당 뉴런 수를 시도해보라. 결과를 선형 회귀의 결과와 비교하라.

6.16 렌딩클럽 데이터에 신경망을 사용하라. 다른 은닉층 수와 층 당 뉴런 수를 시도해보라. 결과를 로지스틱 회귀의 결과와 비교하라.

07
강화학습

지금까지는 한 가지 결정이 다른 결정과 격리돼 취해지는 상황을 고려했다. 예를 들어, 앞의 장들에서 특정 대출을 "승인" 또는 "기각"으로 분류하는 것은 다른 대출에 대해 이뤄진 다른 결정과는 무관하다고 가정했다. 이제까지 개발한 모델들은 오늘 대출을 승인하든 기각하든 간에 내일 책상에 놓이는 대출을 승인할지 기각할지에 어떤 식으로든 영향을 미치지 않는다고 암묵적으로 가정했다.

어떤 상황들은 본질적으로 하나의 결정보다는 일련의 결정들을 수반한다. 게다가 결정이 내려짐에 따라, 환경은 변화할 수도 있다. 그렇다면, 추가 결정이 나중에 내려질 것이라는 점을 염두에 두고 최적의 행동을 결정할 필요가 있다.

강화학습은 이러한 유형의 순차적 의사결정을 다루는 머신러닝의 한 분야다.[1] 알고리즘은 결과가 좋을 때 보상을 받고 결과가 나쁠 때 비용(부정적 보상)을 발생시킨다. 알고리즘의 목적은 할인된 미래 보상을 최대화하는 것이다.

---

1 강화학습에 대해서 R. S. Sutton and A.G. Barto, Reinforcement Learning: An Introduction, 2nd edition, 2018, the MIT Press에서 포괄적으로 다루고 있다.

7장에서는 환경이 변하지 않는 간단한 순차적 의사결정 문제부터 시작한다. 이것은 강화학습의 중심인 활용 대 탐구의 트레이드 오프에 대한 예시를 제공한다. 그리고 나서 환경이 바뀌는 더 복잡한 상황을 고려한다. 마지막으로 신경망과 연계해 강화학습이 어떻게 이용될 수 있는지를 언급하고 응용에 대해 논의한다.

7.1 멀티암드 밴딧 문제

여러 가지 다른 슬롯머신의 레버 중 하나를 당길 수 있는 게임을 제공하는 카지노에서의 도박사를 상상해 보자. 각각의 레버는 랜덤한 수익을 제공한다. k번째 레버의 수익은 평균 m_k와 표준편차가 1인 정규분포에서 추출한 표본이다. m_k는 달라지기 쉽고 알려져 있지 않다. 하지만 카지노는 그것들이 변하지 않을 것이라고 보장한다. (이 간단한 예에서 환경은 따라서 변하지 않는다.) 게임은 여러 번 할 수 있다. 도박사는 여러 시행에 대해 예상되는 수익을 극대화하기 위해 어떤 전략을 따라야 하는가?

분명히 도박사는 상세한 기록을 남겨서 지금까지 실현된 각 레버의 평균 수익은 항상 알려져 있다. 게임의 각 시행에서 도박사는 다음 두 가지 대안 중 하나를 결정해야 한다.

- 지금까지 최고의 평균 성과를 달성한 레버를 선택한다.
- 새 레버를 시도해본다.

이것은 활용 대 탐험^{exploitation vs exploration}의 선택으로 알려져 있다. 첫 번째 대안은 활용(탐욕적 행동이라고도 한다.)이다. 만약 각 레버를 몇 번 선택한 후 첫 번째 전략을 계속 따르면, 도박사는 운이 따르지 않는 한 최상의 레버를 찾지 못할 것이다. 따라서 다른 레버를 무작위로 선택하는 약간의 탐험은 좋은 생각이다. 활용은 즉각적인 기대수익을 최대화하지만, 약간의 탐험은 장기 수익을 개선할 수도 있다.

어떤 $\varepsilon(0<\varepsilon<1)$에 대해서 도박사를 위한 전략은 다음과 같다.

- 확률 ε로 레버를 무작위로 선택
- 확률 $1-\varepsilon$로 지금까지 가장 높은 평균 수익을 낸 레버 선택

0 과 1 사이의 임의의 숫자를 샘플링함으로써 이 전략을 실행할 수 있다. 만약 이것이 ε보다 작으면 레버를 무작위로 선택하고, 그렇지 않으면 지금까지 평균 수익이 가장 높은 레버를 선택한다. 처음에 ε와 같은 값을 선택한 다음, 수익에 대한 데이터를 얻으면서 서서히 0으로 줄일 수 있다.

k번째 레버가 과거에 $n-1$번 선택됐고, j번째로 선택됐을 때 총 보상이 R_j였다고 가정해 보자. k번째 레버로부터 기대되는 보상에 대한 가장 최상의 추정치(old 추정치라고 부를 것이다.)는 다음과 같다.

$$Q_k^{\text{old}} = \frac{1}{n-1} \sum_{j=1}^{n-1} R_j$$

만약 다음 시행에서 k번째 레버가 n번째 선택되고 보상 R_n을 산출하면, k번째 레버로부터의 기대 보상 추정치를 다음과 같이 업데이트할 수 있다.

$$Q_k^{\text{new}} = \frac{1}{n} \sum_{j=1}^{n} R_j = \frac{n-1}{n} Q_k^{\text{old}} + \frac{1}{n} R_n$$

이는 다음과 같이 표현할 수 있다.

$$Q_k^{\text{new}} = Q_k^{\text{old}} + \frac{1}{n} (R_n - Q_k^{\text{old}}) \tag{7.1}$$

이는 기대 보상을 업데이트하는 간단한 방법이 있다는 것을 보여준다. 모든 시행에 대해 모든 보상을 기억할 필요가 없다.

4개의 레버가 있고, 이들의 평균 수익이 다음과 같은 상황을 고려해 보자.

$$m_1 = 1.2, \; m_2 = 1.0, \; m_3 = 0.8, \; m_4 = 1.4$$

만약 도박사가 이 값들을 안다면, 물론 항상 4번째 레버를 선택할 것이다. 그러나 m_k는 시행의 결과로 추론돼야 한다. 우선 ε을 0.1로 고정한다고 가정하자. 이는 항상 도박사가 이제까지 최고의 결과를 준 레버를 선택할 가능성이 90%이고, 레버를 무작위로 선택할 가능성이 10%이라는 것을 의미한다. 몬테카를로 시뮬레이션으로부터의 결과는 표 7.1에 나와있다. (계산을 위해서 엑셀을 참조하라.) 처음에 각 레버에 대한 Q-값(즉, 평균 수익)을 0으로 설정한다. 첫 번째 시행에서 레버 1이 선택되고 이는 (평균보다 살짝 위인) 1.293의 수익을 제공한다. 따라서 첫 번째 레버의 Q-값은 1.293이 되고 다른 레버의 Q-값들은 0으로 남아 있다. 따라서 두 번째 시행에서는 도박사가 탐험(즉, 임의로 레버를 선택)할 확률은 10%이고, 첫 번째 레버를 선택할 확률은 90%이다. 실제로, 도박사는 첫 번째 레버를 선택한다. (그러나 특별히 낮은 0.160의 수익을 얻는다.) 첫 번째 레버는 여전히 Q-값이 0.726으로 가장 최상의 레버다. 세 번째 시행에서의 결정도 활용하는 것이고, 그래서 첫 번째 레버가 다시 선택된다. 네 번째 시행에서 도박사는 (무작위로 추출한 숫자가 0.1보다 작기 때문에) 탐험하고, 두 번째 레버를 무작위로 선택한다.

표 7.1 4개의 레버와 $\varepsilon = 0.1$로 5,000번 반복 시행한 결과

반복 시행	결정	선택된 레버	수익	레버1(통계)		레버2(통계)		레버3(통계)		레버4(통계)		시행 당 평균이득
				Q-값	관측수*	Q-값	관측수*	Q-값	관측수*	Q-값	관측수*	
				0		0		0		0		
1	활용	1	1.293	1.293	1	0.000	0	0.000	0	0.000	0	1.293
2	활용	1	0.160	0.726	2	0.000	0	0.000	0	0.000	0	0.726
3	활용	1	0.652	0.701	3	0.000	0	0.000	0	0.000	0	0.701
4	탐험	2	0.816	0.701	3	0.816	1	0.000	0	0.000	0	0.730
50	활용	1	0.113	1.220	45	−0.349	3	0.543	2	0.000	0	1.099
100	활용	4	2.368	1.102	72	0.420	6	0.044	3	1.373	19	1.081
500	탐험	3	1.632	1.124	85	1.070	17	0.659	11	1.366	387	1.299
1000	활용	4	2.753	1.132	97	0.986	32	0.675	25	1.386	846	1.331
5000	활용	4	1.281	1.107	206	0.858	137	0.924	130	1.382	4527	1.345

* 레버를 선택한 횟수

표 7.1의 "관측수" 열은 레버를 선택한 횟수와 이에 따른 평균 수익이 계산되는 관측치 수를 보여준다. 첫 번째 50 시행에서 최상의 레버(레버 4)는 전혀 선택되지 않는다. 그러나 처음 500번의 시행에서는 387번(즉, 시행의 77%에 해당)으로 선택된다. 처음 5,000번의 시행에서는 4,527번(즉, 시행의 90%를 조금 넘음)으로 선택된다. 이 표를 보면, 순조롭게 보이지 않는 출발 후에 알고리즘은 큰 어려움 없이 최고의 레버를 찾아낸다. 5,000회의 시행 당 평균 이득은 1.345로, 최고 (네 번째) 레버에서의 시행 당 평균이득 1.4에 약간 못 미친다.

표 7.2와 7.3은 ε를 0.01과 0.5로 일정하게 유지한 결과를 나타낸다. 이들 표에서 도출할 수 있는 결론은 여러 가지가 있다. ε = 0.01은 매우 느린 학습을 제공한다. 5,000번의 시행을 거쳤는데도 첫 번째 레버가 네 번째 레버보다 더 좋아 보인다. 5,000번의 시행 당 평균 이득이 ε = 0.1일 때 보다 더 나쁘다. ε = 0.5일 때 (따라서 항상 활용과 탐험의 가능성이 같다.) 알고리즘은 큰 어려움 없이 최고의 레버를 찾지만, 탐험이 너무 많기 때문에 시행 당 평균 이득은 표 7.1에서보다 더 낮다.

표 7.2 4개의 레버와 ε = 0.01로 5,000번 반복 시행한 결과

반복 시행	결정	선택된 레버	수익	레버1(통계)		레버2(통계)		레버3(통계)		레버4(통계)		시행 당 평균이득
				Q-값	관측수*	Q-값	관측수*	Q-값	관측수*	Q-값	관측수*	
				0		0		0		0		
1	활용	1	1.458	1.458	1	0.000	0	0.000	0	0.000	0	1.458
2	활용	1	0.200	0.829	2	0.000	0	0.000	0	0.000	0	0.829
3	활용	1	2.529	1.396	3	0.000	0	0.000	0	0.000	0	1.396
4	탐험	1	−0.851	0.834	4	0.000	0	0.000	0	0.000	0	0.834
50	활용	1	1.694	1.198	49	0.000	0	−0.254	1	0.000	0	1.169
100	활용	1	0.941	1.132	99	0.000	0	−0.254	1	0.000	0	1.118
500	탐험	1	0.614	1.235	489	0.985	6	−0.182	2	0.837	3	1.224
1000	활용	1	1.623	1.256	986	0.902	7	−0.182	2	0.749	5	1.248
5000	활용	1	1.422	1.215	4952	1.022	18	0.270	8	1.148	22	1.213

* 레버를 선택한 횟수

표 7.3 4개의 레버와 ε = 0.5로 5,000번 반복 시행한 결과

반복 시행	결정	선택된 레버	수익	레버1(통계)		레버2(통계)		레버3(통계)		레버4(통계)		시행 당 평균이득
				Q-값	관측수*	Q-값	관측수*	Q-값	관측수*	Q-값	관측수*	
				0		0		0		0		
1	활용	1	0.766	0.766	1	0.000	0	0.000	0	0.000	0	0.766
2	탐험	1	1.257	1.011	2	0.000	0	0.000	0	0.000	0	1.011
3	활용	1	-0.416	0.536	3	0.000	0	0.000	0	0.000	0	0.536
4	탐험	3	0.634	0.536	3	0.000	0	0.634	1	0.000	0	0.560
50	탐험	4	0.828	1.642	17	1.140	9	0.831	9	1.210	15	1.276
100	탐험	3	2.168	1.321	47	0.968	15	0.844	16	1.497	22	1.231
500	탐험	1	0.110	1.250	86	0.922	65	0.636	72	1.516	277	1.266
1000	탐험	4	1.815	1.332	154	1.004	129	0.621	131	1.394	586	1.233
5000	탐험	3	2.061	1.265	666	0.953	623	0.797	654	1.400	3057	1.247

* 레버를 선택한 횟수

앞서 지적한 바와 같이, 최선의 전략은 1에 가까운 ε로 시작해서, 수익에 관한 데이터가 축적됨에 따라 이를 줄이는 것이다. 한 가지 접근 방식은 첫 번째 시행에서 ε를 1로 설정한 이후의 각 시행에서 1보다 약간 작은 감쇠 계수$^{decay\ factor}$로 ε에 곱하는 것이다. 감쇠 계수가 β인 경우 t 시행에서의 탐험 확률은 β^{t-1}이다. 표 7.4는 $p = 0.995$일 때 여기서 검토하는 멀티암드 밴딧 문제에 대한 결과를 보여준다. 이들 결과는 0.1과 같은 상수 ε를 사용하는 표 7.1의 결과보다 우수함을 알 수 있다. 알고리즘은 최선의 레버를 신속하게 찾아 1.381의 시행 당 평균 이득을 산출한다. (β = 0.1의 경우 1.345와 비교된다.)

대부분의 하이퍼파라미터와 마찬가지로 감쇠 계수 β도 시행착오에 의해 선택돼야 한다. β를 0.99로 줄이면 잘 작동하지만 때로는 최선의 레버를 찾지 못한다. p를 0.999로 증가시키면 최선의 레버를 찾을 수 있지만, β = 0.995만큼 빠르게는 찾을 수 없다. (연습문제 7.10 참조)

표 7.4 4개의 레버와 ε가 1에서 시작해 감쇠 계수 0.995를 가질 때 5,000번 반복 시행한 결과

반복 시행	결정	선택된 레버	수익	레버1(통계)		레버2(통계)		레버3(통계)		레버4(통계)		시행 당 평균이득
				Q-값	관측수*	Q-값	관측수*	Q-값	관측수*	Q-값	관측수*	
				0		0		0		0		
1	탐험	2	1.4034	0	0	1.403	1	0	0	0.000	0	1.403
2	탐험	1	0.796	0.796	1	1.403	1	0.000	0	0.000	0	1.100
3	탐험	2	0.499	0.796	1	0.951	2	0.000	0	0.000	0	0.900
4	탐험	1	0.407	0.601	2	0.951	2	0.000	0	0.000	0	0.776
50	탐험	3	−1.253	0.719	8	1.640	18	0.729	11	1.698	13	1.308
100	탐험	1	0.100	0.852	19	1.326	31	0.681	20	1.391	30	1.126
500	활용	4	−0.448	1.148	37	1.184	51	0.815	51	1.349	361	1.263
1000	활용	4	2.486	1.174	44	1.225	53	0.819	53	1.387	850	1.339
5000	활용	4	3.607	1.148	45	1.225	53	0.819	53	1.391	4849	1.381

* 레버를 선택한 횟수

7.2 변화하는 환경

멀티암드 밴딧 문제는 단순한 강화학습의 예를 제공한다. 환경은 변하지 않으므로 Q-값은 행동(즉, 선택된 레버)의 함수다. 좀 더 일반적인 상황에서는 여러 상태와 가능한 여러 가지 행동이 있다. 이것은 그림 7.1에 예시돼 있다. 의사결정자는 상태 S_0가 알려진 시점 0에서 행동 A_0를 취한다. 이는 시점 1에 보상 R_1를 초래하고, 새로운 상태 S1에 있게 만든다. 그리고 의사결정자는 시점 1에 또 다른 행동을 취해 시점 2에 보상 R_2, 새로운 상태 S_2를 초래하는 식으로 계속 진행한다. 이러한 보다 일반적인 상황에서의 Q-값은 상태와 취한 행동 모두의 함수다.

여기서의 목적은 미래의 기대 보상을 최대화하는 것이다. 따라서 시점 t에서의 단순한 목적은 G의 기대값을 최대화하는 것이다. 여기서

$$G = R_{t+1} + R_{t+2} + R_{t+3} + \cdots + R_T$$

이며, T는 기간의 마지막 시점이다. 어떤 경우에는 (아마도 무한대) 기간에 걸쳐 할인된 보상을 최대화하는 것이 적절하다. 강화학습 문헌에서는 G에

대해 다음과 같은 표현을 사용한다.

$$G = R_{t+1} + \gamma R_{t+2} + \gamma^2 R_{t+3} + \cdots \qquad (7.2)$$

여기서 γ는 할인계수이다.[2] 금융 전문가는 γ를 $1/(1+r)$로 해석하며, 여기서 r은 기간 할인율 (아마도 위험조정된)이다. 그러나 이러한 해석은 R_{t+k}의 계수를 γ^{k-1}이 아니라 γ^k로 해석하게 만든다. 식 (7.2)와 금융에서의 할인율을 절충하는 가장 간단한 방법은 보상 R_{t+k}를 1기간 할인된 시점 $t+k$에서 수취하는 현금으로 정의하는 것이다. (즉, 만약 시점 $t+k$에서 수취하는 현금이 C이면, $R_{t+k} = \gamma C$이다.)

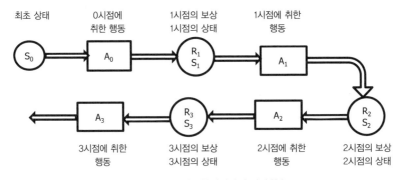

그림 7.1 변화하는 환경에서의 강화학습

상태는 취한 행동과 관련된 모든 사항이 포함돼야 한다는 점에 유의하라. 예를 들어 거래전략을 개발하고 있고 과거 주가 이력이 관련 있다면, 이들은 반드시 "현재" 상태에 포함돼야 한다.

일반 상황에서의 Q-값은 할인된 모든 미래 보상을 반영한다. 특정 시행에서 상태 S에서 행동 A를 취함으로써 얻는 미래 보상의 총 가치를 G라고 가정하자. 더 나아가 이것이 상태 S에서 행동 A가 취해진 n번째 시행이라고 가정하자. 식 (7.1)과 유사하게 다음과 같이 업데이트할 수 있다.

---

2 예를 들어, R. S. Sutton and A.G. Barto, Reinforcement Learning: An Introduction, 2nd edition, 2018, the MIT Press의 3장을 참조하라.

$$Q^{\text{new}}(S,A) = Q^{\text{old}}(S,A) + \frac{1}{n}[G - Q^{\text{old}}(S,A)]$$

실무적으로, 변화하는 환경에서 최근 관측치에 더 많은 가중치를 주는 것은 합리적이다. 이를 다음과 같이 설정함으로써 구현할 수 있다.

$$Q^{\text{new}}(S,A) = Q^{\text{old}}(S,A) + \alpha[G - Q^{\text{old}}(S,A)] \tag{7.3}$$

여기서 관측에 주어진 가중치는 시간이 지나면서 감소한다.

7.3 님 게임

님^{Nim} 게임은 7.2절의 내용에 대한 예시를 제공한다. 성냥개비가 쌓여 있다고 상상해 보라. 당신과 당신의 상대는 교대로 1개 또는 2개 혹은 3개의 성냥개비를 골라 잡는다. 어쩔 수 없이 마지막 성냥개비를 집어야 하는 사람이 지는 것이다.

조금만 생각해 보면 경기가 끝나갈 때 상대에게 5개의 성냥개비를 남기게 하면 이길 수 있다는 것을 알 수 있다. 상대가 어떤 것을 선택하든 당신은 다음 라운드에서 상대에게 단 한 개의 성냥개비만 남기게 할 수 있을 것이다. 예를 들어, 만약 상대방이 2개의 성냥개비를 골랐다면, 당신은 2개의 성냥을 고를 것이고, 상대방이 3개의 성냥개비를 고른다면 당신은 1개의 성냥개비를 고른다. 상대에게 5개의 성냥개비를 남기는 상태로 어떻게 가는가? 답은 만약 당신이 상대방에게 9개의 성냥개비만 남긴다면, 다음 차례에는 언제나 5개의 성냥개비로 성냥 더미를 줄일 수 있다는 것이다. 이런 식으로 계속하면 항상 n이 정수인 $4n+1$ 성냥개비를 상대에게 맡기는 것이 이기는 방법이라는 것을 쉽게 알 수 있다. 물론 상대가 알아 차리면 똑같이 하려고 할 것이고, 그래서 누가 이길 것인가는 최초의 성냥개비 개수와 누가 먼저 시작하는가에 달려 있다.

강화학습으로 님을 어떻게 분석할지 생각해 보자. 당신의 상대가 최적의 행동이 아니라 무작위로 행동한다고 가정한다. 상태 S는 남아 있는 성냥개비의 수이고, 행동 A는 뽑는 성냥개비의 수다. 확률 $1-\varepsilon$로 알고리즘은 특정 상태에 대해 지금까지 확인된 최선의 행동을 선택하고, 확률 e로 무작위 행동을 선택한다. 모든 Q를 0으로 설정하는 것으로 시작한다. 이는 표 7.5에 있다.

다소 자의적으로 게임에 이긴 것에 대한 보상을 +1로, 게임에 진 것에 대한 보상을 −1로 설정한다. 이 예에서는 마지막에 가서야 보상을 받는다. 식 (7.3)의 α는 0.05와 같다고 가정한다.

표 7.5 최초 Q-값

뽑은 성냥개비 수	상태(= 남은 성냥개비 수)						
	2	3	4	5	6	7	8
1	0	0	0	0	0	0	0
2	0	0	0	0	0	0	0
3		0	0	0	0	0	0

예를 단순화하기 위해, 고려하는 게임은 단지 8개의 성냥개비로 시작한다. 첫 번째 게임에서 당신은 1개의 성냥개비를 뽑고, 상대의 (무작위한) 결정은 3개의 성냥개비를 뽑는다고 가정해 보자. 당신은 그래서 1개의 성냥개비를 뽑고, 상대는 3개의 성냥개비를 뽑는다. 당신은 승리해 +1의 보상을 얻는다. 식 (7.3)으로 다음을 얻는다.

$$Q(8, 1) = 0 + 0.05(1-0) = 0.05$$

왜냐하면, 8개의 성냥개비가 있고 당신이 1개를 뽑을 때, 결국 +1의 수익을 얻게 된다. 또한

$$Q(4, 1) = 0 + 0.05(1-0) = 0.05$$

4개의 성냥개비가 있고 당신이 1개를 뽑을 때, +1의 수익을 얻는다. 이를 표 7.6과 같이 정리해 보자.

표 7.6 1게임 이후의 Q-값

뽑은 성냥 개비 수	상태(= 남은 성냥개비 수)						
	2	3	4	5	6	7	8
1	0	0	0.05	0	0	0	0.05
2	0	0	0	0	0	0	0
3	0	0	0	0	0	0	0

다음 게임에서 당신은 최초에 성냥개비 1개를 뽑고, 상대는 성냥개비 2개를 뽑는다. 그다음 당신의 1개의 성냥개비를 뽑고, 상대는 3개의 성냥개비를 뽑는다. 그러면, 당신은 남은 성냥개비를 뽑아야 하고 −1의 수익을 갖게 된다. 이로 인해 표 7.7의 $Q(8,1)$과 $Q(5,1)$이 다음과 같이 업데이트된다.

$$Q(8,1) = 0.05 + 0.05(-1 - 0.05) = -0.0025$$
$$Q(5,1) = 0 + 0.05(-1 - 0) = -0.05$$

표 7.7 2게임 이후의 Q-값

뽑은 성냥 개비 수	상태(= 남은 성냥개비 수)						
	2	3	4	5	6	7	8
1	0	0	0.05	−0.05	0	0	−0.0025
2	0	0	0	0	0	0	0
3		0	0	0	0	0	0

표 7.8, 7.9와 7.10은 ε의 최초값을 1, 그리고 이에 적용된 감쇠 요인을 0.9995라고 가정할 때, 각각의 시뮬레이션에 대한 1,000, 5,000과 25,000 게임 후의 상황을 보여준다.[3] 알고리즘은 멀티암드 밴딧 예제보다 더 많은 데이터를 요구한다. 그러나 종국적으로 다음과 같은 올바른 전략을 학습한다.

- 8개의 성냥개비가 있을 때, 올바른 전략은 3개의 성냥개비를 뽑는 것이다.

---

3 이 경우, α와 β의 2개의 핵심 하이퍼파라미터가 있다. 시행착오를 사용해 적정값을 결정할 수 있다.

- 6개의 성냥개비가 있을 때, 올바른 전략은 1개의 성냥개비를 뽑는 것이다.
- 5개의 성냥개비가 있을 때, 좋은 전략은 없다.
- 4개의 성냥개비가 있을 때, 올바른 전략은 3개의 성냥개비를 뽑는 것이다.
- 3개의 성냥개비가 있을 때, 올바른 전략은 2개의 성냥개비를 뽑는 것이다.
- 2개의 성냥개비가 있을 때, 올바른 전략은 1개의 성냥개비를 뽑는 것이다.

표 7.8 1,000게임 후의 상태와 행동의 함수로서의 Q-값(계산을 위해서는 엑셀 파일을 참조)

뽑은 성냥 개비 수	상태(= 남은 성냥개비 수)						
	2	3	4	5	6	7	8
1	0.999	−0.141	0.484	−0.122	0.155	0.000	0.272
2	−0.994	0.999	−0.108	−0.276	−0.171	0.000	0.252
3	0.000	−0.984	1.000	−0.070	−0.080	0.000	0.426

표 7.9 5,000게임 후의 상태와 행동의 함수로서의 Q-값(계산을 위해서는 엑셀 파일을 참조)

뽑은 성냥 개비 수	상태(= 남은 성냥개비 수)						
	2	3	4	5	6	7	8
1	1.000	−0.127	0.382	0.069	0.898	0.000	0.786
2	−1.000	1.000	0.222	0.297	−0.059	0.000	0.683
3	0.000	−1.000	1.000	−0.106	0.041	0.000	0.936

표 7.10 25,000게임 후의 상태와 행동의 함수로서의 Q-값(계산을 위해서는 엑셀 파일을 참조)

뽑은 성냥 개비 수	상태(= 남은 성냥개비 수)						
	2	3	4	5	6	7	8
1	1.000	0.080	0.104	0.069	0.936	0.000	0.741
2	−1.000	1.000	0.103	0.412	−0.059	0.000	0.835
3	0.000	−1.000	1.000	−0.106	0.041	0.000	1.000

7.4 시차학습

7.3절의 방법은 몬테카를로 방법으로 알려져 있다. 이제 다른 방법을 살펴보자.

일반적 상황에서 상태 S에 있고, 이후에 취한 행동이 최적이라고 가정할 때, $V_t(S)$를 시점 t에서의 가치로 정의할 수 있다. 할인이 없다고 가정하면 이는 다음을 의미한다.

$$V_t(S) = \max_A E[R_{t+1} + V_{t+1}(S')]$$

여기서 S'는 행동 A가 시점 t에서 취해진다고 가정할 때 시점 $t+1$의 상태이다. 동일한 식이 사용돼 V_{t+1}를 V_{t+2}에 연결하고, V_{t+2}를 V_{t+3}으로 연결하는 식으로 진행할 수 있다. 이는 리차드 벨만$^{\text{Richard Bellman}}$에 의해 개발된 동적계획$^{\text{dynamic programming}}$이 상대적으로 단순한 상황에서 적용될 수 있게 한다. 종료 시점 T에서 일어날 수 있는 모든 상태를 고려하는 것으로 시작해서 거꾸로 계산한다. 우선, $T-1$ 시점에서 발생할 수 있는 상태에 대한 최적 행동들을 계산한다. 이 결과를 기반으로, $T-2$ 시점 등등의 상태들에 대한 최적 행동들을 계산한다.

앞서 언급했듯이 님에서의 승리 전략은 어떤 정수 n에 대해 상대에게 $4n+1$개의 성냥개비를 남기는 것이다. 이것을 공식적으로 증명하기 위해 (a) 상대에게 5개의 성냥개비를 남기면 우리가 이긴다는 것과 (b) 한 번 시행하고, $4n+1$개의 성냥개비를 상대에게 남기면 다음 순서$(n>1)$ 후에 $4(n-1)+1$개의 성냥개비를 상대에게 남길 수 있다는 것을 보여줄 수 있다. 이것은 실제로 최적의 현재 결정을 찾기 위해 게임 끝에서부터 거꾸로 계산해는 동적계획의 간단한 예다.

불행히도, 동적계획은 많은 큰 문제들에 대해 실용적이지 않지만, 강화학습은 동적계획의 기초가 되는 아이디어를 사용할 수 있다. 종전과 같이 $Q(S, A)$를 상태 S에서 행동 A를 취한 가치의 현재 추정치로 정의한다. 상태 S에 있는 가치는 다음과 같다.

$$V(S) = \max_{A} Q(S, A)$$

예를 들어 5,000개의 게임 후 표 7.9로부터 $V(8) = 0.936$, $V(6) = 0.898$, $V(5) = 0.297$, $V(4) = 1.000$, $V(3) = 1.000$ 그리고 $V(2) = 1.000$을 계산한다.

몬테카를로 방법으로 특정 상태에서 특정 결정이 취해졌을 때, 이후의 총이득 G를 관찰함으로써 $Q(S, A)$를 업데이트한다. 그리고 나서 동적계획의 기초가 되는 아이디어를 사용할 수 있는데, 단지 한 시간 스텝 앞을 바라본다. 상태 S에서 행동 A를 취할 때, 상태 S'로 이동한다고 가정하자. $V(S')$에 대한 현재값을 사용해 다음과 같이 업데이트할 수 있다.

$$Q^{\text{new}}(S, A) = Q^{\text{old}}(S, A) + \alpha[R + \gamma V(S') - Q^{\text{old}}(S, A)]$$

여기서 R은 다음 상태에 대한 보상이고, γ는 할인율이다.

님 예제에서, 현재 Q-값이 표 7.9에서 보여준 값이라고 가정하자. 더 나아가서, 다음 게임의 결과가 아래와 같다고 가정하자.

- 당신은 탐험을 통해 성냥개비 1개를 선택한다.
- 상대가 성냥개비 1개를 선택한다.
- 활용을 통해 성냥개비 1개를 선택한다.
- 상대가 성냥개비 3개를 선택한다.
- 활용을 통해 성냥개비 1개를 선택한다.
- 상대가 성냥개비 1개를 선택한다.
- 당신이 승리한다.

$\alpha = 0.05$, $\gamma = 1$일 때, $Q(8,1)$은 다음과 같이 업데이트될 것이다.

$$\begin{aligned}
Q^{\text{new}}(8,1) &= Q^{\text{old}}(8,1) + 0.05[V(6) - Q^{\text{old}}(8,1)] \\
&= 0.786 + 0.05 \times (0.898 - 0.786) \\
&= 0.792
\end{aligned}$$

또한 $Q(6,1)$은 다음과 같이 업데이트될 것이다.

$$Q^{new}(6,1) = Q^{old}(6,1) + 0.05[V(Z) - Q^{old}(6,1)]$$
$$= 0.898 + 0.05 \times (1.000 - 0.898)$$
$$= 0.903$$

그리고 $Q(2,1)$은 다음과 같이 업데이트된다.

$$Q^{new}(2,1) = Q^{old}(2,1) + 0.05(1.000 - Q^{old}(2,1)]$$
$$= 1.000 + 0.05 \times (1.000 - 1.000)$$
$$= 1.000$$

이 절차는 시차학습$^{temporal\ difference\ learning}$으로 알려져 있다. 여기서는 단지 한 스텝 앞을 내다본다. (한 "스텝"은 당신과 그다음 상대가 취한 행동이다.) 시차학습의 자연스러운 확장은 n 스텝 앞을 보는 것이다. 이를 n-스텝 부트스트래핑$^{n-step\ bootstrapping}$이라고 한다.

7.5 딥 Q-러닝

7.4절에서 설명한 시차 접근법을 Q-러닝이라고 한다. 상태나 행동(또는 둘 다)이 많을 때, 상태-행동 표의 셀은 그리 빨리 채워지지 않는다. 그래서 획득한 결과로부터 완전한 $Q(S, A)$ 함수를 추정해야 한다. $Q(S, A)$ 함수가 일반적으로 비선형이기 때문에 인공신경망^{ANN}이 바로 이를 위한 자연스러운 도구다. ANN과 함께 Q-러닝을 사용하는 것을 딥 Q-러닝 또는 딥 강화학습이라 한다.

7.6 응용

가장 널리 알려진 강화학습 응용 프로그램 중 하나는 알파고^{alphaGo}다. 알파고는 구글이 보드게임 바둑을 두기 위해 개발한 컴퓨터 프로그램이다.

2017년 5월 세계 챔피언인 바둑기사 커제를 3대 0으로 꺾고 프로 바둑 선수들을 놀라게 했다. 자기를 상대로 바둑을 두면서 데이터를 생성하고 성과를 개선했다. (연습문제 7.12는 무작위 결정보다는 상대가 게임하는 방법을 배울 때의 님 전략을 도출해 이와 유사한 일을 하라고 요구한다.)

강화학습은 게임 이외의 응용분야를 찾아냈다. 예를 들어, 강화학습은 자율주행 자동차, 자원 관리, 신호등 프로그래밍에 사용된다.[4] 헬스케어는 강화학습의 흥미로운 적용이 나타난 분야다.[5] 환자를 치료하는 것은 다단계 활동이다. 의사는 한 가지 행동을 선택하고, 결과를 관찰하며, 또 다른 행동을 선택하는 등 여러 가지 행동을 한다. 충분한 데이터를 사용할 수 있는 경우 알고리즘은 어떤 상태에 대해서도 최적의 동작을 결정할 수 있어야 한다. 그러나 이러한 문제들은 강화학습에서 부딪히는 전형적인 문제들이기 때문에 경험했던 문제들 중 일부를 짚어볼 가치가 있다.

- 데이터는 현재 의사가 선호하는 치료 옵션에 편향되는 경향이 있으므로 알고리즘이 현재 사용되는 치료법보다 나은 치료법을 식별하는 것은 어려울 수 있다.
- 보상함수를 고안하기 어렵다. 예를 들어, 어떻게 환자의 삶의 질과 환자 수명의 트레이드 오프를 고려할 것인가?
- 충분한 양의 관련 데이터가 존재하지 않거나, 존재한다면 강화학습 알고리즘에 의해 사용될 수 있는 방식으로 수집되지 않았을 수 있다.

강화학습은 일반적으로 지도학습보다 훨씬 많은 데이터가 필요하다. 종종 그 데이터가 단순히 수집 가능하지 않을 수 있다. 그렇기 때문에 애널리스트는 환경 모델을 결정하고 이를 강화학습 알고리즘의 입력을 위한 시뮬레

---

4 예를 들어, H. Mao, M. Alizadeh, I. Menache, and S. Kandula, 2016, entitled "Resource Management with Deep Reinforcement Learning": https://people.csail.mit.edu/alizadeh/papers/deeprm-hotnets16.pdf와 I. Arel, C. Liu, T. Urbanik, and AG.Kohls, 2010, "Reinforcement Learning-based Multi-agent System for Network Traffic Signal Control," IET Intel/. Transp. Syst., 4, 2: 128-135들의 연구를 참조하라.

5 https://towardsdatascience.com/a-review-of-recent-reinforcmentlearning-applications-to-healthcare-lf835 7 600407의 I. Godfried, 2018, "A Review of Recent Reinforcement Learning Applications to Healthcare"를 참조하라.

이션 데이터를 생성하는 방식으로 사용한다.

금융분야에서 강화학습의 잠재적 응용분야가 많이 있다. 대량의 주식을 매도(예를 들어, 블록 트레이딩)하려는 트레이더를 생각해 보라. 최적의 전략은 무엇인가? 만약 트레이더가 단일 거래에서 모든 주식을 팔기로 선택한다면, 트레이더는 시장을 움직일 수 있으며, 따라서 이 때 실현되는 가격은 일련의 소규모 거래를 취해서 실현되는 가격보다 낮을 수 있다. 그러나 주가가 급격히 하락하면 일련의 소규모 거래가 잘 작동하지 않을 수도 있다.[6]

또 다른 응용분야는 포트폴리오 관리에 대한 것이다.[7] 이는 다단계 활동이다. 포트폴리오의 구성을 너무 자주 변경하는 것은 거래비용을 수반한다.[8] 주가수익률의 과거 히스토리는 다른 상황에서 취해야 할 행동을 평가하는데 사용할 수 있다. 이 경우 보상함수는 높은 기대 수익률을 달성하는 전략을 장려할 뿐만 아니라, 리스크에 페널티를 줄 수 있도록 신중하게 선택해야 한다.

추가 응용분야는 헷징hedging에 관한 것이다. 헷징 빈도와 위험 감소 사이에는 트레이드 오프가 있다. 트레이딩 빈도를 높여 리스크를 줄일 수 있지만 이는 거래비용 증가로 이어지기도 한다. 전통적으로 파생상품은 기초자산의 가격, 기초자산의 변동성 및 기타 위험요소에 대한 이론적 민감도를 계산해 헷징한다. 강화학습은 대안을 제공하며, 이는 10장에서 추가로 논의한다.

---

6   이는 많은 저자들에 의해 고려되고 있다. 예를 들어, Y. Nevmyvaka, Y. Feng, and M. Kearns, "Reinforcement Learning for Optimized Trade Execution," https://www.seas.upenn.edu/~mkearns/papers/rlexec. pdf. 를 참조하라.

7   이들의 예를 위해 다음을 참조하라. Y. Huang, "Financial Trading as a Game: A Deep Reinforcement Learning Approach," arXiv:1807.02787; Z. Liang, H. Chen), Zhu, K. Jiang and Y. Li, "Adversarial Deep Reinforcement Learning in Portfolio Management," arXiv:1808.09940; Z. Jiang, D. Xu, and J. Liang, "A Deep Reinforcement Learn ing Framework for the Financial Portfolio Management Problem," arXiv:1706.10059.pdf

8   거래비용의 한 원천은 매수-매도 호가 스프레드다. 포트폴리오 매니저는 전형적으로 시장 조성자의 매도호가에서 매수하고, 시장 조성자의 매수호가에서 매도하는데, 매도호가가 매수호가보다 높다.

요약

강화학습은 순차적 의사결정과 관련이 있다. 설정에는 행동과 상태가 포함된다. 취하는 행동은 보상과 비용으로 이어진다. Q-함수는 환경이 특정 상태에 의해 묘사될 때 특정 행동을 취함으로써 예상되는 보상(비용 차감)을 추정한다. 특정 상태에서 최선의 행동은 그것에 대해 Q-함수가 가장 큰 것이다.

강화학습의 중요한 측면은 활용exploitation 대 탐험exploration의 선택이다. 시뮬레이션 데이터나 과거 데이터에서 배울 때 지금까지 관찰된 데이터를 바탕으로 가장 좋아 보이는 행동을 취하기 쉽다. 그러나 알고리즘이 항상 이렇게 하면 새로운 행동을 시도하지 않기 때문에 학습을 더 이상 수행하지 않게 된다. 따라서 강화학습 알고리즘은 무작위로 선택한 행동에 확률 ε를 할당하고, 지금까지 확인된 최선의 행동에 $1 - \varepsilon$를 할당한다. 전형적으로 ε는 초기에는 1에 가까우나, 모델이 데이터로부터 학습을 진행함에 따라 감소한다.

여기서 두 가지 예시를 들어 활용 대 탐험의 트레이드 오프를 설명했다. 하나는 통계에서 잘 알려진 멀티암드 밴딧 문제에 관련된 것이다. 도박사는 카지노에 있는 다수의 슬롯머신 레버 중 어느 것이 가장 높은 평균 이익을 주는지에 대한 학습을 수행한다. 이것은 환경(즉, 상태)이 절대 변하지 않기 때문에 상대적으로 단순한 강화학습의 예다. 다른 예로는 님 게임이 있는데, 님은 남은 성냥개비 수로 상태를 정의하고, 행동은 성냥개비 수를 뽑는 것이다. 두 경우 모두 강화학습이 최선의 전략을 학습하는 방법을 제공한다는 것을 보여줬다.

특정 상태에서 특정 조치를 취할 때의 값을 Q-값이라고 한다. 상태에 대한 최적값은 가능한 모든 행동에 대한 Q-값의 최대값이다. Q-값을 업데이트하는 여러 가지 다른 방법이 있다. 하나는 현재 시점과 종료 날짜 사이의 총 순보상(아마도 할인된)에 대한 업데이트를 기반으로 하는 것이다. 또 다른 방법은 한 스텝 앞의 행동을 바라보고, 다음 행동 시점에 존재하는 상태에 대해 지금까지 계산된 최상의 값을 업데이트하는 것을 기반으로 하는 것이다. 다른 업데이트 절차는 이 두 극단 사이에서 절충하는 것인데, 어떤 행동의 결과를 계산할 때 몇 행동을 미리 보는 것이다.

강화학습의 실제 적용 분야에는 대개 많은 수의 상태와 행동이 있다. 이에 대처하는 한 가지 방법은 인공신경망^{ANN}을 연결해 강화학습을 사용하는 것이다. 강화학습은 일부 상태-행동 조합에 대한 Q-값을 생성하며 ANN은 보다 완전한 함수를 추정하는 데 사용한다.

짧은 개념 질문

7.1 강화학습과 지도학습은 어떻게 다른가?

7.2 강화학습 알고리즘이 탐험와 활용을 모두 고려해야 하는 이유를 설명하라.

7.3 동적계획의 작동 방식을 설명하라.

7.4 님 게임을 위한 최적의 전략은? 몬테카를로 시뮬레이션은 표 7.8에서 7.10까지 1,000, 5,000, 25,000 게임 후에 어느 정도까지 최상의 액션을 찾아냈는가?

7.5 강화학습에 대한 몬테카를로 접근법을 설명하라.

7.6 시차학습이 의미하는 것은?

7.7 인공신경망을 강화학습과 연계해서 사용할 필요가 있는 이유는 무엇인가?

7.8 딥 Q-러닝의 의미는?

연습문제

7.9 표 7.8이 님에 대한 현재 Q-값을 나타낸다고 가정하자. 다음 게임에서 당신은 승리한다. 왜냐하면 한 개의 성냥개비는 항상 당신과 당신의 상대 모두에 의해 선택되기 때문이다. (a) 몬테카를로 접근법 및 (b) 시차학습 접근법에 대한 표를 어떻게 업데이트할 것인가?

7.10 감쇠 요인 b에 대한 상이한 값을 사용하는 것에 대한 영향을 조사하기 위해 멀티암드 밴딧 문제를 위한 www-2.rotman.utoronto.ca/~hull의 워크시트를 사용하라.

7.11 몬테카를로 접근보다는 시차학습을 사용하기 위해 다음 사이트에서 사용가능한 님 비쥬얼 베이직 프로그램을 변경하라.

www-2.rotman.utoronto.ca/~hull

8개의 성냥개비가 있을 때, 두 가지 접근 방식이 얼마나 빨리 최선의 행동을 찾는지 비교하라.

7.12 상대가 무작위로 행동하는 것보다 최선의 전략을 배우도록, 다음 사이트에서 사용 가능한 님 베이직 프로그램을 변경하라.

www-2.rotman.utoronto.ca/~hull

08
자연어 처리

이제까지는 머신러닝 알고리즘을 수치형 또는 범주형 데이터에 적용하는 것을 논의했다. 이제 머신러닝이 언어를 다루는 법으로 나아간다. 이는 자연어 처리[NLP, Natural Language Processing] 또는 전산 언어학[computational linguistics]으로 알려져 있다. 현실 세계에서 생성되는 많은 데이터가 문서 또는 음성의 형태를 가지므로 이는 점점 더 중요해지고 있다.

언어규칙은 머신과 소통하기가 힘들고 단어는 여러 의미를 가지고 있으므로 NLP 응용의 발전은 어려운 과제에 직면한다. 또한 인간은 언어의 뉘앙스를 파악하지만, 머신이 이를 파악하는 것은 거의 불가능하다. 예를 들면, 머신이 풍자나 반어법을 인지하는 것은 어렵다. 그럼에도 불구하고, 많은 발전이 이미 이뤄졌으며, 흥미있는 NLP의 발전을 미래에 볼 수 있으리라 기대한다.

1장에서 한 언어에서 다른 언어로 문장을 번역하는 데 훌륭하게 성공한 구글 신경망 머신 번역[Google Neural Machine Translation]에 대해 언급했다. 아이폰의 시리와 아마존의 알렉사와 같은 응용은 인간 음성을 인식하고 다양한 단순 작업을 실행할 수 있다. 음성을 텍스트로 정확하게 변환하는 프로그램은 잘 작동한다. 머신이 전문 번역가들의 역할을 곧 대신할 것으로 보인다. 다른 언어를 사용하는 두 사람이 문제없이 자유로이 소통할 수 있게 될 것이다.

다양한 자연어 처리 응용들이 있다. 이 장에서는 대부분 감성 분석^{Sentiment} Analysis이라고 하는 것에 초점을 맞출 것이다. 이것은 서베이와 소셜 미디어와 같은 출처의 데이터를 처리해 특정 제품, 회사, 사람, 이벤트 등에 대해 긍정적이거나 부정적이거나 중립적인지 판단하는 것을 포함한다. 오늘날 이용할 수 있는 데이터의 엄청난 양은 종종 수동 처리를 비현실적으로 만든다.

NLP로 기업이 자사의 제품과 행동에 대한 고객의 반응을 모니터링할 수 있다. 이는 실시간으로 이루어질 수 있으며 회사의 의사결정에 중요한 입력 정보를 제공한다. 예를 들어, 회사가 새로운 제품을 판매할 때, 고객들의 의견은 시기 적절한 결정으로 이어질 수 있다. 1985년 코카콜라는 99년 만에 처음으로 음료의 제조법을 바꿨다. 신제품은 인기가 없었고, 옛날 제조법이 결국 코카콜라 클래식으로 다시 소개됐다. 오늘날 NLP, 소셜 미디어 및 다른 곳에서 이용할 수 있는 엄청난 양의 데이터는 그 회사가 새로운 제조법에 대한 시장의 반응을 매우 빠르게 결정할 수 있게 해 줄 것이다.

기업이 신규 광고를 이용할 때 NLP를 활용해 소비자에게 얼마나 좋은 반응을 얻는지 평가할 수 있다. 소비자들의 반응이 부정적이면 광고를 빨리 끌어 내릴 수 있다. 이는 전혀 호평을 받지 못했던 질레트의 2019년 1월 "당신이 될 수 있는 최고의 남성^{the best men can be}" 광고 사례에 유용할 수 있었다. NLP는 또한 홍보 사고를 피하기 위해 사용할 수 있다. 유나이티드 항공이 2017년 4월, 아시아계 미국인 의사였던 한 승객을 자사 기내에서 강제 퇴출 시키면서 발표한 회사의 초기 성명은 사태를 악화시키는 역할을 했을 뿐이다. NLP는 대중의 반응을 매우 빨리 평가하는 데 이용할 수 있었다. 유나이티드 항공은 이 사건의 부정적인 영향(특히 아시아 고객에 대한)을 완화하기 위해 거의 즉각적으로 무조건적인 사과를 할 수 있었다.

NLP는 주식시장 투자자를 위한 응용이 많다. 한 기업에 대한 뉴스 리포트 또는 애널리스트 대상 분기 실적 발표가 긍정적(부정적)이라면 주가가 상승

(하락)할 것으로 예상할 수 있다. 이를 처음 조사한 연구진에는 장과 스키에나가 있다.[1] 그들은 매일 뉴스 보도에서 도출된 감성지수로 기업 순위를 매겼다. 그리고 나서 그들은 감성지수가 긍정적인 종목으로 롱 포트폴리오, 그리고 부정적인 종목으로 숏 포트폴리오를 구성했다. 롱 포트폴리오에 포함된 주식의 가치는 숏 포트폴리오에 포함된 주식의 가치와 동일하므로, 포트폴리오는 시장 중립적(즉, 수익률이 주식시장 전체의 성과에 영향을 받지 않음)이었다. 그들의 결과는 비교적 적은 주식을 거래하고 단기 보유할 때, 인상적인 수익을 창출하는 것을 보여줬다.

독자들이 언론보도를 바탕으로 저마다의 거래전략을 세우기 위해 서두르기 전에 한 마디 주의할 말이 있다. 금융시장에서 가격이 형성되는 방식에 관한 중요한 이론은 효율적 시장 가설이다. 이는 금융시장이 알려진 모든 정보를 반영한다고 주장한다. 장과 스키에나의 연구결과와 같은 NLP 연구결과가 알려짐에 따라 더 많은 트레이더들이 NLP를 이용해 트레이딩을 이끌 것으로 예상할 수 있고, 그 결과 시장가격은 뉴스 보도에 거의 즉각적으로 조정될 것이다. 그러면 실험에서 연구자들이 실현한 큰 수익을 창출할 수 없을 것이다.

이것이 투자에 NLP를 활용해 수익을 내기에는 너무 늦었다는 뜻일까? 꼭 그렇지는 않다. 새로운 데이터 원천을 항상 이용할 수 있게 됐다. 한 가지 접근 방식은 이러한 새로운 데이터 원천을 이용하는 데 있어 다른 대부분의 데이터 원천보다 한 단계 앞서려고 노력하는 것이다. 다른 하나는 다른 사람들이 사용하는 모델보다 더 나은 모델을 개발하고 그 모델에 대해 철저히 비밀을 유지하는 것이다. 헤지펀드인 르네상스 테크놀로지는 두 번째 접근 방식의 예시를 제공한다. 정교한 모델을 활용해 주가 패턴을 파악하는 데 놀라울 정도로 성공했다. 다른 헤지펀드들은 그 성공을 재현할 수 없

1 W. Zhang and S. Skiena, "Trading strategies to exploit blog and news sentiment," 2010, Proceedings of the 4th international AAAI Conference on Weblogs and Social Media. www.aaai.org/ ocs/index. php /ICWSM/I CWSM 10 /paper /viewFile/ 1529 / 1904.

었다. 1988~2018년 사이 대표펀드인 메달리온^{Medallion} 펀드의 평균 수익률은 수수료 반영 전 기준 연 66%로 S&P 500가 38.5% 손실을 본 2008년에도 100%에 가까운 수익률을 기록했다. 로버트 머서^{Robert Mercer}와 피터 브라운^{Peter Brown} 등 2명의 고위 임원은 NLP 전문가로 2009년 창업자 짐 시몬스^{Jim Simons}가 은퇴한 후 회사를 운영하고 있다.[2]

파이썬은 NLP를 위한 많은 도구를 포함하고 있다. 웹에서 데이터를 다운로드하는 것을 웹 스크래핑(스크린 스크래핑, 웹 데이터 추출 및 웹 수집이라고도 함)이라고 한다. 웹 상의 대부분의 데이터는 *.html 파일의 형태로 돼 있으며, 뷰티플 수프^{Beautiful Soup}는 이들을 분석하기에 더 좋은 파일로 변환하는 데 유용한 자원이다. NLTK^{Natural Language Toolkit}는 파이썬 프로그램을 구축하기 위한 플랫폼이다. NLTK에는 이번 장에서 설명할 분석을 돕기 위한 다양한 도구가 포함돼 있다.

다음 몇 절에서는 기업의 어떤 행동에 대한 의견^{opinion}을 분류하고자 한다. 여기서 제안된 접근법은 다른 많은 상황에 사용할 수 있다. 예를 들어, 또 다른 인기 있는 응용 프로그램은 스팸 이메일과 스팸이 아닌 이메일(때로는 햄이라고도 함)로 구별하는 것이다.

8.1 데이터 원천

감성 분석에서 애널리스트는 새로운 의견에 대한 감성(센티멘트)을 예측하기 위해 수집된 데이터를 사용하고자 한다. 분석의 결론은 "현재 우리 제품에 대해 표현되고 있는 의견은 82%가 긍정적이고 18%는 부정적이다" 일 수 있다. 의견이 "긍정적", "부정적" 또는 "중립적"으로 분류되는 경우, 결론은 "현재 우리 제품에 대해 표현되고 있는 의견은 긍정적이 60%, 부정적이 20%, 중립적이 20%"의 형태를 취할 수 있다. 때때로 수치 척도가 관련

---

2 르네상스 테크놀로지에 대한 자세한 내용은 G. Zuckerman, The man who solved the market: How Jim Simons launched the quant revolution, 2019, Penguin Random House를 참조하라.

되기도 한다. 예를 들어, 1 = 매우 부정, 2 = 약간 부정, 3 = 중립, 4 = 약간 긍정, 5 = 매우 긍정이다. 이 때 NLP의 결과는 "평균 감성은 3.9이다"가 될 수 있다.

감성 분석에 대한 일반적인 접근법은 이 책에서 논의된 다른 머신러닝 응용 프로그램의 경우와 유사하다. 방금 논의한 방법 중 하나로 레이블이 붙여진 데이터를 수집한다. (예: 긍정적 또는 부정적) 여기서 데이터를 훈련셋과 테스트셋으로 나눈다. (여러 가지 다른 모델을 비교하고 있다면 1장에서 설명한 바와 같이 검증셋도 좋은 생각이다.) 필요한 모델을 개발하기 위해 훈련셋을 사용한다. 검증셋은 모델 중 하나를 선택하는 데 사용할 수 있다. 테스트 데이터는 선택한 모델의 정확도를 평가한다. 그 모델은 이후 새로운 의견의 분류 도구로 사용한다.

레이블이 붙여진 의견은 어디에서 오는가? 과거의 의견에 근거해서 레이블을 붙여야 한다. 공개적으로 이용할 수 있는 의견에 레이블이 붙어 있는 데이터셋이 있으며, 이들이 종종 모델을 훈련하고 테스트하는 데 사용된다. 그러나 한 가지 상황에 대해 사용된 데이터셋은 다른 상황에 적합하지 않을 수 있다. 예를 들어, 긍정/부정 레이블을 가진 영화에 대한 의견은 주방에서 사용되는 소비자 제품에 대한 의견을 평가하는 데 적절하지 않을 수 있다.[3]

가장 좋은(그리고 가장 비싼) 접근법은 과거에 고객이 제품이나 행동에 대해 평가한 다수의 의견을 수집하고, 위에서 논의된 방법 중 하나로 한 명 이상의 고객에게 레이블을 붙이도록 요구하는 것이다.

어떻게 의견에 레이블이 붙여지는가에 대해 사람들은 80%만 동의하므로, 100% 사람의 판단과 일치하는 모델은 비현실적이라는 점을 주목할 필요가 있다. 일반적으로 좋은 모델은 아마도 70%정도만 사람의 판단과 일치할 것이다.

3　영화 리뷰는 보통 1과 5 사이의 별(평점)로 레이블링 돼 있기 때문에 감성분석에 대한 편리한 데이터 원천이다.

8.2 전처리

모델을 구성할 수 있는 많은 수의 레이블링이 된 의견을 얻었다고 가정하자. 첫 번째 단계는 종종 데이터 정제^{data cleaning}의 한 종류인 전처리^{pre-processing}를 하는 것이다. 전처리의 주요 목적은 고려될 단어의 어휘사전^{vocabulary}을 식별하는 것이다. 전처리의 첫 번째 단계는 단어 토큰화^{word tokenization}라고 알려져 있으며, 텍스트를 단어 집합으로 나누는 것을 포함하고, 빈칸과 구두점을 찾는 것을 포함한다. 예를 들면

"The product works well! I would recommend the product to someone else."

은 다음과 같이 될 것이다.

"The", "product", "works", "well", "!", "I", "would", "recommend", "the", "product", "to", "someone"l "else", "."

구두점은 보통 많은 정보를 추가하지 않기 때문에 제거될 수 있다. 또한 우리는 알고리즘이 "The"와 "the"를 다른 단어로 간주하는 것을 원하지 않는다. 따라서 모든 대문자를 소문자로 변환하는 것이 타당하다.

불용어^{stop words}라고 불리는 것을 제거하는 것은 흔한 일이다. 이런 단어들은 "the", "a", "in" 그리고 "an"과 같은 단어들로 매우 흔하지만 텍스트의 의미는 거의 더하지 않는다. NLTK는 여러 언어의 불용어 목록을 가지고 있으며 텍스트에서 불용어를 제거하는 절차를 제공한다. 애널리스트는 리스트를 변경할 수 있다. 이것은 어떤 상황에서 적절할 수 있고, 그렇게 하는 방법은 고려되는 텍스트의 성격에 따라 달라질 수 있다. 예를 들어, 법률 문서에서 삭제된 단어는 뉴스 기사에서 삭제된 단어와 다를 수 있다. 불용어를 식별하는 데 사용할 수 있는 한 가지 접근법은 의견에서 가장 흔히 발생하는 단어 10개 또는 20개를 나열한 후, 유지 여부를 결정하는 것이다.

때때로 사용되는 또 다른 유형의 전처리에는 어간 추출^{stemming}이라고 하는 것이 포함된다. 이것은 "s", "ing", "like", "ly"와 같은 접미사를 제거하는

것이다. 영어 텍스트를 위해 어간 추출을 하는 일은 사소한 것이 아니다. 예를 들어, "drinking"를 "drink"로, "sitting"을 "sit"으로, "lying"을 "lie"로 대신하려고 한다. 어간 추출의 핵심 목적은 관련 단어들을 같은 어간으로 매핑하는 것이다. 어간 자체가 단어가 될 필요는 없다. 따라서 "arguable" "argues" "argued" "arguing" 같은 모든 것이 "argu"로 매핑될 수 있다. 관련된 절차는 표제어 추출lemmatization이다. 이것은 참조 테이블lookup table을 사용해 어근 단어root word로의 단어 매핑을 결정한다. 예를 들어, "worse"는 "bad"로 매핑될 것이다. 또한 한 단어에 둘 이상의 의미가 있을 때, 문맥(즉, 주변 단어)을 사용해 적절한 어근 단어를 찾으려 할 수 있다.

철자 실수를 바로잡는 것은 "machine"과 "machne" 또는 "learning"과 "learnig" 같은 중복된 단어를 피하기 때문에 바람직하다. 매우 정교한 철자 검사기는 현재 이용이 가능하지만, 완벽하지 않고 때때로 문장의 의도된 의미를 바꾸는 경우도 있다. 또한 약어를 인식하는 것도 중요하다. 예를 들어 문자메시지의 'u'는 'you'로, 'approx'는 'approximate'로 바꿔야 한다.

훈련 세트에서 한두 번만 나타나는 희귀한 단어를 제거하는 것도 적절할 수 있다. 특정 뉴스 보도가 주가에 긍정적인 영향을 미치는지 부정적인 영향을 미치는지 예측하려고 한다고 가정하자. 뉴스 리포트에 "근시적myopic"이라는 단어가 포함돼 있는데, 그 단어가 훈련셋에서 사용되는 유일한 경우이라면, 모델은 그 단어가 정보 콘텐츠를 가지고 있다고 확신하며 결론을 내릴 수 없을 것이다.

여기서 중요한 점은 어휘사전을 위해 최종적으로 선택한 단어들이 의견을 분류하는 데 사용된다는 것이다. 매우 가끔 나타나는 단어들은 사실상 모든 의견에서 나타나는 단어만큼 거의 쓸모가 없다. 사용돼야 하는 단어를 식별하는 데 도움이 되는 한 접근법은, 예를 들어, 의견의 20%와 80% 사이에서 나타나는 단어만 유지하는 것이다. (실험을 통해 적절한 높은 비율과 낮은 비율을 결정할 수 있다.)

8.3 단어 주머니 모델

전처리를 하고 분류에 사용할 어휘사전을 구성했다고 가정하자. 비록 고려하는 다른 단어들의 수를 줄이기 위해 최선을 다했지만, 여전히 어휘사전에 1만 개 이상의 단어를 가지고 있을 수 있다. 각 의견은 각각의 단어가 나타나는 횟수로 특징지워진다. 이것을 간단한 예시로 보이기 위해, 어휘사전이 다음의 10개 단어 리스트로 구성돼 있다고 가정하자.

"bad", "good", "great", "much", "never", "product", "recommend", "someone", "terrible", "well"

더 나아가 앞에서 언급한 의견을 분류하고 싶다고 가정하자.

"The product works well! I would recommend the product to someone else"

단어 주머니^{Bag of Words} 모델은 이 의견을 다음과 같이 변환한다.

$$[\,0,\ 0,\ 0,\ 0,\ 0,\ 2,\ 1,\ 1,\ 0,\ 1\,]$$

이것은 리스트의 첫 번째 단어인 "bad"가 나타나지 않고, 어휘의 다음 네 단어 또한 나타나지 않으며, "product"이라는 단어가 두 번 나타나는 등등을 나타낸다. "the"와 "works"와 같은 단어는 의견에는 나타나지만 어휘에는 나타나지 않으므로 무시된다는 점에 유의하라.

이 의견이 긍정적이냐 부정적이냐를 어떻게 결정하는가? 머신러닝을 사용하지 않는 간단한 접근법은 긍정과 부정의 단어 목록을 작성해서, 의견이 부정적인 단어보다 긍정적인 단어를 더 많이 포함하고 있는지, 아니면 그 반대인지를 판단하는 것이다. 긍정적인 단어에는 "좋은^{good}", "훌륭한^{great}", "권장^{recommend}" 그리고 "좋은^{well}"이 포함될 수 있다. 부정적인 단어에는 "나쁜^{bad}", "절대 아니다^{never}", "끔찍하다^{terrible}" 등이 포함될 수 있다. 이런 종류의 목록을 만드는 것이 너무 힘들다면, 사용할 수 있는 많은 감성 어휘사전들이 있다.

위의 예제에서 의견의 경우, 두 개의 긍정적인 단어("recommend"와 "well")가 있고 부정적인 단어가 없기 때문에 그 의견은 긍정적인 것으로 분류될 것이다. 레이블이 붙여진 데이터를 사용해 모델의 정확도를 추정할 수 있다.

긍정적인 단어와 부정적인 단어가 외부적에서 제공되기 때문에 이 단순한 접근법에서는 학습을 하지 않는다. 보다 정교한 접근법은 긍정적이고 부정적인 의견에서 가장 흔히 발생하는 단어를 결정하기 위해 훈련셋을 사용하는 것이다. 부정적 의견보다 긍정적 의견에서 훨씬 더 자주 발생하는 단어를 "긍정적 단어"로, 긍정적 의견보다 부정적 의견에서 훨씬 더 자주 발생하는 단어를 "부정적 단어"로 분류한다. 여기서 "더 자주"가 의미하는 바를 결정해야 할 것이다. "긍정적 단어"가 되려면 부정적인 의견보다 긍정적인 의견이 얼마나 더 자주 나와야 하는가? 마찬가지로 "부정적 단어"가 되려면 긍정적인 의견보다는 부정적인 의견이 얼마나 더 자주 나와야 하는가? 필요한 빈도 차이는 하이퍼파라미터로, 검증셋을 사용해 빈도에 대한 좋은 값을 선택하는 것이 바람직할 것이다.

모든 접근 방식에서 공통적으로 이뤄져야 하는 한 가지 결정은, 어떤 의견에서 두 번 이상 발생하는 긍정적이고 부정적인 단어들에 더 많은 비중을 두어야 하는지에 관한 것이다. 만약 예제에서 "well"이라는 단어가 한 번이 아닌 두 번 나타났다면, 두 개의 긍정적 단어 또는 한 개의 긍정적 단어에 해당하는 것으로 간주해야 하는가? 단어의 반복이 거의 추가적인 정보를 제공하지 않는다는 것을 보여주는 연구도 있다.[4]

단어 주머니 모델은 어순을 고려하지 않는다. 단어만 세면 된다. 불행히도 간단한 단어 수는 오답을 줄 수 있다. 한 가지 이유는 부정어의 존재 때문이다. 예를 들어, 다음과 같은 의견을 고려해 보자.

"I would not recommend this product"

---

4 예를 들어 다음을 참조하라. B. Pang, L. Lee, and S. Vaithyanathan, "Thumbs up? Sentiment classification using machine learning techniques" in Proceedings of Empirical Methods for Natural Language Processing, 2002

이것을 긍정적 의견으로 분류하는 것은 "recommend"라는 단어를 포함하기 때문에 잘못된 결과를 산출할 것이다. 한 가지 가능한 개선점은 단어 쌍을 긍정적 또는 부정적으로 간주하는 것이다. 위에 주어진 의견에서 단어 쌍은 "I would", "would not", "not recommend" "recommend this", 그리고 "this product"가 될 것이다. "not recommend"라는 단어 쌍은 거의 확실히 음성 리스트에 있을 것이다.

연속된 n개의 단어를 n그램이라고 한다. 한 단어는 유니그램[unigram], 두 개의 연속된 단어는 바이그램[bigram], 세 개의 연속된 단어는 트라이그램[trigram]이라 한다. 방금 바이그램이 단어의 부정을 식별하고 몇몇 잘못된 신호를 피할 수 있다는 것을 보여주었다. 원칙적으로 트라이그램은 바이그램보다 훨씬 더 잘 작동할 수 있다. 예를 들어, "not so bad"라는 트라이그램이 긍정적 트라이그램이 될 수 있다. 물론 여기서 문제는 가능한 바이그램의 수가 가능한 유니그램의 수보다 훨씬 많고, 가능한 트라이그램의 수는 더욱 더 크다는 것이다. 다음의 분석은 유니그램(단일 단어)에 근거한다고 가정한다. 그러나 접근 방식은 바이그램과 트라이그램을 포함하도록 확장할 수 있다.

8.4 나이브 베이즈 분류기의 적용

4.4절에서 나이브 베이즈 분류기를 소개했다. 나이브 베이즈 분류기는 감성 분석을 위한 대중적인 접근법이다. 여기서는 특정 단어가 의견 내에서 발생하는지 여부를 기반으로 하는 분류기의 응용을 소개한다. 응용은 상이한 단어가 나타나는 횟수를 기반으로 확장할 수 있다.[5] 나이브 베이즈 분류기는 분류에 사용되는 어휘사전에 있는 모든 X와 Y에 대해 어떤 의견 내에서 X라는 단어의 발생이 Y라는 단어의 발생과 무관하다고 가정한다.

---

5 앞 절에서 제시한 바와 같이, 의견 내의 한 단어의 다중 발생이 한 번의 발생보다 더 많은 정보를 가지고 있지 않을 수 있다.

어휘사전에 m개의 단어가 있다고 가정해 보자. 그리고 여기서 목표는 긍정과 부정의 두 가지 방법으로 의견을 분류하는 것이다. 어휘사전의 j번째 단어가 특정 의견에 나타난다면, p_j를 단어 j가 긍정적인 의견에서 나타날 확률로, 그리고 q_j를 단어 j가 부정적인 의견에서 나타날 확률로 정의한다. 만약 어휘의 j번째 단어가 특정 의견에 나타나지 않는다면, p_j를 단어 j가 긍정적인 의견에 나타나지 않을 확률 그리고 q_j를 단어 j가 부정적인 의견에서 나타나지 않는 확률로 정의한다. 나이브 베이즈 분류기는 의견이 긍정적일 확률을 다음과 같이 제시한다.

$$\text{Prob}(\text{Positive}|\text{words}) = \frac{p_1 p_2 \dots p_m}{\text{Prob}(\text{words})} = \text{Prob}(\text{Positive})$$

그리고 의견이 부정적일 확률을 다음과 같이 제시한다.

$$\text{Prob}(\text{Negative}|\text{words}) = \frac{q_1 q_2 \dots q_m}{\text{Prob}(\text{words})} = \text{Prob}(\text{Negative})$$

여기서 "words"는 단어들이 의견에 나타났는지 아닌지 여부를 정의하는 리스트를 말하며, Prob(Positive), Prob(Negative)와 Prob(words)는 무조건부 확률이다. 두 확률은 더해서 1이 되야 하므로, Prob(Positive|words)는 다음과 같다.

$$\frac{p_1 p_2 \dots p_m \times \text{Prob}(\text{Positive})}{p_1 p_2 \dots p_m \times \text{Prob}(\text{Positive}) + q_1 q_2 \dots q_m \times \text{Prob}(\text{Negative})}$$

반면, Prob(Negative|words)는 다음과 같다.

$$\frac{q_1 q_2 \dots q_m \times \text{Prob}(\text{Negative})}{p_1 p_2 \dots p_m \times \text{Prob}(\text{Positive}) + q_1 q_2 \dots q_m \times \text{Prob}(\text{Negative})}$$

나이브 베이즈 분류기는 두 가지 이상의 분류가 있는 상황까지 쉽게 확장할 수 있다. 예를 들어 어떤 의견을 긍정, 부정, 중립으로 분류하고 있는 경우, r_j는 단어 j가 고려 중인 의견에 있을 경우 중립적 의견에 나타날 확률로, 단어 j가 고려 중인 의견에 없을 경우 단어 j가 중립적 의견에 나타나지 않는 확률로 정의할 수 있다. P, Q, R을 긍정, 부정, 중립 관측치의 무조건부 확률로 정의한다. 그러면

$$\text{Prob(Positive|words)} = \frac{p_1 p_2 \cdots p_m P}{p_1 p_2 \cdots p_m P + q_1 q_2 \cdots q_m Q + r_1 r_2 \cdots r_m R}$$

$$\text{Prob(Negative|words)} = \frac{q_1 q_2 \cdots q_m Q}{p_1 p_2 \cdots p_m P + q_1 q_2 \cdots q_m Q + r_1 r_2 \cdots r_m R}$$

$$\text{Prob(Neutral|words)} = \frac{r_1 r_2 \cdots r_m R}{p_1 p_2 \cdots p_m P + q_1 q_2 \cdots q_m Q + r_1 r_2 \cdots r_m R}$$

이러한 식들의 간단한 예를 제공하기 위해 훈련셋에 관측치가 10개 있고 단어가 2개뿐이라고 가정하자. 표 8.1은 특정 단어가 관측치에 있는지 여부를 보여준다. (1은 관측치에 있음을 나타내며, 0은 관측치에 없음을 나타낸다.)

표 8.1 훈련셋에 10개의 의견과 2개의 단어가 있는 상황의 예. 1은 단어가 존재함을 나타내고, 0은 존재하지 않음을 나타낸다.

의견	1	2	3	4	5	6	7	8	9	10
단어 1	1	1	1	0	0	0	0	0	0	1
단어 2	0	0	1	1	1	1	0	1	0	0
레이블	긍정	긍정	긍정	긍정	부정	부정	부정	중립	중립	중립

단어 1은 포함하지만 단어 2는 포함하지 않는 의견을 고려하자. 이것이 긍정적일 확률은 얼마인가? 이 경우 $p_1 = 3/4 = 0.75$(훈련셋의 4개 긍정 관측치 중 3개가 단어 1을 포함하기 때문)와 $p_2 = 2/4 = 0.5$(4개 긍정 관측치 중 2개가 단어 2를 포함하지 않기 때문)가 된다. 마찬가지로, $q_1 = 0$, $q_2 = 0.33$, $r_1 = 0.33$, 그리고 $r_2 = 0.67$이다. 긍정, 부정, 중립의견의 무조건부 확률은 각각 0.4, 0.3, 0.3이다. 위에 주어진 방정식은 고려 중인 의견이 긍정이라는 조건부 확률을 다음과 같이 나타낸다.

$$\frac{0.75 \times 0.50 \times 0.4}{0.75 \times 0.50 \times 0.4 + 0 \times 0.33 \times 0.3 + 0.33 \times 0.67 \times 0.3} = 0.69$$

이것이 부정일 조건부 확률은 다음과 같다.

$$\frac{0 \times 0.33 \times 0.3}{0.75 \times 0.50 \times 0.4 + 0 \times 0.33 \times 0.3 + 0.33 \times 0.67 \times 0.3} = 0$$

이것이 중립일 조건부 확률은 다음과 같다.

$$\frac{0.33 \times 0.67 \times 0.3}{0.75 \times 0.50 \times 0.4 + 0 \times 0.33 \times 0.3 + 0.33 \times 0.67 \times 0.3} = 0.31$$

모델의 성과는 테스트셋으로 평가할 수 있다.

여기서의 간단한 예는 나이브 베이즈 분류기의 한 가지 문제를 보여준다. 검토 중인 의견에는 특정 단어 j가 나타나지만, 특정 레이블이 있는 훈련셋 관측치에는 나타나지 않을 가능성이 있다. 그 레이블이 있는 의견의 확률은 0이다. 우리의 예에서, 단어 1은 고려 중인 의견에는 나타나지만, 부정적인 것으로 표시된 훈련셋의 관측치에는 전혀 나타나지 않는다. 따라서 $q_1 = 0$이고, 의견이 부정적일 확률은 0으로 계산될 수밖에 없다. 의견에는 부정이라고 표시된 훈련셋의 관측치에 존재하는 다른 많은 단어가 포함돼 있더라도 그러할 것이다. 다른 모든 부정적인 단어들은 만약 한 가지 특정 단어가 부정 훈련셋에서 발견할 수 없다면, 가중치가 0이 된다.

0의 조건부확률로 지정하는 것은 너무 극단적일 수 있다. 제로 확률을 약간의 양수로 만들어 보다 합리적인 결과를 얻는 방법을 라플라스 평활화 Laplace smoothing라고 한다. 이 경우 각 단어가 두 개의 관측치 중 하나에 존재하고, 다른 관측치에는 존재하지 않는 방식으로 세 클래스 각각에 대해 두 개의 새로운 관측치를 추가하는 것을 상상할 수 있다. 이 경우 총 6개의 관측치를 추가하게 되는데, 두 관측치는 긍정, 두 관측치는 부정, 그리고 두 관측치는 중립이다. 긍정, 부정, 중립의 무조건부 확률은 4/10, 3/10, 3/10 대신 6/16, 5/16, 5/16이 된다. 더욱이 p_1과 p_2는 각각 3/4와 2/4가 아닌 4/6과 3/6이 되고, q_1과 q_2는 각각 0/3과 1/3이 아닌 1/5과 2/5가 되며, r_1과 r_2는 1/3이 아닌 각각 2/5와 3/5가 된다.

의견이 긍정일 새로운 확률은 다음과 같다.

$$\frac{0.667 \times 0.5 \times 0.375}{0.667 \times 0.5 \times 0.375 + 0.2 \times 0.4 \times 0.3125 + 0.4 \times 0.6 \times 0.3125} = 0.556$$

의견이 부정일 확률은 다음과 같다.

$$\frac{0.2 \times 0.4 \times 0.3125}{0.667 \times 0.5 \times 0.375 + 0.2 \times 0.4 \times 0.3125 + 0.4 \times 0.6 \times 0.3125} = 0.111$$

의견이 중립일 확률은 다음과 같다.

$$\frac{0.4 \times 0.6 \times 0.3125}{0.667 \times 0.5 \times 0.375 + 0.2 \times 0.4 \times 0.3125 + 0.4 \times 0.6 \times 0.3125} = 0.333$$

이 간단한 예에서 라플라스 평활화가 확률에 미치는 영향은 상당히 크다. 하지만 데이터셋이 커질수록 그 영향은 줄어든다.

8.5 다른 알고리즘의 적용

나이브 베이즈 분류기는 구현이 쉽고 매우 빠르다는 장점이 있다. 그러나 어떤 단어들은 종종 함께 발생하기 때문에 독립성 가정은 불완전하다. 예를 들어, 의견에서 흔히 발생하는 구절은 "사용하기 쉽다"일 수 있다. 그러면 "쉬운"과 "사용" 단어를 동시에 사용하는 것은 "쉬운"의 발생과 "사용"의 발생의 곱보다 훨씬 더 큰 긍정적인 의견에서 발생하는 결합 확률을 갖게 될 것이다.

이 책에서 설명한 다른 분류 알고리즘은 로지스틱 회귀, 의사결정트리, SVM, 신경망이다. 감성 분석에 사용될 때, 그 설정은 이 책의 서두에서 제시된 예와 유사하다. 특성(즉, 분류에 사용되는 어휘사전의 단어)은 0 또는 1의 값을 갖는데, 1은 단어가 존재함을 나타내며, 0은 단어가 존재하지 않음을 나타낸다. 이용 가능한 데이터를 훈련셋과 테스트셋으로 나눈다. (여러 가지 다른 모델을 비교하고 있다면 검증셋을 사용하는 것도 1장에서 설명한 바와 같이 좋은 생각이다) 훈련셋(그리고 아마도 검증셋)을 사용해 분류 모델을 개발한다. 테스트 데이터는 모델의 정확성을 평가한다.

첫 번째로 SVM을 고려해 보자. 다른 알고리즘과 달리, 단지 의견을 분류할 뿐이다. SVM은 확률을 제공하지 않는다. 이 점에서 8.3절에서 제안한 접근법과 유사하지만, 어떤 단어가 다른 단어보다 더 긍정(부정)적이라는 것을 탐지할 수 있기 때문에 그러한 접근법보다 잠재적으로 우위에 있다. 5장에서 설명한 SVM 방법은 2개 이상의 클래스가 있는 경우에도 확장할 수 있다. 이것은 단지 하나의 초평면이 아닌 복수의 초평면 위치 추정을 포함한다. 로지스틱 회귀 분석과 달리 SVM 알고리즘은 특성 수(즉, 어휘사전의 단어)가 훈련셋의 관측치 수보다 많더라도 사용할 수 있다는 장점이 있다.

로지스틱 회귀 분석은 두 개의 클래스를 수용하도록 설계되었지만 두 개이상의 클래스를 수용하도록 확장하는 방법이 있다. SVM에 비해 클래스에 대한 확률을 제공한다는 장점이 있고, 나이브 베이즈와 비교해서는 독립성 가정을 하지 않는다는 장점이 있다.

의사결정트리와 신경망은 여러 클래스를 처리하는 데 사용할 수 있다. 3.9절에서 최대우도 목적함수는 단지 두 클래스가 있는 것으로 가정했다. 하지만 이것은 두 개 이상의 클래스로 일반화할 수 있다. 만약 Q가 레이블이 있는 집합의 관측치 i가 정확한 분류로 할당되는 것을 예측하는 확률인 경우, 목적함수는 다음을 최대화하고자 한다.

$$\sum_i \ln(Q_i)$$

선택된 알고리즘의 성과는 3.11절과 유사한 척도를 사용해 평가할 수 있다.

8.6 정보 검색

이제 감성 분석을 끝내고 정보 검색에 대한 NLP의 적용을 고려해 보자. 이는 검색엔진에 중요하며, 전자적으로 저장된 문서 라이브러리에 빠르게 접근하기를 원하는 기업에게도 중요할 수 있다.

사용자가 검색 엔진에 단어를 입력했을 때 사용자에게 제공할 가장 관련성이 높은 문서를 어떻게 결정하는가? 일반적으로 사용되는 두 가지 척도는 단어빈도^{TF, Term Frequency}와 역문서빈도^{IDF, Inverse Document Frequency}이다. 문서와 단어에 대한 TF는 다음과 같이 정의된다.

$$\frac{\text{문서 내에 특정 단어가 나타나는 빈도수}}{\text{문서 내의 단어수}}$$

단어에 대한 IDF는 다음과 같이 정의된다.

$$\log\left(\frac{N}{n}\right)$$

여기서 N은 총 문서의 수이고 n은 단어를 포함하는 문서의 수이다.[6] TF-IDF는 TF와 IDF를 곱한 것이며, 특정 문서 내의 특정 단어의 점수이다.

10,000개의 문서가 있는 기업 검색 엔진을 생각해 보자. 빠른 정보 검색을 위해 문서는 사전 처리되고 단어 수는 계산된다. 검색 엔진에 "the travel policy"를 입력한다고 가정하자. 엔진은 다음 각 단어 "the", "travel" 및 "policy"에 대한 TF-IDF를 계산한다. 단어 "the"는 각 문서에 대해 상대적으로 높은 TF를 갖지만, 모든 문서에 나타나기 때문에 $N = n$이므로 IDF는 0이 될 것이다. 문서의 10%에 "travel"이라는 단어가 나타난다고 가정하자. IDF는 다음과 같다.

$$\log(10) = 3.32$$

---

6 로그는 보통 컴퓨터 공학에서 베이스 2를 사용해서 계산한다. 다른 베이스가 사용되면 모든 IDF에 상수를 곱하기만 하면 되므로 결과가 영향을 받지 않는다.

(로그는 베이스를 2로 사용해 계산한다고 가정한다) 이를 문서 내에서의 단어 "travel"의 비율에 곱해 단어 "travel"의 TF-IDF를 각 문서에 대해서 구한다. (문서의 90%에 대해 이 비율은 0이고, 이 때의 TF-IDF는 0이다) 단어 "policy"도 비슷하게 취급된다.

각 문서에 대해 다음과 같이 점수를 계산할 수 있다.

$$\text{TF-IDF}(\text{"the"}) + \text{TF-IDF}(\text{"travel"}) + \text{TF-IDF}(\text{"policy"})$$

문서는 점수에 따라 순위가 매겨진다. 가장 높은 점수를 받은 문서가 가장 먼저 사용자에게 제시되며, 다음으로 높은 점수를 가진 문서가 두 번째로 제시된다. "the"라는 단어는 반환되는 문서를 결정하는 데 아무런 역할을 하지 않는다는 점에 유의하라. 또한 문서에 "travel"와 "policy" 어느 것도 포함되지 않은 경우, 0점이다. 흥미롭게도 이 간단한 정보 검색 알고리즘에서는 사용자가 입력하는 단어의 순서는 아무런 차이를 내지 않는다.

8.7 다른 자연어 응용

이 장에서 논의되지 않은 많은 다양한 NLP 응용 프로그램들이 있다. 이 절에서는 몇 가지 사항을 간략히 검토한다. 만약 머신에게 "many"와 "numerous"와 같은 두 개의 다른 단어를 준다면, 어떻게 그것들이 비슷한 의미를 가지고 있다는 것을 알 수 있을까? 한 가지 방법은 그들이 어떤 다른 단어들과 함께 사용되는지를 보는 것이다.[7] 예를 들어, 많은 수의 문서를 보고 질문할 수 있다. 즉, 만약 문서에 X라는 단어가 있다면, Y라는 단어가 근접할 확률은 얼마인가? "근접"은 단어 Y가 단어 X의 다섯 단어 내에 있어야 한다는 것을 의미할 수 있다.

---

7 이는 J.R. Firth에 의해 1957년에 제안됐는데, Firth는 "당신은 단어를 그와 함께 하는 것들로 안다"는 유명한 인용구로 알려져 있다.

만약 사용 중인 어휘에 10,000개의 단어가 있다면, 이것은 문서의 다른 단어에 가까운 한 단어의 확률을 보여주는 10,000 × 10,000개의 테이블로 이어질 수 있다. 의미가 유사한 두 단어의 행이 서로 유사하기를 기대한다. 그러한 테이블의 정보는 10,000 × 300인 다소 작은 테이블로 요약될 수 있다는 것이 밝혀졌다.[8] (작은 테이블을 결정하는 절차는 6장에서 논의한 오토인코딩과 유사하다.) 따라서 단어의 의미는 300개의 원소로 이뤄진 단어 벡터word vectors라는 개념으로 표현할 수 있다. 이것은 단어 임베딩word embedding이라고 알려져 있다. 이 단어 벡터는 훌륭한 덧셈과 뺄셈 특성을 가지고 있는 것으로 밝혀졌다. 예를 들어 벡터 표현 사이에 다음과 같은 관계가 근사적으로 성립한다.

$$king - man + woman = queen$$

NLP의 또 다른 적용 분야는 워드 시퀀스word sequences다. 이것은 다음과 같은 질문을 던진다. "I will give you the answer to the question later today"와 같은 특정 단어 순서가 텍스트에서 발생할 확률은? 분명히 그것은 "I you give will the answer later to the question today."와 같이 말이 뒤죽박죽이 된 순서보다 더 나타날 가능성이 높다. 이것은 다음과 같은 분야에 중요한 응용 잠재력을 가지고 있다.

- 한 언어에서 다른 언어로 번역
- 스피치 인식
- 텍스트 요약에 NLP 사용
- 스피치를 텍스트로 전환

단어 시퀀스의 확률을 추정하는 한 가지 아이디어는 많은 문서에서 텍스트가 얼마나 자주 나타나는지 확인하는 것이다. 그러나 이것은 실현 불가능한 일이다. 방금 언급한 단어와 같은 일련의 단어들이 심지어 수백만 페이지의 텍스트에도 나타날 가능성은 사실상 제로다. 여기서 실제로 해야 할

---

8 300개가 아닌 50, 100 또는 200를 가진 테이블이 종종 사용된다.

일은 문장을 여러 하위 시퀀스로 세분화하는 것이다. 예를 들어, "I will", "will give", "give you", "give you", "you the" 등의 발생 확률을 고려할 수 있다.

한 언어를 다른 언어로부터 번역하는 것은 매우 어려운 NLP 응용이다. 여러 가지 접근법이 있다. 1장에서 언급한 구글의 GNMT 시스템은 LSTM의 순환 신경망을 사용한다(6.8절 참조). 이것은 구문별로 번역했던 이전의 시스템보다 크게 개선된 것으로 증명됐다. 구문별 번역 시스템은 이전의 단어별 번역 방식보다는 개선된 방식이었다.

요약

자연어 처리^{NLP}는 단어를 수치로 변환해 분석할 수 있도록 하는 것을 포함한다. NLP의 한 가지 중요한 적용은 감성 분석이다. 이것은 리뷰나 트윗의 의견과 같은 의견의 성격을 결정하는 것과 관련이 있다. 그 의견은 긍정적이거나 부정적이거나, 가능한 제3의 범주로 분류할 수 있다. 또는 수치 척도(예: 1~5)로 표현할 수 있다.

감성 분석의 가장 어려운 측면 중 하나는 모델을 학습하고 테스트하는 데 사용할 수 있는 관련 레이블이 부착된 의견을 얻는 것이다. 때로는 공개적으로 이용할 수 있는 데이터(예: 영화 리뷰)를 사용할 수 있다. 이것이 적절하지 않을 때는 과거에 이루어진 의견을 수렴해 수동으로 분류하는 힘든 과제를 수행할 필요가 있다.

의견이 모델에 사용되기 전에는 전처리돼야 한다. 여기에는 단어 분리, 구두점 제거, 대문자 변경, 일반적으로 발생하는 단어 제거, 매우 희귀한 단어 제거 등의 작업이 포함된다. 결과는 분류에 사용될 단어의 어휘다.

단어 주머니^{Bag of Words} 모델은 일반적으로 감성 분석에 사용된다. 의견을 분류하는 모델은 어휘의 각 단어가 의견에서의 존재 여부에 따라 달라진다. 사용할 수 있는 머신러닝 모델로는 나이브 베이즈 분류기, SVM, 로지스틱 회귀, 의사결정트리, 신경망 등이 있다.

검색 엔진은 NLP의 흥미로운 응용이다. 과제는 사용자가 입력하는 핵심 단어로부터 수많은 가능성에 있어 가장 관련성 높은 문서를 선택하는 것이다. 중요한 통계량은 각 문서에서 특정 키워드가 나타나는 빈도와 단어가 나타나는 모든 문서의 비율이다.

짧은 개념 질문

8.1 "감성 분석"은 무엇을 의미하는가?

8.2 감성 분석에서 텍스트에 대한 레이블을 만드는 다른 방법은 무엇인가?

8.3 NLP 응용을 위해 텍스트를 전처리할 수 있는 다섯 가지 방법을 나열하라.

8.4 어간 추출^{stemming}과 표제어 추출^{lemmatization}의 차이점은 무엇인가?

8.5 단어 주머니^{Bag of Words} 모델이란?

8.6 왜 "not"와 같은 부정어가 단어 주머니 모델에서 문제가 되는가?

8.7 나이브 베이즈 분류기를 감성 분석에 사용할 때 어떤 가정이 전제되는가?

8.8 "트라이그램^{trigram}"이 의미하는 바를 설명하라.

8.9 (a) SVM 및 (b) 나이브 베이즈 분류기보다 로지스틱 회귀 분석의 장점을 한 가지 제시하라.

8.10 라플라스 평활화는 어떤 문제를 다루도록 설계되었는가?

8.11 정보 검색에 TF와 IDF가 어떻게 사용되는지 설명하라.

8.12 단어 벡터란 무엇인가?

연습문제

8.13 어휘에 세 개의 단어가 있다고 가정하고, 첫 두 단어를 포함하지만 세 번째 단어는 포함하지 않는 의견을 나이브 베이즈 분류기를 사용해 긍정 또는 부정으로 분류하고 싶다. 훈련셋은 다음과 같다. (1은 의견이 단어를 포함하고 있음을 나타내며, 0은 그렇지 않음을 나타낸다)

의견	1	2	3	4	5	6	7	8	9	10
단어 1	1	1	1	0	0	0	0	1	1	1
단어 2	0	0	1	1	1	0	0	1	0	0
단어 3	0	0	1	1	0	0	0	0	1	0
레이블	긍정	긍정	긍정	긍정	부정	부정	긍정	긍정	부정	부정

고려 중인 의견이 (a) 긍정이고 (b) 부정일 확률을 추정하라.

8.14 http://www.cs.cornell.edu/people/pabo/movie-review-data/와 극성polarity 데이터셋 v2.0에서 1,000개의 긍정 및 1,000개의 부정 리뷰를 다운로드하라. 영화 분류 모델을 개발하기 위해 나이브 베이즈 분류기와 로지스틱 회귀 분석을 사용하라.

09

모델 해석성

지도학습 모델은 예측을 생성하지만 예측을 사용자에게 설명하지는 않는다. 어떤 경우에는 이것이 중요하지 않다. 예를 들어, 검색 엔진이 특정 문서가 사용자가 원하는 것이라고 예측할 때, 기저의 모델을 이해하는 것이 중요하지 않고, 모델이 틀린 예측을 해도, 사용자에게 큰 비용을 초래하지 않는다. 그러나 많은 다른 상황에서, 잘못된 예측을 하는 것은 큰 비용을 초래하므로 예측이 어떻게 나왔는지를 이해하는 것이 바람직하며, 모델에 대해 신뢰를 갖는 것이 중요하다. 머신러닝이 널리 사용됨에 따라 연구자들은 모델 해석성 이슈에 많은 노력을 기울이기 시작했다.[1]

머신러닝이 대출 신청을 승인 또는 기각하는 데 사용되는 3.11절의 상황을 고려하자. 만약 대출 신청자가 기각이 돼 그 이유를 물으면, 은행 담당자가 "알고리즘이 당신을 기각했습니다. 미안합니다. 더 이상의 정보는 없습니다."라고 말하는 것은 전혀 권장할 사항이 아니다. 알고리즘에 의해 내려진 의사결정은 잠재적 대출 고객에 큰 비용을 초래하고, 만약 은행 담당자가 대출 결정에 대해 알고리즘을 비난한다면 은행 평판에 해를 끼칠 것이다.

---

1 C. Molnar, Interpretable Machine Learning, 2020, https://christophm.github.io/interpretableml-book은 모델 해석성에 대한 **훌륭한** 논의를 제공한다.

또 하나의 예로서, 3.8절의 아이오와 주의 주택가격에 대한 예측을 고려해 보자. 예측을 이용하는 사람은 주택 판매자, 주택 구입자 또는 부동산 중개인일 것이다. 모든 경우에 잘못된 예측은 큰 비용을 초래할 가능성이 있으며, 예측에 의존한 개인은 어떻게 예측이 얻어졌는지 알고 싶어할 것이다.

모델 해석성은 모델에 의해 내려진 결정을 인간이 이해할 수 있는 정도로 정의한다.[2] 만약 인간이 모델의 출력을 더 쉽게 이해할 수 있다면, 한 모델은 다른 모델보다 더 해석성이 좋은 것이다.

인간은 당연히 머신러닝 모델에 의해 만들어진 예측에 호기심이 생겨 그 예측으로부터 배우고자 한다. 어떤 경우에는 허용할 수 없는 모델의 편견(예: 인종이나 성별을 포함)이 있을 수 있다. 이러한 편견을 이해함으로써 모델을 변경하거나 다른 방식으로 사용할 수 있다. 때로는 불리한 예측을 이해함으로써 예측되는 결과가 개선되도록 특성을 변경하는 어떤 조치를 취할 수 있다.

법률에 따라 모델 해석성이 요구될 수 있다는 점은 흥미롭다. 11장에서 논의되는 유럽연합의 개인데이터보호법GDPR, General Data Protection Regulation에는 유럽연합 시민의 데이터에 적용되는 머신러닝 알고리즘에 관한 "설명권"이 포함돼 있다. 구체적으로, 개인은 "데이터 대상에 대한 처리의 의미와 예상된 결과뿐만 아니라 관련 논리에 대한 의미 있는 정보"를 가질 권리가 있다.

때때로 모델을 이해하면 모델의 한계를 이해할 수 있다. 그 간단한 예로 북극곰과 개를 구별하는 이미지 인식 소프트웨어를 생각해 보자. 모델이 동물의 특성보다는 배경(얼음 대 풀/나무)을 보고 예측하고 있는 것을 발견할 수 있다. 이러한 것을 이해함으로써 모델의 한계를 분명히 지적할 수 있다.

한스Hans라는 이름의 독일 말에 관한 재미있는 이야기가 있다. 20세기 초에, 한스는 총명하고 수학 문제를 풀 수 있는 말로서 알려졌다. (예를 들어,

---

2　T. Miller, "Explanation in artificial intelligence: insights from the social sciences" (2017) arXiv: 1706.07269를 참조하라.

한스는 "9일이 수요일이라면 다음 금요일은 며칠인가?"와 같은 질문에 대해서 덧셈, 뺄셈, 곱셈과 나눗셈을 통해서 대답할 수 있었다.) 한스는 여러 번 발굽을 밟아 답을 가리켰고, 정답일 때 상을 받았다. 이로 인해 한 동안 한스는 상당한 지적 수준을 가진 동물로 여겨졌고, 연구원들은 수학 문제를 듣고 정확하게 답할 수 있는 한스의 흥미로운 현상을 연구했다. 그러나 결국, 한스의 진짜 전문성은 질문을 하는 사람의 얼굴 표정을 읽는 데 있는 것으로 밝혀졌다. 미묘한 표정의 변화로 한스는 언제 발을 구르는 것을 멈춰야 할지 알 수 있었다. 한스는 실제로 어떠한 수학적 지능도 가지고 있지 않았다. 한스는 머신러닝 알고리즘과 유사하다고 볼 수 있다. 인간들은 처음에 한스가 왜 그런 대답을 하는 지를 잘못 해석했다.

모델을 이해하는 작업은 모델에 의해 만들어진 특정 예측을 이해하는 작업과 구별될 수 있다. 기업들이 머신러닝 모델에 대한 이해도를 어느 정도 가져서, 결과에 대한 자신감을 갖고, 언제 해당 모델이 적용되지 않는지를 아는 것이 중요하다. 또한 특정 예측의 설명 가능성도 중요하다.

이번 장에서는 본질적으로 해석 가능한 모델(화이트박스)과 구조가 쉬운 해석을 허용하지 않는 모델(블랙박스)을 구분한다. k-최근접 이웃 알고리즘 (3.12절 참조)은 분명히 첫 번째 범주에 있다. 모델이 어떻게 작동하는지, 그리고 어떤 특정한 예측이 쉽게 설명되는지를 이해하는 것은 어렵지 않다. 본질적으로 "유사성에 의한 예측" 모델이며, 많은 인간이 어떻게 예측을 하는가에 상응한다. (예를 들어 주택 가치에 대한 자문을 제공하는 부동산 중개업자는 최근에 판매된 비슷한 주택에 대해 얻은 가격을 사용할 가능성이 높다.)

4장에서 언급했듯이 의사결정트리는 많은 경우 인간이 예측하는 방식과도 일치하기 때문에 상당히 설명하기 쉽다. (인간에게는 한 번에 하나의 특성을 고려하는 것이 모두 함께 고려하는 것보다 쉽다.) 선형 회귀도 도출된 가중치가 단순한 해석을 가지기 때문에 화이트박스 범주에 속한다.

신경망, SVM 등의 모델과 랜덤 포레스트 등의 앙상블 모델이 블랙박스 범주에 속한다. 모델이 어떻게 작동하는지 또는 모델이 특정 예측을 하는 이유를 인간이 이해하기 쉽지 않다.

9.1 선형 회귀

선형 회귀는 해석하기 쉬우며, 이는 부분적으로 왜 인기가 있는가를 설명한다. 모델은 다음과 같다.

$$Y = a + b_1X_1 + b_2X_2 + \cdots + b_mX_m$$

여기서 Y는 타깃의 예측이고 $X_j (1 \leq j \leq m)$는 특성이다. 가중치 b_j는 특성변수 j에 대한 예측의 민감도로 해석될 수 있다. 특성 j의 값이 u만큼 증가하고, 다른 특성들은 변화하지 않으면, 타깃값은 b_ju 만큼 증가한다. 값이 1 또는 0인 범주형 특성의 경우에는 가중치는 모든 특성이 변하지 않을 때, 그 특성 범주 변화의 타깃 예측에 대한 영향을 나타낸다.

절편 a는 조금 해석하기 힘들다. 이는 모든 특성값이 0인 경우의 타깃의 값이다. 그러나 0 특성값은 많은 상황에서 의미가 없다. (예를 들어, 대지 크기가 0이거나, 일층 면적이 0인 집은 존재하지 않는다.) 해석의 목적으로, 평균을 차감해 특성을 재정의하는 것이 좋은 방법이다. j번째 특성은 그렇다면 X_j가 아니라 $X_j - \overline{X_j}$가 된다. 여기서 $\overline{X_j}$는 훈련셋의 모든 아이템으로부터 계산된 특성값의 평균이다.[3]

회귀 모델은 다음과 같다.

$$Y = a^* + b_1(X_1 - \overline{X_1}) + b_2(X_2 - \overline{X_2}) + \cdots + b_m(X_m - \overline{X_m}) \tag{9.1}$$

새로운 절편 a^*는

---

3 평균을 빼는 것 외에도 표준편차로 나눠서 특성에 대해 Z-점수 스케일링을 사용할 수 있다. 그러나 이것은 가중치를 해석하기 더 어렵게 만들 수도 있다.

$$a^* = a + b_1\overline{X}_1 + b_2\overline{X}_2 + \cdots + b_m\overline{X}_m$$

이 절편은 정말 쉽게 해석된다. 모든 특성의 평균값이 있을 때 타깃의 값이다. 선형 회귀 분석의 경우 타깃의 평균값이기도 하다.

선형 회귀 모델에 대한 보다 정교한 해석을 위해서, 선형 회귀 모델이 구현될 때 계산되는 3.2절에 언급된 통계를 사용할 수 있다. R-제곱은 모델의 전반적인 성능을 나타내며, 따라서 얼마나 신뢰할 수 있는지를 나타낸다. 가중치에 대한 t-통계량은 민감도에 대한 신뢰 구간을 제공하는 데 사용할 수 있다. b_j가 10이고 t-통계량이 5라고 가정하자. t-통계량은 가중치를 표준오차로 나눈 값이기 때문에 표준오차는 2이다. 우리는 j번째 특성값이 목표값에 미치는 변화의 효과에 대한 최선의 추정치는 $10u$로 알고 있지만, $6u$ 만큼 낮거나 $14u$ 만큼 높을 수 있다.[4]

지금까지 모델을 어떻게 이해할 수 있는지에 초점을 맞췄다. 이제 우리가 특정한 예측을 설명하기를 원한다고 가정한다. 자연적인 접근방법은 방정식 (9.1)을 사용하는 것이다. 특성의 평균값을 벤치마크로 사용하는 경우, 특성 j가 예측에 미치는 영향은

$$b_j(X_j - \overline{X}_j)$$

이다.

특성값 X_j가 평균값 $\overline{X}_j$에서 멀어짐에 따라, 타깃값에 대한 예측에 미치는 영향이 증가한다. 애널리스트는 특성 j가 특정 예측에 미치는 영향에 대한 가능한 값의 범위를 산출하기 위해 b_j의 표준오차를 고려할 수 있다.

모델 해석성은 릿지, 라쏘와 같은 규제화 방법을 사용하는 중요한 이유다. 3장의 아이오와 집값의 예를 생각해 보자. 표 3.6에서 47개의 특성을 갖는 회귀 분석은 규제화를 포함하고 있지 않지만, 우연히도 검증셋에 대해 상당히 잘 일반화돼 산출하는 예측이 상당히 합리적이라는 결과를 제공한

---

4 데이터셋이 클 때, 값은 약 95%의 경우 평균의 2 표준편차 내에 있다.

다.[5] 그러나 특성 간의 상관관계에서 발생하는 모델 내 음의 가중치(예: 침실 수)는 설명하기 어려울 것이다. (사실, 어떤 사용자들은 해당 모델이 우스꽝스럽다고 일축할 수도 있다!) 표 3.7의 규제화된 모델은 라쏘를 사용한 것이며, 설명하기가 훨씬 쉽다.[6]

표 9.1은 표 3.7의 모델이 주택가격을 산정하기 위해 사용될 때 어떻게 결과를 표로 표시할 수 있는지를 보여준다. 완전성을 위해 표 3.7에 없던 두 가지 특성이 표 9.1에 나타난다. 이들은 목재 데크(스퀘어피트)와 실외 포치(스퀘어피트)다. $\lambda = 0.1$일 때, Python Lasso 구현에서 그것들은 각각 0.001과 0.002의 매우 작은(그러나 0은 아닌) 가중치를 가진다.

관심 대상의 주택은 면적이 15,000 스퀘어피트, 전체적인 품질은 6 등의 방식으로 가정한다. 해석성 향상을 위해 표 3.7에 사용된 Z-점수 스케일링을 표 9.1에서는 순서를 바꿨다. (라쏘를 위해서 스케일링이 필요했음이 상기하라.) 이는 표 3.7의 특성 가중치를 특성의 표준편차로 나눈 후, 주택가격의 표준편차에 곱해 표 9.1의 특성 가중치를 구한다는 것을 의미한다.

이 표는 관심 주택의 대지면적이 15,000 스퀘어피트인데 비해 훈련셋 내의 주택의 평균 대지면적이 10,249 스퀘어피트라는 것을 보여준다. 대지면적의 가중치는 0.3795(스퀘어피트 당 달러)다. 이는 주택가격에 대한 대지면적 기여도가 $0.3795 \times (15,000 - 10,249)$ 즉, $1,803라는 뜻이다.

5　규제화되지 않은 모델이 잘 일반화되는 경우가 항상 있는 것은 아니라는 점에 유의한다.

6　라쏘 규제화는 특성의 수를 줄여 사용자가 모델을 이해하기 쉽기 때문에 모델 해석성의 관점에서 특히 유용하다.

표 9.1 표 3.7의 모델을 사용할 때 아이오와 주의 특정 주택 가치에 미치는 다양한 특징의 영향. Excel 파일을 참조하라.

특성	주택가격	평균가치	특성가중치	기여도(달러)
대지면적(스퀘어피트)	15,000	10,249	0.3795	+1,803
전체 품질(스케일: 1~10)	6.0	6.1	16,695	−1,669
건축 년도	1990	1972	134.4	+2,432
리모델 년도	1990	1985	241.2	+1,225
마감된 지하실(스퀘어피트)	1,200	444.0	20.42	+15,437
총 지하실(스퀘어피트)	1,300	1,057	19.08	+4,630
1층(스퀘어피트)	1,400	1,159	6.666	+1,609
주거공간(스퀘어피트)	2,000	1,503	46.79	+23,273
벽난로 수	0	0.6089	2,452	−1,493
주차공간	2	1,774	2,857	+646
차고 크기(스퀘어피트)	600	474.8	24.42	+3,055
목재 데크(스퀘어피트)	0	93.62	0.6364	−60
오픈 포치(스퀘어피트)	0	46.59	2,562	−119
동네1	0	0.02611	6,395	−167
동네2	0	0.05944	27,523	−1,636
동네3	0	0.01611	10,311	−166
지하실 품질	5	3,497	1,820	+2,734
합계				+51,532

이 모델은 (표 9.1의 두 번째 열에 특성값으로) 관심 주택의 가격이 $232,349 라고 예측한다. 표 9.1의 세 번째 열에 특징 값을 사용한 "평균 주택"의 가치는 $180,817이다. 따라서 이 집은 보통 집보다 $51,532의 가치가 더 있다. 표 19.1의 마지막 열은 관심 주택 가치와 평균 주택 가치의 차이에 대한 각 특성의 기여도를 보여준다. (위에서 첫 번째 특성인 대지면적에 대한 계산을 보여줬다.) 요점은 선형 모델의 경우 이러한 기여도의 합이 차이와 같다는 것이다. (나중에 논의하는 바와 같이 비선형 모델은 이 특성을 가지지 않는다.)

표는 특정한 주택을 고려하기 위해, 마감된 지하실과 주거공간이 그 가치를 가장 많이 더하고 있음을 보여준다. 다른 많은 결과를 표에서 추론할 수 있다. 예를 들어, 표에 의하면, 관심 주택이 2번 동네(가장 비싼 동네) 부근에 있었다면, $27,523달러의 추가 가치가 있었을 것이다. (이것은 2번 동네 특성값이 0이 아니라 1이 될 것이기 때문이다.)

표 9.1의 모델은 표 3.6의 원래 모델보다 훨씬 낫지만, 결코 완벽하지 않다는 점에 유의해야 한다. 아직 서로 독립적이지 않은 몇 가지 특징을 가지고 있다. 예를 들어, 전체 지하실(스퀘어피트)과 1층(스퀘어피트)은 상관관계가 있다. 하나가 높을 때(낮을 때) 다른 것이 높을 (낮을) 가능성이 높다.[7] 여러 특성의 효과를 고려할 때, 1층(스퀘어피트)이 증가하지 않고 전체 지하실(스퀘어피트)이 증가하는 영향도 고려하는 것은 사실 이치에 맞지 않는다. 이 문제에 대한 간단한 해답은 없다. 변화를 고려할 때, 두 개 이상의 특성을 함께 그룹화하는 것을 생각해 볼 수 있다. 때때로 주성분 분석이나 오토인코더는 특성이 독립적이거나 거의 독립적이 되도록 특성을 재정의하는 방법을 제공한다.

9.2 로지스틱 회귀 분석

로지스틱 회귀 분석의 예측은 값이 아니라 양성 결과의 확률이다. 3.9절에서 설명한 바와 같이

$$\text{Prob}(양성\ 결과) = \frac{1}{1 + \exp[-(a + b_1 X_1 + b_2 X_2 + \cdots + b_m X_m)]}$$

여기서 X_j는 특성 j의 값이고 b_j는 그 가중치, a는 절편이다. 이로부터 다음을 도출할 수 있다.

$$\text{Prob}(음성\ 결과) = \frac{\exp[-(a + b_1 X_1 + b_2 X_2 + \cdots + b_m X_m)]}{1 + \exp[-(a + b_1 X_1 + b_2 X_2 + \cdots + b_m X_m)]}$$

이들 확률의 특성에 대한 민감도를 분석적으로 계산할 수 있다. 예를 들어, 약간의 미분을 사용하면 특성 j가 소량 u 증가했을 때, 양성 결과의 확률은

---

7 특성값 간의 상관관계는 약 0.790이다.

$$\frac{\exp[-(a + b_1X_1 + b_2X_2 + \cdots + b_mX_m)]}{\{1 + \exp[-(a + b_1X_1 + b_2X_2 + \cdots + b_mX_m)]\}^2} b_j u$$

만큼 증가한다는 것을 알 수 있다.

이는 다음과 같다.

$$\text{Prob}(긍정\ 결과) \times \text{Prob}(부정\ 결과) \times b_j u \qquad (9.2)$$

불행하게도 확률과 특성값의 관계가 비선형적이기 때문에, 이는 u의 작은 값에 대해서만 정확하다.

비선형성 문제를 극복하기 위한 접근방법은 승산비^{odds}로 작업하는 것이다. 사건의 확률이 p일 경우, 이 사건이 발생하지 않는데 내기를 거는 승산비는 $(1-p)/p$ 대 1이다. 이러한 "불리한 승산비"는 사건의 발생 확률이 0.5 미만일 경우에 사용하는 경향이 있다. 예를 들어, 6이 나오는 주사위 던지기에 대해 역으로 내기를 거는 승산비는 5대 1이다. 이를 "불리한 5 대 1"이라 하고, 1달러의 공정한 베팅은 (a) 주사위를 던져서 6이 나오면, 1달러를 걸어서 5달러의 보상을 받으며, (b) 다른 경우에서는 내기에 건 돈 1달러를 잃는 것을 의미한다.

사건(사건의 확률이 0.5보다 클 때 종종 사용됨)에 유리한 확률은 $p/(1-p)$ 대 1이다. 따라서 주사위가 1, 2, 3, 4가 나올 확률은 2:1이다. 이를 "유리한 2 대 1"이라 하고, 2달러의 공정한 베팅이 2달러 내기에 건 돈에 1달러를 더한 수익을 주거나 아무것도 돌려주지 못할 것임을 의미한다.

로지스틱 회귀식에 따르면 양성 결과가 나올 확률은 다음과 같다.

$$\exp[-(a + b_1X_1 + b_2X_2 + \cdots + b_mX_m)]\ 대\ 1\ 불리$$

또는

$$\exp(a + b_1X_1 + b_2X_2 + \cdots + b_mX_m)\ 대\ 1\ 유리$$

이는 승산비의 자연 로그가 특성에 선형임을 보여준다.

$$\ln(\text{불리한 승산비}) = -(a + b_1X_1 + b_2X_2 + \cdots + b_mX_m)$$

$$\ln(\text{유리한 승산비}) = a + b_1X_1 + b_2X_2 + \cdots + b_mX_m$$

선형 회귀 분석의 경우와 마찬가지로 $\overline{X}_j$는 훈련셋의 모든 항목에서 계산된 특성값의 평균인 $\overline{X}_j$가 아닌 $X_j - \overline{X}_j$가 되도록 특성을 재정의하는 것이 타당하다. 예측이 선형 회귀 분석에서 분석되는 것과 같은 방법으로 로그 승산비값들을 분석할 수 있다. 표 9.1의 유사한 표가 작성되면 각 특성의 평균으로부터의 편차가 로그 승산비 값에 미치는 기여를 확인할 수 있을 것이다.

승산비의 로그로 작업하는 것은 약간 인위적이다. 대신에, u 만큼의 특성값 증가의 "불리한 승산비"에 대한 백분율 효과가 $1 - \exp(-b_ju)$이라는 것에 주목해 보자. 유사하게, u 만큼의 특성값 증가의 "유리한 승산비"에 대한 백분율 효과는 $1 - \exp(-b_ju)$이다. 여러 개의 특성으로부터의 백분율 효과가 서로 곱해질 때, 총 백분율 효과를 얻을 수 있다.

승산비는 확률로 변환할 수 있다.

$$\text{확률} = \frac{1}{1 + \text{불리한 승산비}}$$

그리고

$$\text{확률} = \frac{1}{1 + \text{유리한 승산비}}$$

3.11절의 모델로 이러한 결과를 설명할 수 있다. 채무불이행(양성 결과로 정의한)이 아닐 확률은

$$\frac{1}{1 + \exp[-(-6.5645 + 0.1395X_1 + 0.004107X_2 - 0.001123X_3 + 0.01125X_4)]}$$

$$(9.3)$$

여기서 X_1은 주택소유 여부를 나타내는 범주형 변수, X_2는 소득(단위는 천 달러), X_3은 총부채상환비율, X_4는 신용점수다. 소득이 6만 달러, 총부채상

환비율이 5이고 신용점수가 670인 집을 소유하지 않은 사람($X_1 = 0$)을 생각해 보자. 이러한 값을 식에 대입하면 대출금을 채무불이행하지 않을 확률은 0.7711로 추정한다. 신용점수가 670점에서 680점으로 10점 증가하면 어떻게 되는지 생각해 보자. 식 (9.2)에서 이 확률의 증가는

$$0.7711 \times 0.2289 \times 0.01125 \times 10 = 0.01986$$

으로 추정할 수 있다.

확률은 특성의 비선형함수이기 때문에 이것은 대략적인 대답이다. 식 (9.3)에 대입하면 X_4를 680까지 증가시킬 때, 확률은 0.7903으로 변해서 모델에 의해 주어지는 정확한 확률의 증가는 $0.7903 - 0.7711$ 또는 0.01925이다.

양성 결과가 나올 확률은 $3.369 = 0.7711/(1 - 0.7711)$이기 때문에 3.369 대 1이다. 우리는 신용점수가 10점 증가하면, ln(유리한 승산비)가 $0.0125 \times 10 = 0.1125$(1.2145에서 1.3270으로)만큼 증가한다는 것을 알고 있다. 또는 유리한 승산비의 백분율 증가는 $\exp(0.01125 \times 10) - 1$ 또는 11.91%로 계산할 수 있다. 이 결과들 중 하나를 새로운 승산비를 계산하는 데 사용할 수 있고, 원한다면 확률로 변환할 수 있다. 범주형 특성에 대해서도 동일한 분석을 적용할 수 있다. 예를 들어, 대출자가 집을 소유하고 있다면, 대출자의 포지션이 얼마나 더 좋아질지 궁금하다고 가정해 보자. 대출채권이 채무불이행되지 않을 확률은 식 (9.3)의 X_1 계수 $\exp(0.13955) - 1$ 또는 14.97%이다. 이는 승산비가 3.369 대 1(유리)에서 3.873 대 1(유리)로 늘어난다는 뜻이다. 새로운 확률은 $3.873/(1 + 3.873)$ 또는 0.7948이다.

9.3 블랙박스 모델

블랙박스 모델의 경우 모델을 이해하는 데 필요한 척도는 일반적으로 수치로 계산돼야 한다.[8] 특정 상황에서 한 특성값의 변화가 예측에 대해 미치는 영향은 모델을 다시 실행해 계산할 수 있다. 9.1절의 선형 모델의 경우, 이것은 특성값들과 독립적이지만, 비선형 모델의 경우 특성값들에 따라 달라진다.

9.1절에서 우리가 한 것과 유사하게, 특성이 평균값에서 실제값으로 변화할 때 예측의 변화를 계산해 특정한 상황에서 각 특성의 기여도를 측정할 수 있다. 표 9.1에서 서로 다른 특성의 기여도의 합은 실제 예측과 평균 예측의 차이와 같다. 그 결과 예측과 평균 특성값을 바탕으로 한 예측의 차이는 여러 성분으로 깔끔하게 나뉜다. 비선형 모델의 경우는 표 9.1의 접근방법을 사용해 기여도를 계산할 때, 이러한 단순한 특성을 가지지 않으므로, 9.4절에서 설명될 더 복잡한 계산을 사용해야 한다.

블랙박스 모델의 핵심은 예측과 특성값 사이의 관계가 선형적이지 않을 수 있다는 것이다. 단조성을 가지지도 않을 수 있다. 예를 들어, 상점은 매출에 영향을 미치는 특성 중 하나가 온도라는 것을 발견할 수 있으며, 평균적인 온도의 효과는 그림 9.1과 같은 형태를 가질 수 있다. 이는 기온이 매우 낮거나 매우 높을 때 판매량이 감소한다는 것을 보여준다.

특정한 상황에서, 특성 j의 영향은 특성 j를 제외한 모든 특성을 고정시키고, 특성 j 변화를 변화함으로써 결정할 수 있다. 이 아이디어의 확장은 3차원 플롯을 얻기 위해 두 가지 특성을 동시에 고려하는 곳에서 발견할 수 있다.

모델 내에서(다른 특성들이 특정한 값을 가질 때 특성 j의 역할과는 다른) 특성 j의 역할에 대한 전반적인 이해를 구하기 위해, 다음과 같은 상황에서 많은

---

8 하지만, 신경망의 경우, 네트워크를 통해 순방향으로 계산하고, 체인 법칙을 사용해서 편미분을 계산할 수 있다.

예측을 계산할 수 있다.

- 특성 j는 특정한 값 x_j를 가진다.
- 다른 특성값은 임의로 선택한다.

이들 모든 예측을 평균함으로써, 특성 j를 x_j로 놓는 조건부로 기대되는 예측을 얻는다. x_j에 대해 여러 가지 다른 값을 고려함으로써 x_j의 함수로 예상되는 예측을 표시할 수 있다. 이를 부분 의존도partial dependence plot라고 한다. (선형 회귀의 경우, 이는 직선이다.)

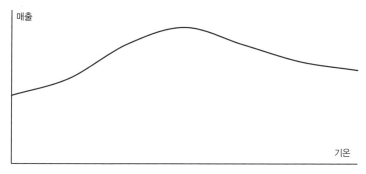

그림 9.1 기온이 상점 매출에 미치는 영향

9.4 샤플리값

선형 회귀 모델은 표 9.1에서 설명한 것처럼 단순한 계산으로 예측 변화에 대한 특성의 기여도 합계와 예측 변화가 같다는 결과를 보여준다. 이미 9.1절에서 언급한 바와 같이, 비선형 모델은 이러한 편리한 특성을 가지고 있지 않다. 그러나 샤플리값Shapley values으로 알려진 것은 특성의 기여도를 더 복잡하게 계산함으로써, 그러한 특성이 성립되는 결과를 보여준다. 샤플리값은 1950년대 초 게임 이론과 관련된 로이드 샤플리Lloyd Shapley의 연구에 기초한다.[9]

---

9 L. S. Shapley, "A value for n-person games." Rand Corporation, 1952를 참조하라.

간단한 예로 계산의 본질을 설명할 수 있다. 세 가지 특성이 있다고 가정하자. 특성들이 평균값을 가질 때, 블랙박스 모델은 100을 예측한다. 우리가 "현재"라고 언급하는 상황에선 특성이 평균과 다른 값을 갖고, 블랙박스 모델은 140으로 예측한다. 이 40 증가에 대한 특성의 기여도는 얼마인가?

이를 조사하기 위해 모델을 다시 실행해 어떤 특성은 평균값을 가지고, 어떤 특성은 현재값을 가지는 모든 상황에 대한 예측값을 계산한다. 그 결과가 표 9.2에 나타난 바와 같다고 가정한다.

다음으로 특성이 평균값에서 현재값으로 변하는 순서열을 고려한다. 특성 X가 먼저 변하고 그다음 특성 Y가 변하고, 그다음 특성 Z가 변하는 상황을 기준으로 XYZ를 나타낸다. 이 예시에는 123, 132, 213, 231, 312, 321의 여섯 가지 가능성이 있다. 처음 두 경우(123과 132)에서 특성 1은 평균에서 현재로 변하고 나머지 두 특성은 평균값을 유지한다. 표 9.2의 1열과 5열로부터 이 상황에서 특성 1의 기여도는 110 − 100 = 10이다. 세 번째 사례 (213)에서는 특성 2가 변한 후, 특성 3이 변하기 전에 특성 1이 변한다. 표 9.2의 3열과 7열로부터 특성 1의 기여도는 이 상황에서 137 − 125 = 12이다. 다른 유사한 계산은 표 9.3에 나와 있다. 특성의 총 평균 기여도(= 10 + 18.5 + 11.5)는 설명해야 할 총 증가량인 40과 같다는 것을 알 수 있다. 이것은 항상 성립한다.

표 9.2 평균값과 현재값의 조합이 다른 모델의 실행 결과

특성 1 값	특성 2 값	특성 3 값	예측
평균	평균	평균	100
평균	평균	현재	120
평균	현재	평균	125
평균	현재	현재	130
현재	평균	평균	110
현재	평균	현재	128
현재	현재	평균	137
현재	현재	현재	140

표 9.3 특성이 평균값에서 현재값으로 변하는 여러 순서열에 대한 특성의 기여도

순서열	특성 1 기여도	특성 2 기여도	특성 3 기여도
123	10	27	3
132	10	12	18
213	12	25	3
231	10	25	5
312	8	12	20
321	10	10	20
평균	10	18.5	11.5

샤플리값을 사용해 특성의 기여도를 계산하는 이 계산은 좋은 특성을 가지고 있다. 하나는 방금 설명한 기여도의 합이 전체 변화와 같다는 특성이다. 또 다른 매력적인 특성은

- 특성이 전혀 변하지 않을 경우, 그 기여도는 0으로 예측한다.
- 두 특성이 동일한 방법으로 예측에 영향을 미친다는 점에서 대칭적이라면, 두 특성의 기여도는 같다.
- 예측이 여러 기저 모델에 의해 주어진 예측의 평균인 앙상블 모델의 경우, 샤플리값은 기저 모델에 대한 샤플리값의 평균이다.

특성 수가 증가하면 샤플리값을 결정하기 위한 계산 횟수가 상당히 빠르게 증가해 샤플리값을 사용하는 데 계산 비용이 많이 든다.[10] 샤플리값은 두 예측이 다른 이유를 설명하기 위해 사용할 수 있다. (즉, 벤치마크가 평균 특성값에 기초한 예측일 필요는 없다.) 그러나 모델 전체의 작동을 설명하는 능력은 제한적이다. 또한 특성들 간의 상호작용은 특성값들의 비현실적인 조합을 고려하게 할 수 있다.[11]

---

10 m개의 특성이 있을 때는 $m!$ 시퀀스와 각각의 시퀀스에 대해 2^n의 상이한 기여도를 계산한다.

11 모든 모델들은 이 문제를 가지고 있다. 9.1절에서 이러한 현상이 표 9.1에서 일어난다고 설명했다. 1층(스퀘어피트)을 변경하지 않고 전체 지하실(스퀘어피트)을 변경하면, 비현실적인 특성값 조합이 만들어진다.

9.5 라임

라임^{LIME, Local Interpretable Model-agnostic Explanations}은 블랙박스 모델에서 발생하는 예측을 설명하기 위한 대안적 접근방법이다.[12] 라임은 고려되고 있는 특성값들에 가까운 특성값에 대해 잘 작동하는, 보다 단순한 해석 가능한 모델을 만들어 모델의 예측을 이해하려고 한다. 절차는 다음과 같다.

- 특성의 현재값을 교란해 특성에 대한 샘플 특성값들을 생성한다.
- 샘플로부터 예측을 얻기 위해 블랙박스 모델을 실행한다.
- 샘플과 블랙박스 모델의 예측을 이용해 해석하기 쉬운 모델(예: 선형 회귀 또는 의사결정트리)을 훈련한다.

관심 영역 내에서의 예측을 새로운 모델을 사용해 설명할 수 있다. 샘플은 현재 특성값에 대한 근접성에 따라 가중치를 부여할 수 있다. 새로운 모델은 종종 원래의 모델보다 더 적은 특성을 포함할 것이다. (예를 들어, 라쏘를 사용하기 때문이다.)

요약

머신러닝의 중요한 측면은 해석 가능성이다. k-최근접 이웃, 선형 회귀, 의사결정트리와 같은 일부 모델은 해석하기가 상당히 쉽다. 로지스틱 회귀는 그렇게 간단하지는 않지만, 출력에 대한 입력과 관련한 분석적 공식이 있으므로 필요한 모델의 특성을 쉽게 도출할 수 있다. 신경망 같은 모델은 블랙박스다. 출력이 입력과 어떻게 관련되는지 이해하는 간단한 방법은 없다. 모델에 대해 물어볼 수 있는 한 가지 질문은 "다른 모든 특성을 동일하게 유지할 때, 특성 j의 값이 변하면 어떻게 되는가?"이다. 이것은 선형 회

---

12 M.T. Ribeiro, S. Singh, and C. Guestrin, "Why should I trust you? Explaining the predictions of any classifier." Proceedings of the 22nd ACM SIGKDD international conference on knowledge discovery and data mining (2016)를 참조하라.

귀의 경우에 대답하기 쉽다. 특성값의 변화와 특성 j의 가중치를 곱한 것은 예측에 대한 변동의 영향과 같다. 이는 작은 변화와 큰 변화 모두에 해당하며 현재 특성값에 의존하지 않는다. 로지스틱 회귀 분석의 경우 특성값 변화의 영향을 추정할 때 확률보다는 승산비 측면에서 작업하는 것이 더 쉬운 경우가 있다.

블랙박스 모델에서 특성값과 예측 사이의 관계는 매우 비선형적일 수 있다. 특정 예측에 대한 관계를 이해하기 위해 애널리스트는 다른 모든 특성값을 고정시키면서 특성값의 변화 영향을 조사하기 위해 모델을 반복적으로 실행할 수 있다. 특성의 영향에 대한 폭넓은 이해를 제공하기 위해, 다른 특성의 값을 랜덤화할 수도 있다.

한 집합의 특성값이 다른 집합의 특성값과 다른 예측을 생성하는 이유를 이해하기 위해, 각 특성의 기여도를 별도로 고려할 수 있다. 그러나 모델이 비선형적일 때 기여도의 합은 설명해야 할 총 차이와 같지 않다. 샤플리값은 예측의 전체적인 변화가 서로 다른 특성의 기여도에 정확히 할당되도록 이 문제를 극복하는 방법을 제공한다.

라임^{LIME}은 모델 해석성과 관련한 최근 아이디어 중 하나로, 특성이 현재값에 가까운 값을 가질 때 모델이 어떻게 작동하는지 이해하는 것과 관련된다. 접근방법은 관심 영역에서 모델의 아웃풋을 설명하는 새로운 데이터셋이 생성되도록, 현재 값을 교란시키고 모델을 재실행하는 것이다. 그런 다음 선형 회귀 분석 또는 의사결정트리와 같은 해석 가능한 모델을 이 데이터셋에 적합화시킨다.

짧은 개념 질문

9.1   이 책에 소개된 모델 중 해석하기 가장 어려운 것은?

9.2   선형 모델이 비선형 모델보다 해석하기 쉬운 점은 무엇인가?

9.3 아이오와에서 5,000 스퀘어피트의 뒷마당^{back yard}을 추가로 가지는 것은 얼마만큼의 가치가 있는가?

9.4 로지스틱 회귀 분석에서 특성값의 매우 작은 변화에 대한, 음성 결과의 확률민감도에 대한 식은 무엇인가?

9.5 "불리한 승산비^{odds against}"와 "유리한 승산비^{odds on}"가 의미하는 바를 설명하라. 로지스틱 회귀 모형을 해석하는 데 유용한 개념이 될 수 있는 이유는?

9.6 "특성 간 상호 작용은 예측 변화에 대한 특성의 기여도를 계산할 때 문제를 일으킨다." 이 명제를 설명하라.

9.7 부분 의존도^{partial dependence plot}가 무엇이고, 어떻게 계산되는지 설명하라.

9.8 모델 해석성에 대해 샤플리값을 사용하는 이점은 무엇인가?

9.9 모델 해석성에 대한 라임(LIME) 접근방법에 대해 설명하라.

9.10 4가지 특성에 대해 샤플리값을 계산할 때 얼마나 많은 다른 순서열을 고려해야 하는가?

연습문제

9.11 표 3.9의 로지스틱 회귀 모델의 경우, 샤플리값을 사용해 9.2절에서 예시한 사람(주택이 없고 소득은 6만 달러, 총부채상환비율 5, 신용점수 670)의 양성 결과 확률에 대한 각 특성의 기여도를 계산하라. 평균 특성값을 가진 사람을 벤치마크로 사용한다.

9.12 라임 접근법을 사용해 9.2절에서 예시한 사람(주택이 없고, 소득은 6만 달러, 총부채상환비율은 5, 신용점수 670)에 대한 국지적 모델을 계산하라.

10

금융에서의 응용

몇 년 전까지만 해도 나의 연구는 거의 전적으로 금융, 특히 파생상품 시장에 관한 것이었다. 그 후 머신러닝이 금융과 파생상품에 점점 더 큰 영향을 끼치고 있다는 것이 내게 분명해졌다. 나는 머신러닝에 대해 배우기 시작했고 이 책은 그 결과물 중 하나이다.

이 장에서는 두 가지 애플리케이션을 상세히 기술함으로써 금융에 혁명을 일으키기 시작하는 머신러닝의 일부 애플리케이션 잠재력에 대한 맛보기를 제공할 것이다. 이러한 애플리케이션은 내가 참여한 연구의 단순화된 버전이다. (파생상품을 포함하지만, 이 분야에 대한 지식이 거의 없는 독자들은 10장에서 필요한 배경을 제공하므로 걱정할 필요가 없다.) 애플리케이션을 위한 데이터 및 파이썬 코드는 다음 사이트에 있다.

www-2.rotman.utoronto.ca/~hull

독자들은 이를 사용해 애플리케이션을 더 자세히 탐구할 수 있다.

10장은 머신러닝이 금융에서 사용되는 여러 가지 다른 방법들 중 몇 가지를 요약함으로써 마무리한다.

10.1 파생상품

대부분의 금융거래와 그 밖의 거래는 자산을 즉시 또는 거의 즉시 현금으로 교환하는 것을 포함한다. 파생상품 거래는 본질적으로 다르다. 즉, 두 당사자가 즉시 교환하는 것이 아니라 미래에 교환하는 것에 동의한다.

파생상품 거래에서 양 당사자가 합의한 거래소에는 보통 하나 이상의 금융자산이 포함된다. 따라서 거래의 가치는 이러한 기초 금융자산의 가치에 따라 달라진다.(또는 그 가치에서 파생된다.) 파생상품 거래에서 자주 사용되는 기초 금융자산의 예는 주식, 주식 포트폴리오, 상품, 통화 등이다.

중요하고 인기 있는 파생상품은 옵션이다. 옵션은 미래 특정 시점에, 특정 가격으로 상대방으로부터 자산을 매입할 권리(그러나 의무는 아니다.) 또는 상대방에게 매도할 수 있는 권리를 말한다.[1] 계약상의 가격을 행사가격이라고 한다.

살 수 있는 권리는 콜옵션이라 부른다. 콜옵션의 예는 거래 상대방 A가 거래 상대방 B로부터 6개월 안에 특정 주식을 50달러에 매입할 수 있는 권리를 획득하는 경우다. 주식의 현재 가격은 50달러보다 크거나 작을 수 있다. 이 옵션은 6개월 후의 주가 S_T가 50달러보다 크면 $S_T - 50$과 동일한 이익으로 행사될 것이다.[2] 이런 경우를 거래 상대방 A가 '콜옵션을 매입했다 또는 콜옵션 포지션이 롱이다' 라고 얘기한다. 거래 상대방 B 입장에서는 '콜옵션을 매도했다 또는 콜옵션의 포지션이 숏이다' 라고 표현한다. 거래 상대방 A는 옵션을 획득하기 위해 거래 상대방 B에게 선불로 금액을 지급할 것이다.

팔 수 있는 권리는 풋옵션이라고 한다. 풋옵션의 예는 거래 상대방 A가 6개월 안에 50달러에 주식을 매도할 수 있는 권리를 획득하는 경우다. (콜옵

---

1 이 장 전체에 걸쳐 우리가 고려할 옵션은 모두 유러피언 옵션이라고 불리는 것이다. 유러피언 옵션은 미래에 오직 한 번만 행사할 수 있다.

2 거래 상대방 A는 옵션의 조건에 따라 주식을 매입하고 즉시 시장에서 매도함으로써 이러한 이익을 현금화할 수 있다.

션의 경우와 마찬가지로 주식의 현재 가격은 50달러 이상 또는 그 이하일 수 있다.)
이 옵션은 6개월 후의 주가인 S_T가 50달러 미만이면 $50 - S_T$에 해당하는
이익으로 행사될 것이다.[3] 이때 거래 상대방 A가 '풋옵션을 매입했다 또는
풋옵션에 롱포지션을 가지고 있다' 라고 얘기한다. 거래 상대방 B 입장에
서는 '풋옵션을 매도했다 또는 풋옵션의 포지션이 숏이다' 라고 한다. 콜옵
션의 경우와 마찬가지로, 거래 상대방 A는 옵션의 비용을 거래 상대방 B
에게 선불로 지급할 것이다.

그림 10.1은 행사가격이 50달러일 때, 콜옵션과 풋옵션 매입으로부터의 페
이오프를 옵션만기시점에서 자산가격의 함수로 보여준다. 옵션 존속기간
동안의 페이오프는 주식 그 자체에 투자하는 것과 근본적으로 다르다는 것
을 알 수 있다. 주식투자의 경우 특정 가격 상승으로 인한 이익은 동일한
가격 하락으로 인한 손실과 같다. 그러나 옵션의 경우에는 그렇지 않다. 대
칭성이 결여된다. 옵션 존속기간 동안 유리한 가격 움직임으로 인한 페이
오프는 매우 높을 수 있지만, 불리한 움직임으로 인한 페이오프는 최악의
경우 0이다. 달리 말하면, 옵션의 매입자는 옵션을 매입하기 위해 지불한
가격보다 큰 금액을 잃을 수 없으며, 반면 가능한 이익은 상당히 클 수 있다.

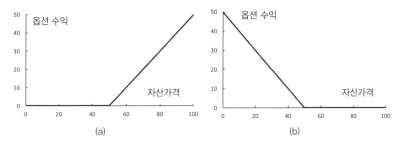

(a)   (b)

그림 10.1 (a) 50달러로 주식을 매입할 수 있는 콜옵션과 (b) 50달러에 주식을 매도할 수 있
는 풋옵션으로부터의 수익

---

3 거래 상대방 A는 시장에서 주식을 매입하고 풋옵션 조건에 따라 즉시 매도함으로써 이러한 이익을 현금화
   할 수 있다.

기초자산가격의 변동성이 높을 때, 자산가격이 크게 움직일 수 있고 방금 언급한 대칭성의 결여는 옵션보유자에게 가치가 있다. 변동성이 낮을 때는 여전히 대칭성의 결여가 존재하지만, 가격이 크게 움직일 가능성이 작아 가치가 떨어진다.

따라서 매입자가 매도자에게 옵션으로 지급해야 하는 가격은 자산가격 변동성의 추정치에 따라 달라진다. 변동성이 커질수록 가격은 오른다. 변동성에 대한 옵션가격의 의존성은 옵션과 그 밖의 파생상품의 분석을 다른 단순한 금융상품보다 더 복잡하게(그리고 더 흥미롭게) 만든다.

K를 옵션의 행사가격으로, S를 기초자산의 가격으로 정의한다. $K < S$에서 콜옵션을 즉시 행사할 수 있다면, 양의 수익이 있을 것이기 때문에 일반적으로 내가격$^{\text{in-the-money}}$이라 말한다. $K > S$일 때, 콜옵션은 비슷하게 외가격$^{\text{out-of-the-moeny}}$이라 부른다. 풋옵션의 경우는 반대다. $K < S$일 때가 외가격, $K > S$일 때 내가격이다. 옵션의 내가격 또는 외가격의 범위(즉, K와 S의 상대적 가치)를 옵션의 머니니스^{moneyness}라고 한다.

10.2 델타

파생상품 시장에서 중요한 변수는 델타다. 델타는 특정 기초자산에 의존하는 파생상품 포트폴리오 가치의 그 기초자산의 가격에 대한 민감도^{sensitivity}이다. ΔS와 동일한 기초자산가격의 작은 상승으로 포트폴리오의 가치가 ΔP만큼 상승한다면 포트폴리오의 델타는 $\Delta P / \Delta S$이다.

델타가 0인 포트폴리오는 기초자산가격의 작은 변동에 민감하지 않은 속성을 가지며, 이를 델타중립이라고 한다. 트레이더들은 통상 보유 포트폴리오를 매일 델타중립 또는 델타중립과 가깝게 만들려고 한다. 트레이더는 기초자산을 거래함으로써 이를 달성할 수 있다. 파생상품 포트폴리오에 대해 측정한 델타가 −4,000이라고 가정해 보자. 이는 기초자산가격이 소폭

상승하는 ΔS가 $4,000 \times \Delta S$에 해당하는 포트폴리오의 가치 하락으로 이어질 것임을 나타낸다. 자산 4,000개 단위에서 롱 포지션을 취하면 델타중립 포트폴리오로 이어질 것이다. 파생상품의 이익(손실)은 새로운 포지션의 손실(이익)로 상쇄된다.

옵션 평가의 가장 유명한 모델은 블랙-숄즈-머튼$^{\text{Black-Scholes-Merton}}$ 모델인데, 6장에서 신경망을 설명하기 위해 사용했던 모델이다. 이는 옵션가격과 다음 변수 사이의 관계다.

- 자산가격, S
- 행사가격, K
- 무위험 금리, r
- 변동성, σ
- 옵션 만기, T
- 자산에 대해 시장이 기대하는 수익. 기초자산이 일정한 수익률을 제공한다고 가정하고(즉, 가격의 백분율로 수익은 일정하다.) q로 이 수익률을 나타낼 것이다.

블랙-숄즈-머튼 모델은 짧은 기간 Δt 동안의 수익률이 평균 $\mu \Delta t$와 표준편차 $\sigma \sqrt{\Delta t}$의 정규분포를 갖는다고 가정한다. (마법과 같이, 등식 (6.3)에서 알 수 있듯이 평균 수익률은 옵션가격에 대한 방정식에 들어가지 않는다.) 콜옵션과 풋옵션의 델타는 다음과 같다.

$$\text{Delta(call)} = e - {}^{qT}N(d_1)$$
$$\text{Delta(put)} = e - {}^{qT}[N(d_1) - 1]$$

여기서

$$d_1 = \frac{\text{In}(S/K) + (r - q + \sigma^2/2)T}{\sigma \sqrt{T}}$$

이다.

S/K의 함수로서 콜옵션과 풋옵션에 대한 롱포지션의 델타는 그림 10.2에 나타나 있다. 단순성을 위해 $q = 0$이라고 가정하자. 콜옵션의 경우, 델타가 깊은 외가격 상태일 때 (즉, S/K가 상당히 1보다 작을 때) 0에 가깝고, 깊은 내가격 상태일 때(즉, S/K가 1보다 상당히 클 때) 1에 가깝다. 풋옵션의 경우, 델타 패턴은 유사하다. 풋옵션의 경우 델타 패턴은 유사하나, 범위가 0에서 1까지가 아니라 −1에서 0이다.

트레이더들은 헷징에 델타를 사용하는 것 외에 머니니스를 측정하기 위해 델타를 사용한다.[4] 이는 다음과 같다. 델타가 0.5인 콜옵션을 등가격^{at-the-money}이라고 한다. 델타가 0.5보다 크면 콜옵션은 내가격^{in-the-money}이 되고, 0.5보다 작으면 콜옵션은 외가격^{out-of-the-money}이 된다. 마찬가지로, 델타가 −0.5인 풋옵션은 등가격 옵션이라 하며, 델타가 −0.5 미만인 풋옵션은 내가격, −0.5 이상인 풋옵션은 외가격이다.

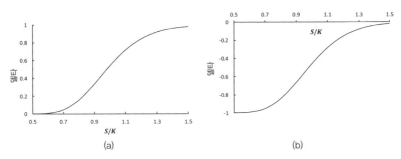

그림 10.2 (a) 콜옵션의 롱 포지션과 (b) 풋옵션의 롱 포지션의 경우 $q = 0$일 때 S/K에 따른 델타의 변화

10.3 변동성 표면

블랙-숄즈 모델에서 옵션가격을 결정하는 10.2절에서 열거한 6가지 변수 중 σ를 제외한 모든 변수를 알고 있다. (자산에 대해 시장이 예상하는 소득은

---

4 이전에 언급한 바와 같이, 머니니스에 대한 공통 정의는 단순히 $S > K$ 또는 $S < K$ 인지를 반영한다. 델타는 트레이더들이 선호하는 보다 정교한 척도다.

선물 또는 선도계약에서 추정할 수 있다.) 따라서 옵션 트레이더들은 시장에서 옵션가격을 관찰한 후 블랙-숄즈-머튼 모델에서 가격과 일치하는 σ의 가치를 계산하는 게임을 하는 것이다. 이 σ의 가치는 옵션의 내재 변동성으로 알려져 있다.[5] 옵션가격은 매우 자주 내재 변동성으로 호가된다.[6] 옵션가격은 다른 알려진 파라미터와 함께 내재 변동성을 블랙-숄즈-머튼 모델에 대입함으로써 산출할 수 있다.

블랙-숄즈-머튼 모델은 변동성 σ가 고정이라고 가정한다. 이로부터 만약 시장참여자가 자산에 대한 모든 옵션의 가격을 결정할 때 동일한 변동성의 블랙-숄즈-머튼 모델을 사용하면, 옵션으로부터 계산되는 내재 변동성은 모두 같을 것이며, 사용된 변동성과 같을 것이다. 실무에서 블랙-숄즈-머튼 모델은 트레이더들이 어떻게 옵션가격을 평가하는지에 대해 완전히 설명하지 못한다. 그럼에도 불구하고, 내재 변동성은 시장참여자들에 의해 계속 계산되고 호가된다. 어떤 주어진 시점에 시장에서 거래되는 모든 옵션은 가격을 가지고, 따라서 이 가격에 연관된 내재 변동성을 가진다.

트레이더들에게 중요한 활동은 내재 변동성을 추적하는 것이다. 특정 시점에 옵션의 내재 변동성은 다음 두 변수의 함수다.

- 머니니스(앞서 설명한 바와 같이 델타로 측정됨)
- 만기 T

델타와 T에 대한 내재 변동성과 관련된 3차원 함수를 변동성 표면volatility surface이라고 한다. 두 개의 다른 날짜에 대해 S&P 500의 모든 옵션에서 추정된 변동성 표면은 그림 10.3에 나타나 있다.

---

5 특정 행사가격과 만기가 같은 콜옵션의 내재 변동성은 행사가격과 만기가 같은 풋옵션의 변동성과 동일하다.

6 이렇게 하는 주요 이점은 자산가격이 변동하더라도 내재 변동성은 그대로 유지되는 경우가 많다는 것이다. 따라서 내재 변동성으로 호가될 때, 더 안정적이다.

10.4 변동성 표면 움직임의 이해

그림 10.3과 같이 변동성 표면은 매우 비선형적이다. 어떤 날에서 다음 날까지의 변동성 표면의 변화도 매우 비선형적이다. 변동성 표면이 어떻게 움직이는지를 이해하는 것은 여러 가지 이유로 중요하다.

- 트레이더가 익스포져를 헷징하는 데 도움이 될 수 있다.[7]
- 퀀트가 옵션가격이 어떻게 시장에서 결정되는가를 반영하는 확률적 변동성 모델을 결정하는 데 도움이 될 수 있다.
- 자산가격이 빠르게 변화하고 있는 시장에서 트레이더가 내재 변동성을 조정하는 데 도움이 될 수 있다.

신경망은 실증 데이터를 사용해 변동성 표면 움직임을 모델링하는 자연적인 도구다.

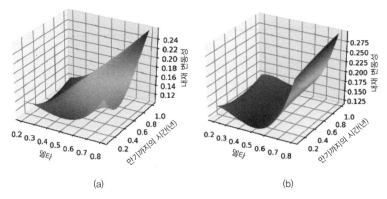

그림 10.3 (a) 2019년 1월 31일 (b) 2019년 6월 25일 S&P 500 옵션의 변동성 표면

자산가격이 하락할 때, 자산의 옵션에서 계산되는 모든 내재 변동성은 증가하는 경향이 있으며, 그 반대의 경우도 마찬가지이다. 그러나 내재 변동성이 모두 같은 양으로 바뀌는 것은 아니다. 이것은 내재 변동성의 패턴에

---

7 이 절의 적용에서 알 수 있듯이, 자산가격이 상승할 때 변동성은 감소하는 경향이 있으며, 그 반대의 경우도 마찬가지이다. 트레이더는 기초자산의 가격이 변동될 때 변동성이 어떻게 변할 것으로 예상되는지를 고려하는 헷징에 "변동성 조정 델타"를 사용할 수 있다.

많은 변화를 가져온다. 흥미롭게도, 내재 변동성이 자산 수익률과 음의 상관관계를 갖는 경향의 현상에 대한 두 가지 경쟁 이론이 연구자들에 의해 제안됐다.

- 주식과 주가지수에 적용할 수 있는 한 가지 이론은 자산가격이 하락(상승)할 때 자본구조에서 부채의 영향이 더 뚜렷해지고(낮아지고), 이에 따라 변동성이 증가(감소)한다는 것이다.
- "변동성 피드백 효과 가설$^{volatility\ feedback\ effect\ hypothesis}$"로 알려진 또 다른 이론은 변동성이 증가(감소)할 때, 위험 보상으로 더 높은 (낮은) 수익률을 요구한다는 것이다. 결과적으로 자산의 가격이 하락한다.

첫 번째 이론에서 인과관계는 자산가격 변화에서 변동성으로 바뀐다. 두 번째 이론에서는 반대다. 한편, 경험적 증거는 두 번째 이론에 더 부합하는 것처럼 보이지만, 이 책의 목적상 이러한 관계의 이유는 중요하지 않다. 단지 관계를 계량화하기 위해 데이터를 사용하는 것에 관심이 있을 뿐이다.

데이터는 2014년에서 2019년 사이의 S&P 500에 대한 콜 옵션으로 구성돼 있다. 데이터셋의 크기를 관리할 수 있도록, 매일 100개의 옵션을 랜덤하게 샘플링하고, 샘플링된 날과 다음날의 각 옵션에 대한 호가를 기록한다.[8]

신경망은 그림 6.3에 나타난 구조를 가지고 있다. 다음의 세 가지 특성을 갖는다.

- S&P 500 지수가 어떤 날에서 다음날로 변하는 퍼센트 변화
- 만기
- 옵션의 델타

---

8 여기에 제시된 분석은 J.Cao, J. Chen, and J. Hull, "A neural network approach to understanding implied volatility movements," forthcoming, Quantitative Finance, available at ssrn 3288067 이 수행한 것의 단순화 버전이다. 그들의 분석은 2010년에서 2017년 사이의 데이터를 사용했으며 53,653건의 콜옵션에 대한 207만 건의 관측치를 기반으로 했다.

타깃 변수는 내재 변동성의 변화다. 목적은 내재 변동성의 예측된 변화와 실제 변화 사이의 평균제곱오차를 최소화하는 것이다. 여기에 제시할 결과는 3개의 은닉층과 층당 20개의 노드를 사용한다.

표 10.1은 데이터 샘플을 보여준다. 모두 125,700건의 관측 결과가 있다. 이들을 무작위로 훈련셋(관측치 75,420개 또는 전체의 60%), 검증셋(관측치 25,140개 또는 전체의 20%), 테스트셋(관측치 25,140개 또는 전체의 20%)로 분할했다. 6장에서 언급한 바와 같이, 입력을 스케일링할 때 신경망의 성능이 향상된다. (훈련셋에서 얻은 평균 및 표준편차를 사용한) Z-점수 스케일링을 사용했다. 표 10.2는 이 스케일링이 적용된 후 표 10.1의 데이터를 보여준다.

머신러닝 모델을 구성할 때, 보다 단순한 모델을 벤치마킹하는 것이 항상 유용하다. 이 경우 다음과 같은 모델을 사용한다.

$$\text{내재 변동성의 예상 변화} = R\,\frac{a + b\delta + b\delta^2}{\sqrt{T}} \tag{10.1}$$

여기서 R은 자산 수익률(= 초기가격으로 나눈 가격의 변화), T는 옵션의 만기, δ는 옵션의 머니니스(델타로 측정), a, b, c는 상수다. 헐과 화이트(2017년)가 제안한 모델로, 실무자들에게 상당히 인기가 있다.[9] a, b, c는 $R\sqrt{T}$, $R\delta\sqrt{T}$와 $R\delta^2\sqrt{T}$에 대해 내재 변동성 변화를 회귀해 추정할 수 있다.

표 10.1 원본 데이터의 샘플이며, 특정일과 그다음 영업일 사이의 S&P 500의 수익률과 내재 변동성의 변화(엑셀 파일 참조)

날짜	S&P 500 수익률(%)	만기(년)	델타	내재 변동성 변화(bps)
Jan 28, 2015	0.95	0.608	0.198	−31.1
Sept 8, 2017	1.08	0.080	0.752	−54.9
Jan 24, 2018	0.06	0.956	0.580	−1.6
Jun 24, 2019	−0.95	2.896	0.828	40.1

---

9 J. Hull and A. White, "Optimal delta hedging for options," Journal of Banking and Finance, Sept 2017: 180–190를 참조하라.

표 10.2 입력에 Z-점수 스케일링 사용 후 표 10.1의 데이터(엑셀 파일 참조)

날짜	S&P 500 수익률(%)	만기(년)	델타	내재 변동성 변화(bps)
Jan 28, 2015	1.091	−0.102	−1.539	−31.1
Sept 8, 2017	1.247	−0.695	0.445	−54.9
Jan 24, 2018	0.027	0.289	−0.171	−1.6
Jun 24, 2019	−1.176	2.468	0.716	40.1

그림 10.4는 훈련셋과 검증셋을 위해 신경망이 얻은 결과를 보여준다. (평균제곱오차는 50개 이상의 연속 에폭에 걸쳐 평균을 구함으로써 그림 10.4를 평활하게 만들었다.)

6장에서 설명한 접근방법에 따라 검증셋의 결과가 개선되지 않을 때까지 훈련을 계속한다. 위의 예에서 이것은 5,826번째 에폭 이후에 일어난다. 테스트셋 결과는 식 (10.1)의 모델에 비해 아주 크지는 않지만 14% 개선된 것으로 나타났다.

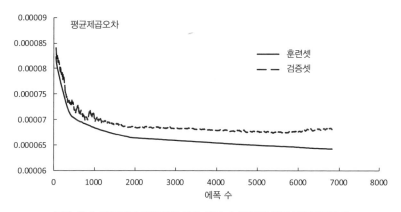

그림 10.4 훈련셋과 검증셋에 대한 에폭 수 증가에 따른 평균제곱오차

일단 기본 모델이 구현되면, 자연스럽게 결과를 더 개선할 수 있는 추가 특성을 찾을 수 있다. 이 경우, t일과 $t+1$일 사이의 변화를 예측하기 위해 t일

에 관측된 VIX 지수는 상당한 개선 효과를 내는 것으로 밝혀졌다.[10] (연습 10.12를 풀면서 독자가 직접 확인할 수 있다.) 이런 사실로 내재 변동성 표면의 움직임이 높고 낮은 변동성 환경하에서 서로 다른 경향이 있다는 것을 추론할 수 있다.

10.5 헷징을 위한 강화학습 사용

10.2절에서는 델타가 기초자산에 의존하는 파생상품 포트폴리오를 헷징하는 데 어떻게 사용되는지 설명했다. 다음 애플리케이션의 목적상, 델타의 계산법을 알지 못하며 옵션 숏 포지션에 대한 최적의 헷징전략을 계산하기 위해 강화학습을 사용 한다고 가정하자.

$S = 100$, $K = 100$, $\mu = 0$, $r = 0$, $q = 0$, $\sigma = 20\%$, $T = 10$일(또는 0.04년)인 경우 10개의 콜옵션 매도를 헷징한다고 가정하자.[11] 주식의 최종 가격이 100보다 클 것이 확실해 헷저가 옵션이 행사될 것을 알았다면 10주를 사들이는 것이 최선일 것이다. 마찬가지로, 주식의 최종 가격이 100 미만으로 되는 것이 확실하기 때문에 옵션이 행사되지 않을 것이라는 것을 헷저가 알고 있다면, 주식을 보유하지 않는 것이 최선일 것이다. 물론 실무에서는 결과가 불확실하며, 헷징 결정을 할 때마다 헷저는 0과 10 사이의 포지션을 선택해야 한다.[12]

주가의 행태는 블랙-숄즈-머튼 모델을 따른다고 가정한다. 이는 앞서 언급한 바와 같이 단기간 Δt 주가수익률이 평균 $\mu \Delta t$와 표준편차 $\sigma \sqrt{\Delta t}$의 정규분포를 가진다는 것을 의미한다. 모델에서 계산된 주가는 가장 가까운 정수로 반올림된다.

---

10 J.Cao, J. Chen, and J. Hull, "A neural network approach to under-standing implied volatility movements," forthcoming, Quantitative Finance, available at ssrn 3288067의 결과를 참조하라.

11 일년에 250 거래일이 있다고 가정한다.

12 실무상 옵션계약은 100주 단위로 매입거나 매도하므로, 주식 자체는 100의 배수로 매입되거나 매도된다. 여기서는 분석을 단순화하기 위해 상이한 11개의 포지션만 취할 수 있다고 가정한다.

헷지 포지션(즉, 보유 주식수)을 하루에 한 번 변경할 수 있어, 총 10개의 결정을 내려야 한다고 가정하자. 특정일에 헷징 결정이 이루어지는 시점의 강화학습 알고리즘에 대한 상태는 다음과 같이 정의한다.

- 현재 보유주식 수(즉, 전일 취한 포지션)
- 주가

언급했듯이 현재의 보유주식 수에 대해 11개의 가능한 값이 있다. 가격 상태는 다음 같이 총 15개가 가능하다고 가정한다.

$\leq$93, 94, 95, 96, 97, 98, 99, 100, 101, 102, 103, 104, 105, 106, $\geq$107

문제를 단순화하기 위해 최대 5주까지 매수할 수 있고 5주까지 매도할 수 있다고 가정한다. 예를 들어 현재 보유주식 수가 7인 경우 가능한 행동(즉, 포지션 변화)는 -5, -4, -3, -2, -1, 0, +1, +2, +3이다. 유사하게 현재 보유주식 수가 2인 경우 가능한 행동은 -2, -1, 0, +1, +2, +3, +4, +5이다.

목적함수는 헷징 비용의 변동을 최소화하는 것이다. 각 기간(취한 결정에 관계없이)의 기대 비용은 0으로 가정할 수 있다. 연속적인 날의 헷지된 포지션의 가치 변동은 독립적이라고 가정한다. 금리가 0이기 때문에, 다음을 최소화 하는 것이 목적이다.

$$\sum_i H_i^2$$

여기서 H_i는 i번째 일 중 헷저의 포지션 가치의 변동이며, 합계는 현재부터 모든 기간에 걸쳐 계산한다. 만약 N_i가 i번째 일 시작시점의 보유주식 수라면 S_i는 i번째일 시작시점의 주식가격이고, c_i는 i번째일 시작시점의 콜옵션 가격(블랙숄즈-머튼 식으로 구한다.)이다.

$$H_i = N_i(S_{i+1} - S_i) - 10(c_{i+1} - c_i)$$

www-2.rotman.utoronto.ca/~hull에서 파이썬 구현이 가능하다.

훈련셋을 위해 300만 경로의 주가를 생성했다. (이런 작은 문제에 300만 경로가 필요하다는 것은 7장에서 언급했던 강화학습이 '데이터에 굶주려 있다'는 점을 강조한다) 그러고 나서 테스트셋에는 10만 경로를 더 사용했다. 처음에 탐험 확률은 100%였다. 알고리즘이 진행됨에 따라 탐험 확률은 감소해 실험 중 탐험 확률은 선행 시행 값의 0.999999배이다. 탐험 확률의 최소값은 5%이다.

강화학습 모델이 델타 헷징을 합리적으로 잘 추적한다는 것을 발견할 수 있다. 실험기간의 모든 날에 걸쳐 강화학습 알고리즘이 취한 포지션과 델타 헷징이 취한 포지션 사이의 평균 절대적 차이는 테스트셋에 대해 0.32이었다. 옵션 매도와 이에 대한 헷징에 드는 비용의 표준편차는 강화학습 알고리즘을 사용할 때가 델타 헷징을 사용할 때보다 약 9% 더 높았다.

10.6 확장

방금 제시한 분석에서 두 가지 비판이 가해질 수 있다. 첫째, 블랙-숄즈-머튼 가정 하에서 델타에 대한 방정식이 잘 알려져 있기 때문에 이 문제는 강화학습으로 해결할 필요가 없다. (10.2절 참조) 둘째, 문제는 실제로 다기간이 아니다. 매일의 델타는 서로 다른 날의 델타로부터 독립적으로 계산할 수 있다.

그러나 강화학습을 필요하게 하는 분석의 확장이 있다. 실제로, 트레이더는 매수-매도 스프레드에 직면한다. 즉, 매수할 수 있는 매도호가가 매도할 수 있는 매수 호가보다 일반적으로 높다. 매수-매도 호가 스프레드가 무시할 수 없는 수준이라면, 트레이더는 위험 감소에 대한 매수-매도의 비용을 고려하는 전략을 구사하고자 할 것이다. 그러면 목표함수는 다음과 같다.

$$\sum_i (C_i + \alpha H_i^2)$$

여기서 C_i는 기간 i에서 발생하는 거래비용(매수-매도 호가 스프레드로 인한)이며, H_i는 이전과 같이 i일에서의 헷저의 포지션 가치 변동이며, 합계는 현재부터 앞으로 모든 헷징기간에 걸쳐 취해진다. 파라미터 α은 기대 비용과 비용의 분산 간의 트레이드 오프를 정의한다.

거래비용을 고려했을 때 델타헷징은 최적이 아니며, 문제는 강화학습을 필요로 하는 진정한 다기간 문제로 변한다.[13] 10.5절의 분석에 수반되는 코드를 확장해 이 문제를 고려할 수 있다. (연습문제 10.14 참조)

기초자산을 거래할 때 매수-매도 호가 스프레드가 미미하게 수반되는 경우에도, 트레이더는 변동성 위험을 헷징하기 위해 강화학습을 사용할 수 있다. 변동성에 대한 익스포저는 베가^{vega}로 측정한다. 베가를 바꾸려면 동일한 기초자산에 의존하는 또 다른 파생상품의 포지션을 취해야 한다. 파생상품의 거래는 거의 항상 무시할 수 없을 정도로 큰 매수-매도 호가 스프레드를 수반하며, 이는 헤징 전략을 도출하기 위한 강화학습의 사용을 특히 필요하게 만든다.

강화학습 알고리즘은 여러 확률적 프로세스와 함께 사용할 수 있다. (베가 헷징의 경우 변동성이 확률적인 프로세스가 명백히 필요하다.) 실제 적용에 있어서 자산이 뒤따르는 프로세스에 대한 불확실성이 존재한다. Cao et al (2019)이 제안한 한 가지 접근법은 (특정 경로를 만들기 위해 각 프로세스가 동일하게 선택될 가능성이 있는) 혼합 프로세스를 사용해, 이 혼합 프로세스에 대해 모델을 훈련시키는 것이다.[14] 그러면, 헷징 계획은 모든 프로세스에 대해 합리적으로 잘 작동될 것이다.

---

13 이 문제는 J. Cao, J. Chen, J. Hull and Z. Poulos, "Deep hedging of derivatives using reinforcement learning," Working paper, 2019, available at ssrn 3514586; H. Buehler, L. Gonon, J. Teichmann, B. Wood, "Deep hedging," 2019, available at ssrn: 3120710; and P.N. Kolm and G. Ritter, "Dynamic replication and hedging: a reinforcement learning approach," Journal of Financial Data Science, Winter 2019: 159-171에 의해 고려되고 있다.

14 J. Cao, J. Chen, J. Hull and Z. Poulos, "Deep hedging of derivatives using reinforcement learning," Working paper, 2019, available at ssrn 3514586를 참조하라.

10.7 기타 금융 애플리케이션

금융에는 머신러닝의 많은 다른 애플리케이션이 있다. 예를 들면 다음과 같다.

- 머신러닝은 투자에 광범위하게 사용된다. 8장에서 기술한 바와 같이, 감성 분석을 이용해 블로그, 트윗, 뉴스 기사 등의 의견이 자산 수익에 미치는 영향을 판단할 수 있다. 언급했듯이, 수학자들이 운영하는 비밀스러운 헤지펀드인 르네상스 테크놀로지는 머신러닝을 수년간 투자에 사용해 상당한 수익을 올려왔다. 현재 많은 다른 헤지펀드들은 때때로 인간의 개입없이 포트폴리오 관리 결정을 내리기 위해 머신러닝을 사용한다.[15]

- 머신러닝은 사모투자전문PE, Private Equity 회사에서도 종종 사용한다. 스타트 업에 관한 데이터는 성공을 예측하는 특성(예: 회사 연령, 매출 성장, 경영진의 특성 등)을 결정하는 데 사용할 수 있다.

- 자연어 처리는 접수된 수많은 이력서를 취급하기 위해 인사 담당자가 종종 사용한다.

- 대출신청(론 애플리케이션) 처리는 매우 성공적인 머신러닝 적용분야이다. 이 책의 앞부분에서 렌딩클럽의 데이터를 가지고 어떻게 이것이 이뤄질 수 있는지 예시했다. 전 세계의 은행들은 대출 결정의 루틴을 인간 대출 담당자에서 이 책에서 예시한 것과 같은 알고리즘으로 옮기고 있다. (차입자를 만나고 차입자의 성격을 평가하는 것들은 알고리즘이 할 수 없고 인간만이 할 수 있는 것임에도 불구하고, 이것은 사실이다.) IFRS 9와 같은 새로운 회계기준에서는 대차대조표상의 대출 평가에 기대 손실을 반영해야 한다. 이는 은행들이 채무불이행 확률과 회수율을 추정하기 위한 강력한 방법을 고안해야

---

15 이에 대한 논의를 위해서는 M. Lopez de Prado, Advances in machine learning, John Wiley and Sons, 2018와 S.Gu, B. Kelly and D. Xiu, "Empirical asset pricing and machine learning," 2019를 참조하라. 이는 dachxiu.chicagobooth.edu/download/ML.pdf에서 구할 수 있다.

하는 추가적인 동기를 제공한다.

- 직원이나 대리인의 부정거래, 돈세탁, 비리행위 등을 파악하는 것은 금융기관의 중요한 활동이다. 이 영역은 머신이 인간을 능가할 수 있는 영역임을 증명하고 있다.

- 7장에 지적한 바와 같이, 강화학습은 주문실행 시 활용할 수 있다. 대량 매수 또는 매도 주문을 할 때, 트레이더는 (1) 한꺼번에 대량 주문을 하고 잠재적으로 시장을 움직일 수 있는 경우와 (2) 일정 기간 동안 필요한 거래를 분산시키고 불리한 시장 움직임에 노출되는 경우 사이에서 균형을 찾아야 한다.

- 많은 거래에 담보가 필요하며, 종종 이러한 목적으로 사용할 수 있는 대체자산(예: 국공채와 회사채)이 있다. 머신러닝은 최적의 담보 의사결정을 하는 데 도움을 줄 수 있다.

- 일부 파생상품은 몬테카를로 시뮬레이션이나 상당히 느린 수치 절차를 사용해 평가해야 한다. 이는 포트폴리오의 위험을 조사하기 위해 시나리오 및 기타 분석을 수행할 때 문제를 발생시킨다. 6장에서 설명한 바와 같이, 한 가지 접근방법은 신경망을 만들어 수치적 절차에서 얻은 파생상품의 가치를 복제하는 것이다. 파생상품의 가치를 평가하는 것은 네트워크를 통해 순방향으로 계산하는 것인데, 이것은 매우 빠르다. 훈련셋을 생성하는 데 많은 계산 노력이 수반되지만, 이것은 좋은 투자가 될 수 있다.[16]

요약

금융에는 머신러닝의 많은 애플리케이션이 있다. 이러한 애플리케이션의 많은 부분은 파생상품을 포함한다. 6장에서 신경망이 파생상품 가격 산정

---

16 자세한 설명은 R. Ferguson and A. Green, "Deeply learning derivatives," October 2018, available at ssrn: 3244821을 참조하라.

방법을 복제할 수 있는 방법을 살펴봤다. 일단 방법이 개발되면 신경망으로 매우 빠른 가격 산정이 가능하다. 이는 파생상품 가격 산정의 전통적인 방법이 매우 시간이 많이 소요될 때 매력적인 대안이 된다.

10장에서는 머신러닝의 두 가지 애플리케이션에 대해 자세히 살펴봤다. 하나는 변동성의 움직임을 이해하려고 노력하는 것이다. 옵션의 내재 변동성과 기초자산의 가격 사이의 관계는 매우 비선형적이다. 신경망은 이 관계를 계량화하기 위해 과거 데이터와 함께 사용할 수 있다.

다른 애플리케이션에는 헷징이 포함된다. 거래비용이 있는 경우, 헷징은 복잡한 다기간 의사결정을 수반하며 강화학습에 이상적으로 적합하다. 이 경우, 필요한 양만큼 과거 데이터를 사용할 수 없기 때문에 유일한 실행 가능한 접근법은 모델을 사용해 훈련 데이터를 생성하는 것이다. 이번 장에서 애플리케이션은 기초자산가격에 대한 수백만의 경로를 어떻게 사용해 실행 가능한 헷징전략을 결정할 수 있는지 보여준다.

금융 분야에는 이 책에서 다룬 알고리즘과 관련된 머신러닝의 다른 많은 애플리케이션이 있다. 3, 4, 5장에서 분류^{classification}를 설명하기 위해 대출 결정을 이용했다. 그 밖에 사기 탐지, 주문 실행, 투자 등의 영역에서 애플리케이션을 찾아 볼 수 있다.

짧은 개념 질문

10.1 콜옵션과 풋옵션의 차이는 무엇인가?

10.2 파생상품의 가격이 변동성에 따라 달라지는 이유는 무엇인가?

10.3 옵션의 머니니스^{moneyness}는 무엇을 의미하는가? 어떻게 측정하는가?

10.4 블랙-숄즈 모델에서 옵션가격을 결정하는 6가지 변수는 무엇인가?

10.5 델타 중립성이 무엇을 의미하는지 설명하라.

10.6 내재 변동성은 무엇인가?

10.7 변동성 표면이란?

10.8 자산의 가격이 변동될 때 변동성 표면은 보통 어떻게 움직이는가? 이러한 움직임은 콜옵션이 매도됐을 때 파생상품 트레이더가 기초자산의 가격변동에 노출되는 정도를 증가시키거나 감소시키는가?

10.9 어떤 상황에서 강화학습이 델타 헷징보다 개선되는가?

10.10 강화학습이 변동성의 움직임에 대한 헷징에 특히 유용한 이유는 무엇인가?

연습문제

10.11 10.4절의 애플리케이션에서 다음에 있는 파이썬 코드를 사용하라.

www-2.rotman.utoronto.ca/~hull

다음과 같은 효과를 테스트한다.

   (i)   은닉층의 수를 3개에서 (a) 1개, (b) 5개로 바꾼다.

   (ii)   층당 노드 수를 20개에서 (a) 10개, (b) 40개로 바꾼다.

   (iii) relu와 같은 여러 활성함수를 사용한다.

   (iv) 최소-최대 스케일링 사용한다. (이 테스트의 경우 유용한 리소스는 Sklearn's MinMaxScaler이다.)

10.12 다음에 있는 Python 코드를 사용한다.

www-2.rotman.utoronto.ca/~hull

10.4절의 분석을 반복하는 데, (내재 변동성과 S&P 500이 관측되는 2일 중 첫 번째 날에 관측되는) VIX 지수값을 특성으로 추가한다. VIX 지수값은 야후 파이낸스 웹사이트에서 다운로드할 수 있다.

10.13 다음에 있는 Python 코드 사용한다.

www-2.rotman.utoronto.ca/~hull

20일 옵션에 대해 10.5절의 분석을 수행하고 결과를 10일 옵션의 결과와 비교하라.

10.14 다음에 있는 Python 코드를 사용한다.

www−2.rotman.utoronto.ca/~hull

10.6절에 제시된 라인을 따라 10.5절의 애플리케이션을 확장한다. 거래비용이 거래되는 금액의 1%이며, 평균 비용과 비용의 분산 간의 트레이드 오프를 정의하는 α 파라미터가 0.15라고 가정한다. 델타 헷징 결과와 해당 결과를 비교하라.

11
사회적 이슈

컴퓨터는 수년 동안 기록 보관과 청구서 발송과 같은 업무를 자동화하는 데 사용돼 왔고, 대부분의 경우 사회는 이로 인해 혜택을 얻었다. 그러나 이 책에서 이야기한 혁신은 단순한 업무 자동화 이상이라는 것을 강조하고 싶다. 혁신은 머신이 학습하게 한다. 목표는 머신이 결정을 내리고 인간과 유사한 방식으로 환경과 상호작용할 수 있도록 하는 것이다. 실제로, 많은 경우에 있어 그 목표는 머신을 훈련시켜 인간이 특정한 일을 수행하는 방식을 개선하는 것이다.

이 책에서 바둑 세계 챔피언인 커제를 물리친 구글 알파고의 성공에 대해 언급했다. 바둑은 매우 복잡한 게임이다. 컴퓨터가 모든 가능성을 계산하기에는 너무 많은 움직임을 가지고 있다. 알파고는 딥러닝 전략을 이용해 인간 최고의 선수들이 자신의 움직임에 대해 어떻게 생각하는지 대충 계산한 뒤 이를 개선했다. 여기서 핵심은 알파고의 프로그래머들이 알파고에게 바둑 두는 법을 가르치지 않았다는 것이다. 그들은 알파고가 바둑을 두는 법을 학습하도록 가르쳤다.

머신에게 데이터를 사용해 학습하고 지능적으로 행동하도록 가르치는 것은 사회에 어려운 문제들을 제기한다. 머신러닝 알고리즘이 사용하는 데이터는 누가 소유하는가? 머신러닝 알고리즘에 어떤 편향이 존재하는 것인가? 머신이 선악을 구별하도록 가르칠 수 있는 것인가? 머신러닝 기저의 알고리즘이 더 투명해져야 하는가? 지구상에 가장 지능이 높다는 인간의 의미는 무엇인가? 이번 장에서는 이러한 질문들을 살펴보자.

11.1 데이터 보안성

데이터 보안성에 관련된 이슈는 부분적으로는 캠브릿지 애널리티카 Cambridge Analytica의 활동 때문에 널리 알려져 왔다. 캠브릿지 애널리티카는 도널드 트럼프의 2016년 대통령 선거와 영국의 유럽연합을 떠나기 위한 brexit 홍보 조직을 위해 일했다. 이 회사는 사용자들로부터 아무런 허가없이 수백만 페이스북 사용자들에 대한 개인 정보를 수집하고 사용했다. 데이터는 충분히 상세해서 캠브릿지 애널리티카가 프로파일을 만들어 그들을 고용한 기관들의 이익을 증진시키는 데 어떤 종류의 광고 또는 다른 행동들이 가장 효과적일 것인지를 결정할 수 있었다.

많은 정부가 데이터 보안에 관한 이슈를 우려하고 있다. 유럽연합은 특히 선제적으로 개인데이터보호법을 통과시켜 2018년 5월부터 시행했다.[1] 법에서는 데이터가 가치가 있다는 것을 인지하고 다음을 충족하도록 했다.

- 기업이 개인 정보를 수집하는 목적 이외의 용도로 사용하기 전에 반드시 개인으로부터 허가를 받아야만 한다.
- 데이터 위반이 있다면, 영향을 받는 모든 사람에게 72시간 이내에 반드시 통지를 해야 한다.
- 시민은 알고리즘이 그들의 데이터에 적용되는 것에 대해 "설명을 받을 권리"를 가진다.
- 데이터는 국경에 걸쳐 안전하게 취급돼야 한다.

---

1 htts://gdpr-info.eu/를 참조하라.

- 기업은 반드시 데이터 보호 임원을 지정해야 한다.

GDPR 위반 시엔 2천만 유로 또는 기업 글로벌 매출의 4%까지 벌금이 부과될 수 있다. 다른 정부들도 GDPR과 유사한 규제를 가까운 시일 내에 통과시킬 개연성은 충분하다. 흥미롭게도, 기업에 의해 데이터가 사용되는 방식을 규제할 필요에 대한 우려의 목소리를 내는 것은 정부뿐만이 아니다. 페이스북의 CEO인 마크 저커버그는 인터넷을 규제하기 하기 위한 법률이 필요하다고 하며, GDPR에 대한 지원을 표명했다.[2]

11.2 편향

인간은 편향을 나타낸다. 어떤 이는 위험회피적인 반면 어떤 이들은 위험애호적이다. 어떤 사람들은 천성적으로 남을 잘 돌보며, 어떤 사람들은 무관심하다. 머신은 논리적으로 의사결정을 하며 편향에 전혀 제약받지 않는다는 것을 하나의 이점으로 생각해 볼 수 있다. 불행히도, 이는 사실이 아니다. 머신러닝 알고리즘은 많은 편향을 보인다.

한 가지 편향은 수집된 데이터와 관련있다. 데이터의 대표성이 떨어지는 경우 편향이 나타날 수 있다. 리터러리 다이제스트Literary Digest가 1936년 미국 대통령 선거의 결과를 예측하고자 한 시도가 이러한 부분에서의 고전적 예시(머신러닝의 출현하기 훨씬 이전의)가 될 수 있다. 잡지는 수천만의 사람(매우 큰 샘플)을 대상으로 여론 조사를 했으며, 240만명으로부터 응답을 얻었다. 이 조사의 결과는 랜던(공화당)이 루즈벨트(민주당)를 57.1% 대 42.9%로 이길 것으로 예측했다. 그러나 실제로는 루즈벨트가 승리했다. 무엇이 잘못됐는가? 해답은 리터러리 다이제스트가 자사 독자, 전화 사용자와 차량을 등록한 사람들로 구성한 편향된 샘플을 사용했다는 것이다.

---

2 저커버그의 견해는 2019년 3월 30일의 워싱턴 포스트에 잘 나타나 있다. https://www.washingtonpost.com/opinions/mark-zuckerberg-the-internet-needsnew-rules-lets-start-in-these-four-areas/2019 /03 /29 /9e6f0504-52 la-11e9-a3π-78b7525a8d5f_story.html?noredirect=on&utm_term=.2365elfl 9e4e

이들은 압도적으로 공화당 지지자들이다.[3] 더 최근에는 안면인식 소프트웨어가 주로 백인의 이미지에 대해서만 주로 학습이 돼 다른 인종을 잘 인식하지 못해서, 해당 소프트웨어를 사용하는 경찰들이 오식별을 했다는 예를 들 수 있다.[4]

쉽게 구할 수 있는 데이터를 사용하고 기존 관행을 선호하도록 편향되는 것은 머신러닝의 자연스러운 경향이다. 대출을 분류하는 데 있어 3장, 4장과 5장에 사용한 데이터에서 이러한 문제에 직면했다. 미래 대출 결정에 사용하는 가용 데이터는 과거에 실제로 실행했던 대출에 대한 데이터가 될 가능성이 크다. 과거에 기각된 대출이 어떻게 됐을까 하는 것을 알면 좋을 것이나, 이러한 데이터는 본질적으로 구할 수 없다. 아마존이 채용 소프트웨어를 개발할 때 이 같은 유사한 편향을 경험했다.[5] 기존의 채용은 지배적으로 남성 위주였고, 소프트웨어가 여성에 대해서 불리하도록 편향됐다. 결과적으로 채용 소프트웨어의 사용은 중단됐다.

머신러닝 연습에서 고려될 특성을 선택하는 것은 핵심 작업이다. 대부분의 경우, 인종, 성 또는 종교적 소속 같은 특성을 사용하는 것은 분명히 허용되지 않는다. 그럼에도 데이터 과학자들은 이러한 민감한 특성들과 매우 상관관계가 큰 다른 특성들을 포함시키지 않도록 또한 주의할 필요가 있다. 예를 들어, 만약 특정 이웃의 흑인 주민 비율이 높은 경우, 대출 결정 알고리즘을 개발할 때 "이웃 주민"을 특성으로 사용하는 것은 인종 편향을 초래할 것이다.

애널리스트가 머신러닝 알고리즘을 개발할 때 (의식적으로 또는 무의식적으로) 편향을 보일 수 있는 다른 경우가 많다. 예를 들어, 데이터가 정제되는

---

3 P. Squire, "Why the 1936 Literary Digest Poll Failed," The Public Opinion Quarterly' 52, 1(Spring1988): 125-133.를 참조하라.

4 at https://undark.org/article/facial-recognition-technology-biased-understudied/에서의 R. McCullom, 2017, "Facial Recognition Software is Both Biased and Understudied,"를 참조하라.

5 이를 알아보기 위해서는 https://www.reuters.com/article/us-amazon-comjobs-automation-insight/amazon-scraps-secret-ai-recruiting-tool-that-showedbias-against-women-idUSKCN1MK08G를 참조하라.

방법에 따라, 모델의 선택과 알고리즘 결과의 해석법과 사용법이 편향에 취약할 수 있다.

11.3 윤리

머신러닝은 많은 윤리적 이슈를 야기한다. 혹자는 중국이 시민들을 평가하는 방식을 표준화하기 위한 목적으로 사회 신용 체계Social Credit System을 너무 많이 사용한다고 생각한다.

머신러닝이 전쟁에 사용돼야 하는가? 그렇게 되리라는 것은 아마도 불가피할 것이다. 구글은 구글 직원 수천 명이 구글 프로젝트를 규탄하는 공개서한에 서명하자 드론의 목표 타격을 개선하기 위한 미 국방부와의 협업 프로젝트 메이븐Project Maven을 취소했다. 그러나 미국 등은 AI가 군사적 목적으로 어떻게 활용될 수 있는지에 대한 연구를 계속하고 있다.

머신러닝 알고리즘이 도덕적으로 책임감 있고 윤리적으로 행동하게끔 프로그램할 수 있는가? 여기서 한 가지 아이디어는 새로운 머신러닝 알고리즘을 만들어 "윤리적" 또는 "비윤리적"으로 표시된 대량의 데이터를 제공함으로써 비윤리적 데이터를 식별하는 법을 배우는 것이다. 특정 프로젝트에 대한 새로운 데이터가 도착하면, 데이터를 활용하는 것이 윤리적으로 적절한지 알고리즘을 사용해 여부를 결정한다. 여기서의 시사점은 인간이 윤리적 행동을 배울 수 있다면 기계도 배울 수 있다는 것이다. (사실, 어떤 사람들은 기계가 인간보다 더 윤리적이 되는 것을 학습할 수 있다고 주장해 왔다.)

자율주행차와 관련해 흥미로운 윤리적 딜레마가 발생한다. 사고가 불가피할 경우 어떤 결정을 내려야 하는가? 알고리즘은 노인과 청년을 죽이는 것 중 어떤 것을 선택해야 할까? 무단횡단자와 도로를 건널 때 규칙을 지키는 사람 중 한 사람을 죽이게 됐을 때 어떻게 선택해야 할까? 헬멧을 쓰고 자전거를 타는 사람과 그렇지 않은 사람과 부딪치는 것 중 어느 것을 선택해야 할까? 누가 살고 누가 죽느냐를 선택하는 것과 같은 딜레마를 "트롤리 문제trolley problem"라고 종종 부른다.[6]

머신러닝 기술과 인간의 상호작용은 때로는 부적절하고 비윤리적인 행동이 학습되면서 예상치 못한 결과를 초래할 수 있다. 마이크로소프트는 2016년 3월에 19세 미국 소녀의 언어 패턴을 모방하기 위해 트위터에서 인간과 교류하면서 배우도록 고안된 타이(Tay, '당신을 생각하는 것thinking about you'의 줄임말)를 출시했다. 일부 트위터 사용자들은 정치적으로 잘못된 문구를 트윗하기 시작했다. Tay는 이것들로부터 학습을 하고, 그 결과 다른 트위터 사용자들에게 인종 차별 주의적이고 성적으로 도색된 메시지를 보냈다. 마이크로소프트는 출시한 지 16시간 만에 해당 서비스를 중단했다.

11.4 투명성

최근 몇 년 동안 머신러닝 알고리즘을 보다 투명하게 만드는 데 많은 진전이 있었다. 9장에서 이것에 대해 토론했다. 예측을 할 때, 머신러닝 알고리즘의 결과를 그 결과에 영향을 받는 사람이 접근할 수 있도록 하는 방법을 개발하는 것이 중요하다. 기업이 사용하는 알고리즘을 이해해서 합리적인 방법으로 의사결정이 이뤄지고 있다는 확신을 가지게 하는 것도 중요하다. 알고리즘이 실제로 모호한 상관관계를 이용할 때, 지능적인 결정을 내리는 것처럼 보일 위험은 항상 존재한다. 9장에서 이것의 두 가지 예를 들었다. 독일 말 한스는 말이 발을 구를 때 정답과 질문자의 얼굴에 나타난 표현 간의 상관관계가 있었기 때문에 총명해 보였다. 소프트웨어는 동물 자체의 이미지가 아니라 배경(얼음 또는 풀/나무) 때문에 북극곰과 개를 구별할 수 있었다.

---

6 원래 트롤리 문제는 5명의 사람을 죽이거나, 레버를 당기면 한 명 만을 죽이게 되는 이탈된 트롤리에 관해 고안된 윤리 실험이었다.

11.5 적대적 머신러닝

적대적 머신러닝^{adversarial machine learning}은 머신러닝 알고리즘이 이를 속이기 위해 설계된 데이터로 공격받을 가능성을 말한다. 논쟁의 여지가 있는 것은 인간보다 머신을 속이는 것이 더 쉽다는 것이다! 이에 대한 간단한 예는 스팸 필터가 어떻게 작동하는지 이해하고 이메일이 통과하도록 설계하는 개인이다. 알고리즘 트레이딩에서 스푸핑^{spoofing}은 적대적 머신러닝의 한 형태다. 스푸퍼^{spooper}는 매수 또는 매도 주문 체결 전에 주문을 취소하는 방식으로 시장을 (불법적으로) 조작하려 한다. 적대적 머신러닝의 또 다른 예로는 자율주행차를 타깃으로 자동차의 알고리즘을 혼동시켜 사고가 발생하도록 도로 옆에 표지판을 설치하는 악의적인 개인이 있을 수 있다.

적대적 머신러닝을 제한하는 한 가지 접근방법은 예시를 만들어 해당 예시에 속지 않도록 머신을 훈련시키는 것이다. 그러나 앞으로 한동안 인간이 머신러닝 알고리즘이 조작되지 않도록 머신러닝 알고리즘을 감시해야 할 것으로 보인다. 적대적 머신러닝의 위험성은 이미 앞서 제시한 머신러닝 알고리즘이 해석 불가능한 블랙박스가 돼서는 안 된다는 점을 더욱 강화시킨다. 출력의 투명성과 해석성이 중요하다.

11.6 법적 이슈

머신러닝 알고리즘이 과거에는 법률 체계에 의해 검토되지 않았던 많은 이슈를 야기할 것이다. 이미 데이터의 소유와 사용과 관련된 문제들을 언급했다. 데이터가 가치 있는 상품이라는 사실이 더욱 분명해지면서, 데이터 오남용을 우려하는 집단소송이 일반화될 가능성이 높다. 이 책에서 머신러닝 알고리즘이 편향을 나타낼 수 있는 방법을 설명했다. 옳건 틀리건, 알고리즘이 자신들에게 편향돼 있다고 느끼는 집단으로부터의 법적 소송을 더 많이 보게 될 것이다.

자율주행차는 가까운 미래에 중요한 교통수단이 될 것이다. 자율주행차가 보행자를 덮친다면, 죄를 지은 당사자는 누구인가? 다음의 누구도 될 수 있다.

- 차량의 알고리즘을 프로그래밍한 사람
- 차량 제조업체
- 차량 소유자

미래에는 많은 계약이 (둘 다 머신러닝 알고리즘을 사용하는) 어느 한 머신으로부터 다른 머신과 맺어질 가능성이 높기 때문에 계약법을 개정해야 할 필요가 있다. 분쟁이 생기면 어떻게 할 것인지? 머신에 계약 집행 권한이 있는지 여부를 두고 법정에서 이의를 제기할 수 있는가?

(오늘날 회사들이 권리를 가지고 있는 것과 똑같이) 미래에 머신들에게 권리가 주어질 것이라고 생각하지 않을 수 없다. 어떤 머신에 (인간을 훨씬 능가하는) 엄청난 경험과 지능이 저장돼 있는 상황을 생각해 보라. 인간이 머신을 정지시켜 경험과 지성을 잃는 것이 허용될 것인가?

11.7 인간 대 머신

인간의 진보는 여러 차례의 산업혁명에 의해 현저하게 이뤄졌다.

1. 증기 및 수력(1760–1840)
2. 전기 및 대량생산(1840–1920)
3. 컴퓨터 및 디지털 기술(1950–2000년)
4. 인공지능(2000–현재)

최초 3번의 산업혁명이 사회에 커다란 혜택을 가져다 주었다는 데에는 의심의 여지가 없다. 그 혜택이 항상 즉시 실현된 것은 아니지만, 결국 인간의 삶의 질에 큰 향상을 가져왔다. 여러 시기에 전통적으로 인간에 의해 수행되던 직업이 머신으로 옮겨지고 실업이 초래될 것이라는 우려가 있었다. 사회에 격변이 있었지만 영구 실업으로 이어지지는 않았다. 처음 3번의 산업혁명을 거치면서 일자리가 없어지기도 했지만, 다른 일자리도 생겨났다. 예를 들어, 1차 산업혁명은 사람들이 시골의 생활방식을 떠나 공장에서 일하게 만들었다. 2차 산업혁명은 조립 라인의 도입으로 공장에서 하는 일의 성격을 바꾸었다. 3차 산업혁명은 컴퓨터 사용과 관련된 더 많은 직업으로 이어졌다. 4차 산업혁명의 영향은 아직 명확하지 않다.

3차 산업혁명은 전 직원이 컴퓨터 프로그래머가 될 것을 요구하지 않았다는 점에 주목할 필요가 있다. 많은 직업에 종사하는 사람들이 컴퓨터를 사용하는 방법과 소프트웨어로 일하는 방법을 배워야 했다. 많은 개인이 인공지능 활용과 관련된 새로운 기술을 배워야 한다는 점에서 4차 산업혁명이 3차 산업혁명과 비슷할 것으로 기대할 수 있다.

이제 머신러닝 알고리즘이 인간보다 낫지는 않더라도 많은 일상적인 결정을 내릴 수 있는 단계에 도달하고 있다. 하지만 여기서 중요한 단어는 "일상routine"이다. 결정의 성격과 환경은 과거와 비슷해야 한다. 만약 그 결정이 비표준적이거나 환경이 바뀌어 과거의 데이터가 관련되지 않는다면, 머신러닝 알고리즘이 좋은 결정을 내리기를 기대할 수 없다. 자율주행차가 이러한 점에서 본보기를 보여준다. 만약 도로의 규칙을 바꿨다면(아마도 자동차가 우회전하거나 좌회전을 할 수 있는 법에 대해), 예전 규칙을 이용해 훈련된 자율주행차에 의존하는 것은 매우 위험할 것이다.

인간에게 있어 중요한 임무는 대용량 데이터셋을 관리하고, 부적절한 데이터에 기초해 의사결정이 내려지지 않도록 머신러닝 알고리즘을 모니터링하는 것이 될 가능성이 높다. 3차 산업혁명이 모든 사람에게 컴퓨터 프로그래머가 되라고 요구하지 않았던 것처럼, 4차 산업혁명은 모든 사람이 데이터 과학자가 되라고 요구하지는 않을 것이다. 그러나 많은 직업에서 데이터 사이언스의 언어와 데이터 과학자들이 하는 것들을 이해하는 것은 중요할 것이다. 오늘날, 많은 직업은 다양한 업무를 수행하기 위해 다른 사람들이 개발한 프로그램을 사용하는 것을 포함한다. 향후에는, 타인이 개발한 머신러닝 알고리즘의 오퍼레이션 모니터링도 포함할 수 있다.

인간과 훈련된 머신의 조합은 앞으로 얼마간 사람이나 머신 자체보다 더 효과적일 것 같다. 그러나 머신러닝의 미래 진보를 과소평가해서는 안 된다. 결국 머신은 거의 모든 면에서 인간보다 더 똑똑해질 것이다. 인류에게 계속되는 도전은 사회를 파괴하기보다는 이익을 창출하는 방식으로 어떻게 머신과 협력할 것인가가 될 것이다.

연습문제 해답

1장

1.1 머신러닝은 인공지능의 한 분야로 대용량 데이터셋으로부터 학습해 지능이 만들어진다.

1.2 한 가지 유형의 예측은 연속형 변수의 값을 추정하는 것과 관련이 있다. 다른 하나는 분류에 관한 것이다.

1.3 비지도학습은 데이터 내의 패턴(군집)을 식별하는 것과 관련이 있다.

1.4 강화학습은 변화하는 환경에서 일련의 의사결정을 해야 하는 상황과 관련이 있다.

1.5 준지도 학습은 이용 가능한 데이터 중 일부가 타깃에 대한 값을 가지며 일부는 그렇지 않은 경우를 예측하는 것과 관련이 있다.

1.6 검증셋이 사용된다. 만약 검증셋에 의해 주어진 답변이 모델 콤플렉스가 증가함에 따라 더 나빠지기 시작하면 과대적합이 존재하는 것이다.

1.7 검증셋은 정확도가 우수하고 일반화가 잘 되는 모델을 선택할 수 있도록 모델을 비교하는 데 사용된다. 테스트셋은 선택된 모델의 정확도에 대한 최종 테스트를 제공하기 위해 보류된다.

1.8 범주형 특성은 데이터가 여러 범주 중 하나에 할당되는 비수치형 특성이다.

1.9 편향-분산 트레이드 오프는 (1) 과소 적합 및 관계의 주요 측면 누락과 (2) 과대적합 사이의 트레이드 오프로, 훈련 데이터의 특이성을 파악한다. 선형 모델은 과소 적합되므로 편향 오차를 제공한다. 5차 다항식 모델은 과대적합하므로 분산 오차를 제공한다.

1.10 데이터 정제에 (a) 일관성 없는 기록 수정 (b) 관련이 없는 관측치 제거, (c) 중복 관측치 제거, (d) 특이치 처리 (e) 결측 데이터 처리가 관련될 수 있다.

1.11 베이즈의 정리는 Y를 조건으로 하는 X의 확률을 알 때, X를 조건으로 하는 Y의 확률을 구하는 상황을 다룬다.

1.12 3차 다항식의 경우, 훈련셋과 검증셋의 오차의 표준편차는 각각 31,989와 35,588이다. 4차 다항식의 경우, 훈련셋과 검증셋의 오차의 표준편차는 각각 21,824와 37,427이다. 다항식의 차수가 높아짐에 따라 훈련셋의 정확도는 더 얻지만, 훈련셋과 검증셋에 대한 모델의 성능에는 더 큰 차이가 있다.

1.13 베이즈 정리 사용하면,

$$P(\text{Spam}|\text{Word}) = \frac{P(\text{Word}|\text{Spam})P(\text{Spam})}{P(\text{Word})}$$

$$= \frac{0.4 \times 0.25}{0.125} \times 0.8$$

단어를 포함하는 이메일이 스팸일 확률이 80%이다.

2장

2.1 특성 스케일링은 특성이 동등하게 중요한 것으로 취급되도록 하기 위해 비지도 학습에서 필요하다. Z-점수법에서는 각 특성의 크기가 조정돼 평균이 0이고 표준편차가 1이다. 최소-최대 스케일링에

서 각 특성은 가장 낮은 값이 0이고 가장 높은 값이 1이 되도록 스케일링된다. 최소-최대 스케일링은 특이치가 있을 때 잘 작동하지 않는데, 이는 스케일링된 나머지 값들이 서로 근접하기 때문이다. 그러나 특성들이 하한과 상한을 가지고, 상이한 스케일로 측정되었을 때 Z-점수법보다 더 효과적일 수 있다.

2.2 거리는 $\sqrt{(6-2)^2 + (8-3)^2 + (7-4)^2} = 7.07$이다.

2.3 중심은 특성값을 평균해서 얻어진다. 세 개의 특성에 대해서 4, 5.5와 5.5의 값을 가진 점이다.

2.4 군집 중심으로 k개의 점을 선택하고, 최근접 중심에 관찰값들을 할당하고, 군집 중심을 다시 계산하고, 관찰값들을 다시 군집 중심에 할당하는 것을 계속한다.

2.5 엘보우 방법에서 추가 군집이 도입될 때 관성(즉 군집내 제곱합)의 한계 개선이 작은 점을 찾는다. 실루엣 방법에서는 k의 각 값과 관찰값 i에 대해 다음을 계산한다.

$a(i)$: 자체 군집 내의 다른 관찰값으로부터의 평균 거리
$b(i)$: 가장 가까운 군집 내의 관찰값으로부터의 평균 거리
관찰값 i의 실루엣은 다음과 같다.

$$s(i) = \frac{a(i) - b(i)}{\max\{a(i), b(i)\}}$$

그리고 k의 최적값은 모든 관찰에 대해 평균 실루엣이 가장 큰 것이다.

2.6 특성의 수가 증가함에 따라 특성값 간의 차이의 제곱합은 더 많은 항을 가지며 따라서 증가하는 경향이 있다. 실수로 10개의 추가 특성이 생성되면 모든 제곱 차이가 두 번 계산되기 때문에 두 관찰값 사이의 거리는 $\sqrt{2}$만큼 증가한다.

2.7 계층적 군집화에서 모든 관찰값을 자체 군집에 배치하는 것으로 시작한다. 각 단계에서 가장 가까운 두 개의 군집을 찾아내고 새 군집을 생성하기 위해 이들을 결합한다. 단점은 느리다는 것이다.

군집 내의 군집을 식별하는 것이 장점이다.

2.8 분포 기반 군집화에는 분포의 혼합에 의해 관찰값이 생성된다고 가정하고 이를 분리하기 위해 통계적 방법을 사용한다. 밀도 기반 군집화는 군집에 이미 있는 여러 점에 가까운 군집에 새로운 점을 추가한다. 이것은 군집들의 비표준적인 모양을 만들 수 있다.

2.9 PCA(주성분 분석)는 상관관계가 높은 특성이 다수 있을 때 유용하다. PCA는 서로 상관없는 소수의 새로운 요인(제조된 특성으로 간주할 수 있다.)으로 데이터의 변동성의 대부분을 설명할 수 있는 잠재력이 있다.

2.10 요인로딩은 요인 내 각 원래 특성의 양이다. 각 관찰값은 요인의 선형 결합으로 표현될 수 있다. 관찰값에 대한 요인 점수는 관찰값에 있는 요인의 양이다.

2.11 표 2.5의 수치를 다음과 같이 확인할 수 있다.

	평화 지수	법률 지수	실질 GDP 성장률
14개 고위험 국가 평균	2.63	4.05	−3.44
모든 국가 평균	2.00	5.60	2.37
모든 국가 표준편차	0.45	1.49	3.24
14개 국가에 대한 정규화 평균	1.39	−1.04	−1.79

예를 들어, 평화지수에 대해, $(2.63 - 2.00)/0.45 = 1.39$이다.

2.12 X_1, X_2, X_3, X_4를 부패지수, 평화지수, 법률지수, GDP성장률로 정의한다. 이러한 요인들이 정규화된 경우 표 2.11은 다음과 같은 요인을 나타낸다.

$$0.594X_1 + 0.530X_2 + 0.585X_3 + 0.152X_4$$

그리고

$$0.154X_1 + 0.041X_2 + 0.136X_3 - 0.978X_4$$

첫 번째 요인은 3가지 지수에 대략 동일한 가중치를 부여하고 GDP 성장률에는 거의 비중을 두지 않는다. 두 번째 요인은 GDP

성장률에 거의 모든 비중을 할당한다. 이는 GDP 성장률이 다른 세 척도와는 다른 형태의 정보를 제공하고 있음을 보여준다. 비정규화된 데이터를 사용해 요인을 생성하고자 하면 각 계수를 해당 특성값의 표준편차로 나누면 된다. 첫 번째 요인은 다음과 같이 된다.

$$0.031X_1 - 1.18SX_2 + 0.394X_3 + 0.047X_4$$

두 번째 요인은 다음과 같이 된다.

$$0.008X_1 + 0.092X_2 + 0.091X_3 - 0.302X_4$$

3장

3.1 "플레인 바닐라" 선형 회귀의 목적은 예측된 타깃값의 평균제곱오차를 최소화하는 것이다.

3.2 릿지 회귀 분석의 경우 평균제곱오차에 계수의 제곱합에 상수를 곱한 것을 더한다. 라쏘 회귀의 경우 계수의 절대값 합에 상수를 곱한 것을 더한다. 일래스틱넷 회귀의 경우 계수의 제곱합에 상수를 곱한 것과 계수의 절대값 합에 다른 상수를 곱한 것을 더한다.

3.3 릿지 회귀는 특성 간 상관관계가 높을 때 계수의 크기를 감소시킨다. 라쏘 회귀 분석은 예측 결과에 거의 영향을 미치지 않는 변수의 계수 값을 0으로 설정한다.

3.4 주택에 에어컨이 있다면 0, 아니면 1이 되는 단일 더미변수를 사용할 수 있다.

3.5 경사가 없는 경우 0, 완만한 경사의 경우 1, 중간 경사의 경우 2 및 가파른 경사의 경우 3과 같은 단일 더미변수를 사용할 수 있다.

3.6 각각의 이웃에 대한 더미변수를 만들 것이다. 더미변수는 주택이 이웃 근처에 있으면 1이고 그렇지 않으면 0이다.

3.7 규제화는 회귀 분석에서 가중치(즉, 계수)를 줄임으로써 과적합을 방지하도록 설계된다. L1 규제화는 계수의 절대값 합에 상수를 곱한 값을 목적함수에 추가하는 라쏘다. 이는 일부 가중치를 0으로 만든다. L2 규제화는 계수의 제곱합에 상수를 곱한 것이 목적함수에 추가되는 릿지다. 그것은 가중치의 절대 크기를 줄인다.

3.8 시그모이드함수는 다음과 같다.

$$f(y) = \frac{1}{1 + e^{-y}}$$

3.9 로지스틱함수의 목적은 다음을 최대화하는 것이다.

$$\sum_{\substack{\text{양성}\\\text{결과}}} \ln(Q) + \sum_{\substack{\text{음성}\\\text{결과}}} \ln(1 - Q)$$

여기서 Q는 양성 결과의 추정확률이다.

3.10 진정한 양성률은 정확하게 예측된 양성 결과의 비율이다. 거짓양성률은 잘못 예측된 음성 결과의 비율이다. 정밀도는 정확한 양성의 예측 비율이다.

3.11 ROC 곡선에서 실제 양성률은 거짓양성률에 대해 표시된다. 그것은 양성 결과에 대한 정확한 예측과 음성 결과에 대한 예측 실패 사이의 트레이드 오프를 보여준다.

3.12 더미변수 함정은 범주형 변수가 핫 인코딩되고 절편(상수항)이 있을 때 훈련 셋에 동일하게 좋은 최적합 파라미터 집합이 많다는 문제다. 그 문제는 규제화로 해결된다.

3.13 급여(천달러)에 대한 일반 바닐라 선형 회귀 결과 Y는 다음과 같다.

$$Y = 178.6 - 20{,}198.5X_1 + 89{,}222.3X_2$$
$$- 151{,}267.2X_3 + 116{,}798.2X_4 - 34{,}494.8X_5$$

이는 604.9의 mse를 가진다.

릿지에 대해서는 다음 결과를 가진다.

λ	A	b_1	b_2	b_3	b_4	b_5	mse
0.02	178.6	102.5	56.2	10.0	−33.4	−72.9	889.5
0.05	178.6	78.2	43.4	9.7	−21.1	−48.2	1,193.9
0.10	178.6	57.3	33.3	10.2	−10.7	−28.9	1,574.0

라쏘에 대해서는 다음 결과를 가진다.

λ	A	b_1	b_2	b_3	b_4	b_5	mse
0.02	178.6	0.0	175.6	0.0	264.0	−380.3	711.8
0.05	178.6	0.0	250.8	0.0	0.0	−190.2	724.4
0.10	178.6	0.0	249.7	0.0	0.0	−189.1	724.6

3.14 (a) 식 (3.7)의 목적함수는 다음과 같은 좋은 특성을 가진다.

$$1 - Q = 1 - \frac{1}{1 + \exp(-a - \sum_{j=1}^{m} b_j X_j)}$$

$$= \frac{\exp(-a - \sum_{j=1}^{m} b_j X_j)}{1 + \exp(-a - \sum_{j=1}^{m} b_j X_j)} = \frac{1}{1 + \exp(a + \sum_{j=1}^{m} b_j X_j)}$$

채무불이행을 양성으로 할 때, 최대우도 목적함수는 절편의 부호와 각 가중치의 부호를 변화하게 한다. 그러나 채무불이행과 채무이행의 확률 추정치는 변하지 않는다.

(b) $Z = 0.25$일 때, 혼동행렬은 다음과 같다.

	양성 예측(우량)	음성 예측(채무불이행)
양성 결과(우량)	1.62%	16.26%
음성 결과(채무불이행)	4.53%	77.59%

$Z = 0.20$이면 혼동행렬은 다음과 같다.

	양성 예측(우량)	음성 예측(채무불이행)
양성 결과(우량)	8.13%	9.75%
음성 결과(채무불이행)	26.77%	55.34%

$Z = 0.15$이면 혼동행렬은 다음과 같다.

	양성 예측(우량)	음성 예측(채무불이행)
양성 결과(우량)	14.15%	3.74%
음성 결과(채무불이행)	53.4%	28.65%

성과 척도는 다음과 같이 된다.

	$Z = 0.25$	$Z = 0.20$	$Z = 0.15$
정확도	79.21%	63.47%	42.80%
참양성률	9.07%	45.46%	79.11%
참음성률	94.48%	67.39%	34.89%
거짓양성률	5.52%	32.61%	65.11%
정밀도	26.37%	23.29%	20.93%
F-점수	13.50%	30.80%	33.10%

(c) ROC 곡선은 채무불이행이 1 그리고 채무이행이 2로 데이터를 변경해 계산할 수 있다. ROC 곡선은 다음과 같다.

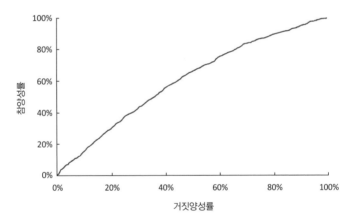

채무불이행을 양성 결과로 할 때, TPR(신규), FPR(신규), Z(신규)를 참양성률, 거짓양성률, 그리고 Z-값으로 정의하고, 채무이행을 양성 결과로 할 때, TPR(구), FPR(구), Z(구)를 참양성률, 거짓양성률과 Z-값으로 정의한다. Z(신규)가 1-Z(구)와 같을 때, 다음을 얻는다.

$$\text{TPR(new)} = 1 - \text{FPR(old)}$$

$$\text{FPR(new)} = 1 - \text{TPR(old)}$$

이러한 대칭은 AUC가 변하지 않게 한다.

4장

4.1 의사결정트리 접근법에서 특성은 중요도 순서에 따라 하나씩 고려되는 반면 회귀 접근법에서는 모두 동시에 고려된다. 의사결정트리 접근법은 선형성을 가정하지 않으며 더 직관적이다. 또한 선형회귀보다 관찰값을 벗어나는 것에 덜 민감하다.

4.2 n개의 대체 결과가 있는 경우 엔트로피는 다음과 같다.

$$-\sum_{i=1}^{n} p_i \ln(p_i)$$

여기서 p_i는 i번째 결과의 확률이다.

4.3 n개의 대체 결과가 있는 경우, 지니계수는 다음과 같이 정의된다.

$$1 - \sum_{i=1}^{n} p_i^2$$

여기서 p_i는 i번째 결과의 확률이다.

4.4 정보이득은 엔트로피 또는 지니계수의 감소로 측정된다.

4.5 임계값은 정보이득을 최대화하는 값이다.

4.6 나이브 베이즈 분류기는 특정 클래스 내 관찰의 특성값들은 독립이라고 가정한다.

4.7 앙상블 방법은 복수의 알고리즘을 조합해 하나의 예측을 하는 방법이다.

4.8 랜덤 포레스트는 의사결정트리의 앙상블이다. 상이한 결정 트리들은 특성의 부분집합 또는 관찰값의 부분집합을 사용하거나 임계값값을 변경해서 생성된다.

4.9 배깅은 상이한 훈련셋에서 동일한 알고리즘을 사용할 수 있도록 관찰 또는 특성에서 샘플링을 하는 것을 포함한다. 부스팅은 이전 모델에 의해 만들어진 오차를 수정하기 위한 각각의 모델로 순차

적으로 모델을 만드는 것을 포함한다.

4.10 의사결정트리 알고리즘은 특정 결정이 내려진 이유를 쉽게 알 수 있다는 점에서 투명하다.

4.11 FICO > 717.5, 소득 > 48,750달러가 돼야 대출이 우량하다고 예측한다. 혼동행렬은 다음과 같다.

	우량 대출 예측	채무불이행 예측
양성 결과(우량 대출)	12.94%	69.19%
음성 결과(채무불이행)	1.42%	16.45%

4.12 우량 대출을 조건부로, FICO 점수 660에 대한 확률밀도는 다음과 같다.

$$\frac{1}{\sqrt{2\pi} \times 31.29} \exp\left(-\frac{(660 - 696.19)^2}{2 \times 31.29^2}\right) = 0.0065$$

우량 대출을 조건부로, 소득 40에 대한 확률밀도는 다음과 같다.

$$\frac{1}{\sqrt{2\pi} \times 59.24} \exp\left(-\frac{(40 - 79.83)^2}{2 \times 59.24^2}\right) = 0.0054$$

채무불이행 대출을 조건부로, FICO 점수 660에 대한 확률밀도는 다음과 같다.

$$\frac{1}{\sqrt{2\pi} \times 24.18} \exp\left(-\frac{(660 - 686.65)^2}{2 \times 24.18^2}\right) = 0.0090$$

채무불이행 대출을 조건부로, 소득 40에 대한 확률밀도는 다음과 같다.

$$\frac{1}{\sqrt{2\pi} \times 48.81} \exp\left(-\frac{(40 - 68.47)^2}{2 \times 48.81^2}\right) = 0.0069$$

대출이 우량할 확률은 다음과 같다.

$$\frac{0.0065 \times 0.0054 \times 0.8276}{Q} = \frac{2.90 \times 10^{-5}}{Q}$$

여기서 Q는 FICO = 660이고 소득 = 40일 확률밀도다. 대출이 채무불이행될 확률은 다음과 같다.

$$\frac{1.07}{1.07 + 2.90}$$

따라서 대출 신청자가 위의 특성을 가질 때, 대출이 채무불이행될 확률은 다음과 같으며, 약 27%이다.

5장

5.1 SVM 분류의 목적은 오분류 비용 및 통로 폭의 함수인 목적함수를 최소화하는 통로를 찾는 것이다. 통로의 중심은 관찰을 분류하는 데 사용된다.

5.2 하드 마진 분류에서의 목적은 오분류된 관찰값이 없는 가장 넓은 통로를 찾는 것이다. (그런 경로가 있다고 가정한다.) 소프트 마진 분류에서 목적함수는 통로의 폭과 오분류 정도 사이의 트레이드 오프를 포함한다.

5.3 초기 방정식은 다음과 같다.

$$\sum_{j=1}^{m} w_j x_j = b_u$$

$$\sum_{j=1}^{m} w_j x_j = b_d$$

일반성을 잃지 않고, 다음과 같이 되도록 파라미터를 스케일링할 수 있다.

$$\sum_{j=1}^{m} w_j x_j = b + 1$$

그리고

$$\sum_{j=1}^{m} w_j x_j = b - 1$$

5.4 통로의 폭은 오분류에 더 비중을 많이 줄수록 감소한다.

5.5 양성 결과 관찰에 대해, 이는 다음과 같다.

$$\max \left(b + 1 - \sum_{j=1}^{m} w_j x_{ij}, \, 0 \right)$$

음성 결과 관찰에 대해서는 다음과 같다.

$$\max \left(\sum_{j=1}^{m} w_j x_{ij} - b + 1, \, 0 \right)$$

5.6 선형 분류가 사용될 수 있도록 특성을 변형하고 새로운 특성을 만들 수 있다.

5.7 랜드마크는 특성 공간의 점으로서 관찰에 해당할 수도 있고 그렇지 않을 수도 있으며, 가우스 방사상 기저함수는 관찰값이 랜드마크에서 멀어질수록 관찰에 대한 값이 떨어지는 합성 특성이다.

5.8 SVM 회귀 분석에서 목적은 타깃과 특성에 의해 정의된 공간을 통해 미리 지정된 너비의 통로를 찾는 것이다. 통로에는 가능한 많은 관찰값이 포함되도록 설계돼 있다. 통로 밖의 관찰은 위반을 야기한다. 목적함수는 위반의 범위를 최소화하고 일부 규제화를 통합한다. 릿지 회귀와 마찬가지로 규제화는 크기가 큰 가중치를 피하도록 설계된다.

5.9 차이는 다음과 같다.

- 타깃과 특성 사이의 관계는 단일 선보다는 통로로 표현된다.
- 관찰값이 통로 내에 있을 때 예측 오차는 0으로 계산된다.
- 통로 밖의 관찰값에 대한 오차는 타깃값과 특성값과 일치하는 통로에서 가장 가까운 점 사이의 차이로 계산된다.
- 목적함수에는 규제화가 내장돼 있다.

5.10 Sklearn의 SVM 패키지가 산출하는 표는 다음과 같다. 엑셀에서 산출한 수치는 약간 다를 수 있다.

c	w_1	w_2	b	대출 오분류	통로 너비
0.01	0.042	0.015	3.65	20%	44.8
0.001	0.038	0.013	3.40	20%	49.8
0.0005	0.019	0.008	1.90	20%	96.8
0.0003	0.018	0.004	1.71	30%	105.6
0.0002	0.018	0.002	1.63	40%	212.7

6장

6.1 은닉층은 신경망의 입력으로부터 출력을 계산할 때 사용되는 중간 값의 집합이다. 입력셋이 입력층을 형성한다. 출력셋이 출력층을 형성한다. 뉴런은 값이 계산되는 은닉층 내의 한 원소다. 활성함수는 이전 층의 뉴런 값에서 한 층의 뉴런 값을 계산하는 데 사용되는 함수다.

6.2 뉴런에서 값을 계산하는 시그모이드함수는 다음과 같다.

$$f(y) = \frac{1}{1 + e^{-y}}$$

여기서 y는 상수(절편)에 이전 층의 뉴런에서의 값의 선형결합을 더한 것이다.

6.3 보편적 근사 정리는 단일층의 신경망을 사용해 어떠한 비선형 연속함수도 임의의 정확도를 가지도록 근사할 수 있다고 기술한다.

6.4 대상이 숫자일 때 제안되는 최종 활성함수는 선형이다. 관찰값이 분류되는 겨우 제안되는 활성함수는 시그모이드함수다.

6.5 학습률은 가장 가파른 경사가 확인되면 계곡을 내려가는 스텝의 크기를 말한다.

6.6 학습률이 너무 낮으면 가장 가파른 하강 알고리즘이 너무 느리게 된다. 학습률이 너무 높으면 최소가 발견되지 않는 진동이 생기기 쉽다.

6.7 검증셋 결과는 훈련셋 결과와 동시에 생성된다. 검증셋에 대한 결과가 악화되기 시작하면 알고리즘이 중지된다. 이것은 과적합을

피하기 위함이다.

6.8 일반적으로 몬테카를로 시뮬레이션과 같이 계산적으로 느린 수치 절차를 사용해 파생상품을 평가할 때, ANN을 가치평가를 위해 만들 수 있다. 파생상품의 가치와 투입변수에 관련된 데이터는 수치 절차를 사용해 생성된다. 그런 다음 ANN은 데이터에 대해 적합화되고 향후의 모든 평가에 사용된다.

6.9 정규 ANN에서 한 층의 노드 값은 이전 층의 모든 노드의 값에 관련된다. CNN에서 그것은 이전 층에 있는 노드의 작은 부분집합과 관련된다.

6.10 RNN에는 데이터에 대한 시간 순서가 있다. 한 층의 노드는 이전 층의 노드뿐만 아니라 이전 시간에 동일한 노드에 대해 계산된 값과 관련된다.

6.11 파라미터수는 $6 \times 10 + 10 \times 11 \times 1 + 11 \times 1 = 181$이다.

6.12 출발점이 1.0000이고 학습률이 0.0002일 때 다음을 얻는다.

반복 시행	b값	그래디언트	b값의 변화
0	1.0000	−11,999	2.3998
1	3.3998	−4342.2	0.8684
2	4.2682	−1571.4	0.3143
3	4.5825	−568.6	0.1137
4	4.6962	−205.8	0.0412
5	4.7374	−74.5	0.0149
6	4.7523	−26.9	0.0054
7	4.7577	−9.8	0.0020
8	4.7596	−3.5	0.0007
9	4.7603	−1.3	0.0003
10	4.7606	−0.5	0.0001
11	4.7607	−0.2	0.0000
12	4.7607	−0.1	0.0000

6.13 시그모이드함수는 $V_1 = V_2 = V_3 = 0.5$가 되도록 0의 인수를 갖는다. 주택가격은 $3 \times 0.5 \times 100 = 150$이다.

7장

7.1 강화학습의 목적은 변화하는 환경에서 시간을 통해 일련의 결정을 내리기 위한 최선의 전략을 계산하는 것이다. 지도학습은 한 시점에서 특성으로 하나 이상의 추정치를 내는 것을 포함한다.

7.2 활용은 지금까지 확인된 최선의 조치를 취하는 것을 포함한다. 탐험은 무작위로 다른 행동을 선택하는 것을 포함한다. 알고리즘이 단지 활용과 관련된 것이라면 최상의 행동을 찾을 수 없을 것이다. 만약 알고리즘이 단지 탐험을 포함한다면 학습한 것으로부터 이익을 얻지 못할 것이다.

7.3 동적계획은 발생할 수 있는 각 상태에 대한 최선의 조치를 강구하면서 종료 날짜부터 시작 날짜까지 거꾸로 계산을 수행한다.

7.4 최적 전략은 n이 정수인 $4n+1$ 성냥개비를 상대에게 남기는 것이다. 8개의 성냥개비가 있을 때는 3개의 성냥개비를 뽑는 것이 최적의 전략이다. 1,000 게임 후에 이것은 최고의 전략으로 확인됐지만 설득력 있는 것은 아니다. 5,000 게임, 25,000 게임을 치른 뒤 최고의 결정은 더욱 뚜렷하게 차별화된다.

7.5 몬테카를로 접근 방식에서 각 시행에는 탐험과 활용으로 취해진 행동과 관련된다. 특정 상태에서 특정 행동을 취하는 값의 새로운 관측은 행동 시점부터 종료 날짜까지 (아마도 할인된) 총 미래 보상이다.

7.6 시차학습에서 각 시행은 탐험과 활용이 함께 수행되는 행동을 포함한다. 특정 상태에서 특정 행동을 취하는 값에 대한 새로운 관측은 한 기간을 앞서 보고 도달하게 될 상태에 있는 가치에 대한 가장 최근의 추정치를 사용해 결정된다.

7.7 행동이 많거나 상태가 많을 때(또는 둘 다) 행동/상태 매트릭스가 빠르게 채워지지 않으므로, ANN을 사용해 값을 추정할 수 있다.

7.8 딥 Q-러닝은 ANN을 시차학습과 함께 사용하는 것이다.

7.9   몬테카를로 접근법의 경우 다음과 같이 업데이트한다.

$$Q(8, 1) = 0.272 + 0.05(1.000 - 0.272) = 0.308$$

$$Q(6, 1) = 0.155 + 0.05(1.000 - 0.155) = 0.197$$

$$Q(4, 1) = 0.484 + 0.05(1.000 - 0.484) = 0.510$$

$$Q(2, 1) = 0.999 + 0.05(1.000 - 0.999) = 0.999$$

시차법의 경우, 다음과 같이 업데이트한다.

$$Q(8, 1) = 0.272 + 0.05(0.155 - 0.272) = 0.266$$

$$Q(6, 1) = 0.155 + 0.05(1.000 - 0.155) = 0.197$$

$$Q(4, 1) = 0.484 + 0.05(0.999 - 0.484) = 0.510$$

$$Q(2, 1) = 0.999 + 0.05(1.000 - 0.999) = 0.999$$

8장

8.1   감성 분석은 특정 제품, 회사, 사람, 이벤트 등에 대해 긍정적 내지 부정적 혹은 중립적인지 판단하기 위해 소셜 미디어 및 조사와 같은 출처의 텍스트 데이터를 처리하는 것을 포함한다.

8.2   공개적으로 이용할 수 있는 어떤 데이터셋이 있으며, 의견에는 레이블이 부착돼 있다. 이것들은 때때로 훈련용으로 사용된다. 그렇지 않으면, 훈련과 테스트에 사용되는 의견에 수동으로 레이블을 붙일 필요가 있다.

8.3   본문은 반드시 단어로 나누어야 한다. 구두점은 제거해야 한다. "the", "a" 및 "and"와 같은 매우 일반적인 단어들은 제거될 수 있다. 어간으로 단어를 대체하기 위해 어간 추출^{stemming}을 적용할 수 있다. (예: "sleeping"을 "sleep"으로) 표제어 추출^{lemmatization}은 단어를 그 어근으로 줄이기 위해 사용될 수 있다. (예: "better"를 "good"으로) 철자 실수는 고칠 수 있다. 약어는 완전한 단어로 대체될 수 있다. 희소 단어는 제거할 수 있다.

8.4 "ing"과 "s"와 같은 접미사를 제거하는 것을 포함한다. 형태소추출은 어근 단어를 찾는 것을 포함한다.

8.5 단어 주머니^{bag-of-words} 모델은 단어가 발생하는 빈도에 따라 텍스트를 나타낸다.

8.6 "not"과 같은 부정어의 존재는 단어의 등장 빈도만을 보고 있는 경우 잘못된 결론에 도달하기 쉽다는 것을 의미한다. 단어 쌍(바이그램)을 봄으로써 개선할 수 있다.

8.7 나이브 베이즈 분류는 한 단어의 발생이 다른 단어의 발생과 무관하다고 가정한다.

8.8 트라이그램은 세 단어의 그룹이다.

8.9 (a) 로지스틱 회귀 분석은 긍정적이고 부정적인 감성의 확률을 제공하는 반면 SVM은 그렇지 않다. (b) 로지스틱 회귀 분석에서는 한 단어의 발생이 다른 단어의 발생과 무관하다는 가정을 요구하지 않는다.

8.10 라플라스 평활화는 어떤 단어가 의견에는 나타나지만 훈련셋 관찰의 한 종류에는 나타나지 않는 문제를 다루기 위해 고안됐다. 그것은 그 클래스의 확률을 0에서 작은 숫자로 바꾼다.

8.11 문서 내 단어 TF는 문서에 단어가 나타나는 횟수를 문서의 단어 수로 나눈 값이다. 단어의 IDF는 $\log(N/n)$이며, 여기서 N은 총 문서 수, n은 단어를 포함하는 문서 수다. 정보검색에서, TF에 IDF를 곱해, 검색될 수 있는 각 문서에 대해 검색 요청의 각 단어에 대한 점수를 제공한다.

8.12 단어 벡터는 단어의 의미를 묘사하는 숫자 집합이다. 이는 단어가 다른 단어에 근접해 나타나는 경향의 정도를 계량화함으로써 달성한다.

8.13 이 경우 $p_1 = 0.667$, $p_2 = 0.5$, $p_3 = 0.667$, $q_1 = 0.5$, $q_2 = 0.25$, $q_3 = 0.75$이다. 또한 Prob(Pos) = 0.6, Prob(Neg) = 0.4이다. 긍정적인 감성의 확률은 다음과 같다.

$$\frac{0.667 \times 0.5 \times 0.667 \times 0.6}{0.667 \times 0.5 \times 0.667 \times 0.6 + 0.5 \times 0.25 \times 0.75 \times 0.4} = 0.78$$

9장

9.1 신경망, SVM 모델, 앙상블 모델은 해석이 어렵다.

9.2 선형 모델의 가중치는 단순한 해석을 가지고 있다. 그들은 다른 특성들은 동일하게 유지하면서 하나의 특성값을 변화시키는 효과를 보여준다.

9.3 표 9.1에서 대지 크기의 추가 제곱 피트의 가치는 0.3795달러. 5,000 × 0.3795달러 또는 1,897.50달러가 된다.

9.4 양성 결과의 민감도의 음수값이다. 즉

$$- \frac{\exp[-(a + b_1 X_1 + b_2 X_2 + \cdots + b_m X_m)]}{\{1 + \exp[-(a + b_1 X_1 + b_2 X_2 + \cdots + b_m X_m)]\}^2} b_j u$$

9.5 "불리한 승산비$^{Odds\ against}$"는 이벤트가 발생하지 않아 1달러를 잃을 때, 이벤트가 발생할 것에 베팅한 1달러에 대한 이익을 보여준다. "유리한 승산비$^{Odds\ on}$"는 사건이 발생할 경우 1달러에 대한 이익과 발생하지 않을 경우 모두 손실을 보는 것을 제공하기 위해 걸어야 하는 금액을 나타낸다. 로지스틱 회귀의 특성에 있는 승산비의 자연 로그는 선형이다.

9.6 일정 특성에 대해 계산된 기여는 보통 다른 모든 특성에 고정돼 있을 때, 특성을 변화한다고 가정한다. 특성 사이에 상호작용이 있는 경우, 다른 특성이 변경되지 않으면서 하나의 특성을 변화할 수 있다고 가정하는 것은 비현실적일 수 있다.

9.7 부분 의존도는 하나의 특성이 변경될 때 평균적으로 어떤 일이 발생하는지를 보여준다. 결과는 다른 특성의 무작위 변경에 대해 평균을 낸다.

9.8 샤플리값은 변경이 있을 때 각 형상의 변화에 대한 기여의 합이 총 변경과 같도록 설계된다.

9.9 LIME은 현재 관찰된 값에 가까운 특성의 값에 대해 복잡한 모델을 적합화하는 단순한 모델을 찾는다.

9.10 $4! = 24$.

10장

10.1 콜옵션은 특정 가격으로 매수할 수 있는 옵션이다. 풋옵션은 일정 가격에 매도할 수 있는 옵션이다.

10.2 파생상품에 대한 수익은 대칭적이지 않다. 기초자산가격의 일정 상승에 대한 영향은 기초자산가격의 동일한 하락의 영향과 같지 않다.

10.3 옵션의 머니니스는 옵션이 행사될 가능성이 있는 것으로 보이는 정도를 측정하는 척도가 된다. S와 K를 비교해서 측정할 수 있다. 트레이더들은 옵션의 델타 관점에서 옵션의 머니니스를 측정하는 경향이 있다.

10.4 6개 변수는 주가, 행사가격, 무위험 이자율, 배당 수익률, 변동성, 만기까지의 시간이다.

10.5 포트폴리오의 가치가 다른 모든 변수를 동일하게 유지하면서 기초 자산의 가격에 약간의 변동이 있을 때 실질적으로 변동하지 않는다면 델타중립이다.

10.6 내재 변동성은 블랙-숄즈-머튼 공식(또는 그 확장)에 대입될 때 옵션의 시장가격을 제공한다.

10.7 변동성 표면은 (1) 옵션의 내재 변동성과 (2)의 행사가격과 만기까지의 기간 사이의 관계를 보여주는 3차원 차트다.

10.8 기초자산의 가격이 감소(증가)할 때 변동성은 증가(감소)하는 경향이 있다. 기초자산의 가격이 오르면 콜옵션가격도 상승한다. 다만, 콜옵션가격을 떨어뜨리는 변동성 감소와 함께 상승하는 경향이 있다. 기초자산의 가격이 하락하면 콜옵션가격이 하락한다. 그러나 이러한 감소는 콜옵션가격을 높이는 변동성 증가를 동반하는 경향이 있다. 따라서 변동성 표면의 움직임과 자산가격 움직임 사이의 관계는 자산가격 움직임에 대한 트레이더의 노출을 감소시키는 경향이 있다.

10.9 거래비용이 클 때 강화학습은 더 큰 개선을 가져다 준다.

10.10 변동성 헤징을 위해 유가증권이 거래될 때 매입-매도 스프레드는 높은 경향이 있다.

용어 사전

가중치: 선형 또는 로지스틱 회귀의 특성값 계수 또는 신경망에서 다음 층의 값을 결정하기 위한 값 계수

감성 분석: 서비스, 제품, 조직 또는 주제에 대한 그룹의 (긍정적 또는 부정적) 태도 결정

강화학습: 변화하는 환경에서 다단계 의사결정 전략 개발

개인 정보 보호법: 유럽 연합이 도입한 규제

갭 통계량: 군집화된 데이터와 랜덤하게 분포된 데이터를 비교해 군집 수를 선택하는 방법

거짓 양성 비율: 분류에서 양성으로 예측된 음성 결과의 비율

거짓 음성 비율: 분류에서 음성으로 예측된 양성 결과의 비율

검증셋: 훈련셋에서 파생된 모델이 다른 데이터에 대해 얼마나 잘 작동하는지 결정하는 데 사용되는 데이터셋

계층적 군집화: 관측치를 한 번에 하나씩 군집화하는 방법

과소적합: 훈련셋의 모든 주요 관계를 포착하지 못하는 모델의 사용

과적합: 훈련셋에서 잡음에 적합화돼, 검증셋에서 잘 일반화되지 않는 모델

관성: 데이터가 군집화된 경우의 군집 내 제곱합

군집화: 데이터를 군집으로 분할해 더 잘 이해할 수 있도록 하는 프로세스

규제화: 과적합을 방지하고, 가중치 크기를 줄이는 모델 단순화

그래디언트 부스팅: 이전 예측기의 오차에 새로운 예측기가 적합화되는 부스팅

그래디언트 하강 알고리즘: 다차원 계곡 아래로 내려가는 단계를 취해 최소값 계산

나이브 베이즈 분류기: 클래스별 특성이 독립적인 경우 조건부 확률(또는 수치 변수의 확률 조건값)를 계산하는 방법

뉴런: 신경망에서 중간값을 포함하는 노드

님: 강화학습을 설명하는 게임

단계 크기: 학습률 참조

단어 주머니: 텍스트의 단어를 순서와 무관하게 고려하는 자연어 처리 모델

단일 핫 인코딩: 범주형 특성을 수치형 변수로 변환

더미변수 트랩: 더미변수를 도입으로 인해 선형 회귀 분석에서 고유한 최적 적합화된 파라미터셋이 없는 상황

더미변수: 범주형 특성을 처리하는 값이 0 또는 1인 변수

동적계획: 종료 날짜부터 거꾸로 작업해 최적의 의사결정 계산

드롭아웃: 더 빠른 훈련을 위해 그래디언트 하강 알고리즘에서 뉴런 제거

디코딩: 오토인코더의 두 번째 부분

딥 Q-러닝: 강화학습과 신경망을 결합해 Q-값 결정한다.

라쏘 회귀: 선형 회귀에서 목적함수에 가중치의 절대값 합계를 추가함으로 써 규제화

라임: 현재값에 가까운 특성값에 대한 블랙박스 모델을 해석하는 방법

랜덤 포레스트: 의사결정트리의 앙상블

랜드마크: 새로운 특성을 만드는 데 사용되는 특성 공간의 점

레이블: 타깃값

레이블링되지 않은 데이터: 타깃값이 없는 데이터

렐루: 신경망에서 사용되는 활성함수

로지스틱 회귀: 분류에 사용된 버전의 회귀

루트평균제곱오차: 평균제곱오차의 제곱근

릿지 회귀: 선형 회귀에서 목적함수에 가중치 제곱 합계를 추가해서 규제화

머신러닝: 대량의 데이터로부터 학습해 지능 생성

멀티암드 밴딧 문제: 보상을 주는 여러 레버 중에서 어떤 것이 최선인지 선택 하는 문제

모멘텀: 그래디언트 하강 알고리즘에서 그래디언트에 지수적으로 가중된 이동 평균

목적함수: 알고리즘으로 최대화 또는 최소화해야 하는 함수

몬테카를로 방법: 총 미래 보상을 바라보고 강화학습의 Q-값을 업데이트 (할인 적용 가능)

미니 배치 확률적 그래디언트 하강: 각 반복 시행에 데이터의 부분집합이 사용되는 그래디언트 하강법

민감도: 참양성률 참조

밀도 기반 군집화: 비표준 군집 패턴을 형성하는 방법

바이그램: 두 단어로 이뤄진 순서열

반복 시행: 훈련 중 가중치의 단일 업데이트

방사형 기저함수: 랜드마크로부터의 관측포인트의 거리함수. SVM에서 비선형 통로를 결정하기 위해 새로운 특성을 생성하는 데 사용

배깅: 서로 다른 랜덤 부분집합에 대해 동일한 알고리즘 훈련

범주형 특성: 여러 범주 중 하나에 속하는 비수치형 특성

베이즈 정리: 조건성을 뒤집기 위한 정리, 즉 $\mathrm{Prob}(X|Y)$에서 $\mathrm{Prob}(Y|X)$를 도출한다.

베이지안 학습: 베이즈 정리를 사용해 확률 업데이트

보상: 강화학습의 수익

보편 근사 정리: 하나의 은닉 층을 가진 신경망이 뉴런이 충분히 많을 때, 어떤 연속함수도 임의의 정확도로 재현할 수 있다는 것을 보여주는 정리

부분 의존도: 다른 특성들이 랜덤 값을 취할 수 있는 경우 한 특성에 대한 타깃값의 평균값 그림

부스팅: 한 알고리즘이 이전 알고리즘의 오차를 수정하려고 시도하는 반복 훈련 절차

부트스트래핑: n 타임스텝 후의 값을 관찰해 강화학습의 Q-값 업데이트

분류 모델: 관측치를 클래스로 분할하기 위한 모형

분류 임계값: 관측치가 속한 클래스를 결정하기 위한 임계값

분포 기반 군집화: 분포의 혼합에 관측치를 적합화시켜 군집화하는 방법

불균형 데이터 집합: 클래스 불균형 참조

불용어: 텍스트의 의미에 별로 추가되지 않는 "the" 또는 "a"와 같은 단어

블랙박스 모델: 해석하기 어려운 모형

비용함수: 최소화할 목적함수

비지도학습: 군집화를 사용해 데이터에서 패턴 찾는 것

샤플리값: 공헌도 총계가 총 변화와 동일한 방식으로 특성의 변화에 대한 기여를 결정하는 값

서포트 벡터: 통로의 경계 관측

선형 회귀 분석: 목표값과 형상 사이의 관계가 선형인 것으로 가정되는 회귀 분석

소프트 마진 분류: 위반이 있을 경우의 SVM 분류

수용영역: 합성곱 신경망 층에 있는 직사각형 노드의 배열

순환 신경망: 바로 이전 관측치로부터 계산된 값에 가중치가 주어지는 신경망

스푸핑: 불법적인 시장 조작 시도

시그모이드함수: 로지스틱 회귀 및 신경망에서 0과 1 사이의 값을 갖는 S자형 함수

시차학습: 다음 타임스텝에서의 값을 관찰해 강화학습의 Q-값 업데이트

신경망: 타깃과 특성을 연관시키는 비선형 모델을 만드는 데 사용되는 함수의 네트워크

실루엣 방법: 관측치 사이의 거리를 바탕으로 군집 수를 계산하는 방법

심층 강화학습: Q-러닝 참조

아다부스트: 잘못 분류된 관찰에 대한 가중치를 증가시키는 부스팅

아담: 적응 모멘트 추정의 줄임말. 이는 신경망에서 학습 속도를 선택하는 인기 있는 방법이다.

알파고: 구글이 바둑을 하기 위해 개발한 프로그램

앙상블 학습: 여러 개의 알고리즘 결과를 조합해 학습

양성 클래스: 데이터가 분할되는 두 그룹 중 하나

어간 추출: 단어에서 "ing"과 같은 접미사 제거

에폭: 훈련셋을 완전히 한 번 사용하는 일련의 반복 시행

에피소드: 강화학습의 한 시행

엔트로피: 불확실성의 척도

엘보우법: 관성에 미치는 영향을 관찰해 최적의 군집 수를 선택하는 절차

역전파: 신경망에서 편미분을 끝에서 처음으로 작업함으로써 빠르게 계산하는 방법

오토인코더: 신경망을 사용해 데이터의 특성 수를 줄임

요인 로딩: 주성분 분석을 수행할 때 요인의 노출량

요인 점수: 주성분 분석을 수행할 때 관측치의 요인의 양

은닉층: 입력층과 출력층 사이의 뉴런층

음성 클래스: 데이터가 분할되는 두 그룹 중 하나

응집형 군집화: 계층적 군집화 참조

의사결정트리: 특성을 하나씩 고려하는 방법

인공신경망: 신경망 참조

인공지능: 인공적인 지능의 발달. 머신러닝은 인공지능의 한 분야다.

인스턴스: 관찰

인코딩: 오토인코더의 첫 번째 부분

일래스틱넷 회귀: 라쏘와 릿지 회귀의 조합

일반화: 훈련셋을 사용해 개발된 모델이 검증셋에 거의 못지 않게 우수한 결과를 얻으면 잘 일반화된 것임

입력층: 신경망에 입력되는 특성값 집합

자연어 처리: 필기 또는 음성 단어에 대한 머신러닝의 응용

장단기 메모리: 이전 관찰을 필요할 때 업데이트에 사용해 이전 관측으로부터의 값의 중요성을 테스트하는 방법

재현율: 참양성률 참조

적대적 머신러닝: 머신러닝 알고리즘을 속이기 위한 데이터 개발

적응 학습률: 상황에 적응하도록 설계된 신경망에서의 학습률

정규화: 특성값을 n-step에서 비교할 수 있도록 스케일링

정밀도: 분류에서 양성으로 나타난 양성 예측의 비율(%)

정보이득: 불확실성의 감소

정확도 비율: 올바르게 분류된 관측치의 백분율

종료 규칙: 검증 결과가 악화될 때 신경망에서 학습을 종료하는 규칙

주성분 분석: 상관된 특성 데이터를 소수의 상관 없는 요인으로 대체하는 방법

준지도 학습: 이용 가능한 훈련 데이터의 일부만이 타깃에 대한 값을 포함할 때 타깃값을 예측하는 학습

중심: 군집의 중심

지니 계수: 불확실성의 척도

지도학습: 하나 이상의 타깃값 예측

지수 가중 이동평균: 과거 평균 관측치 n 기간 전 관측치에 주어진 가중치가 $n-1$ 기간 전 관측치에 주어진 가중치의 $\lambda(\lambda < 1)$배로 계산된 과거 관측치의 평균

참 양성 비율: 분류에서 올바르게 예측된 양성 결과의 비율

참 음성 비율: 분류에서 올바르게 예측된 음성 결과의 비율

초평면: n차원 공간을 두 영역으로 구분하는 경계. 경계는 $n-1$차원을 갖는다.

최대우도법: 관측치의 발생 확률을 최대화해 파라미터 결정

최소-최대 스케일링: 최소 특성값을 뺀 후 최대 특성값과 최소 특성값 간의 차이로 나누는 특성 스케일링

출력층: 신경망에서 출력되는 타깃 집합

층: 신경망의 입력, 출력 또는 중간 뉴런집합을 설명하는 데 사용되는 용어

커널 트릭: 기존 특성에서 새로운 특성을 생성할 때 사용하는 빠른 방법

클래스 불균형: 한 클래스의 관측치 수가 다른 클래스의 수와 매우 다른 상황

클래스: 데이터가 분할된 둘 이상의 그룹 중 하나

타깃: 예측이 수행되는 변수

탐욕적 행동: 활용 참조

탐험: 랜덤한 행동 선택

테스트셋: 최종적으로 선택된 모델의 정확도를 결정하는 데 사용되는 데이터셋

토큰화: 텍스트를 구성 단어로 분할

특성 맵: Q-값을 결정하는 합성곱 신경망 내 계층의 구성요소

특성 스케일링: 특성이 유사한 척도로 측정되는지 확인하는 절차

특성: 머신러닝 알고리즘에 사용되는 변수

특이도: 참 음성 비율 참조

특이치: 대부분의 다른 관측치와 거리가 있는 관측치

편향: 상수항

편향-분산 트레이드 오프: 훈련셋을 과소적합하는 단순한 모델과 과대적합한 너무 복잡한 모델 간의 균형

평균제곱오차: 오차 제곱의 산술 평균

표제어 추출: 단어를 어근에 매핑. 예를 들어, "better"는 "good"에 매핑될 수 있다.

표준화: 정규화 참조

프로젝트 메이븐: 구글에 의해 취소된 구글과 미국 국방부 사이의 프로젝트

하드마진 분류: 위반사항이 없는 SVM 분류

하이퍼볼릭 탄젠트 함수: 때때로 신경망에서 활성함수로 사용된다.

하이퍼파라미터: 모델을 훈련시키는 데 사용되지만 예측은 하지 않는 파라미터

학습률: 그래디언트 하강 알고리즘의 단계 크기

학습율 감쇠: 그래디언트 알고리즘을 진행하면서 학습률 감소

한스: 지능적으로 보이는 독일 말

합성곱 신경망: 각 층에 하나 이상의 사각형 수치 배열이 있는 이미지 인식에 특히 적합한 신경망의 유형

혼동행렬: 테스트셋에 대해 어떤 예측이 올바르고 어떤 예측이 잘못됐는지를 보여주는 분류 모델에 대한 표

화이트박스 모델: 해석하기 쉬운 모델

활성함수: 한 층의 뉴런과 이전 층의 뉴런의 값을 연결시키는 데 사용되는 함수

활용: 지금까지 확인된 최상의 행동 추구

훈련셋: 테스트되는 모델의 파라미터를 추정하는 데 사용되는 데이터셋

AUC: ROC 곡선 아래의 면적

CNN: 합성곱 신경망 참조

F1-점수: F-점수 참조

FICO 점수: 미국의 신용점수

F-점수: 분류의 정밀도와 재현율(참양성률)에서 계산된 측정값

GDPR: 개인정보보호법 참조

k-평균 알고리즘: 군집을 찾는 알고리즘

L1 규제화: 라쏘 회귀 참조

L2 규제화: 릿지 회귀 참조

LSTM: 장단기메모리 참조

MAE: 평균절대오차 참조

MSE: 평균제곱오차 참조

NAN: 신경망 참조

NLP: 자연어 처리 참조

P-값: 선형 회귀에서 해당 특성이 아무런 설명력이 없을 경우에 얻었을 t-값을 얻을 확률

Q-값: 강화학습에 있어 특정 상태와 행동에 대해 지금까지 확인된 최고의 값

Q-러닝: 강화학습에서 여러 상태에 대한 최적의 행동 학습

RBF: 방사형 기저함수 참조

RMSE: 루트평균제곱오차 참조

RNN: 순환 신경망 참조

ROC 곡선: 분류에서 거짓양성률에 대한 실제 양성률 그림

ROC: ROC 곡선 참조

R-제곱 통계량: 선형 회귀에서 특성에 의해 설명되는 타깃값의 분산 비율

SMOTE: 합성 소수 클래스 오버샘플링 기법. 클래스 불균형을 극복하는 방법

SVM 분류: 관측치를 분류하는 통로 구성

SVM 회귀: 통로를 사용해 연속 타깃변수 값 예측

Tay: 마이크로소프트가 여성 청소년들과 교류하기 위해 도입한 프로그램

t-통계량: 선형 회귀에서 파라미터 값을 표준편차로 나눈 값

Z-점수 스케일링: 평균을 차감한 후 표준편차로 나누는 특성 스케일링

찾아보기

존 헐의 비즈니스 금융 머신러닝 2/e

데이터 사이언스 세계로의 초대

발 행 | 2021년 3월 29일

지은이 | 존 헐
옮긴이 | 이 기 홍

펴낸이 | 권 성 준
편집장 | 황 영 주
편 집 | 조 유 나
         한 재 윤
디자인 | 송 서 연

에이콘출판주식회사
서울특별시 양천구 국회대로 287 (목동)
전화 02-2653-7600, 팩스 02-2653-0433
www.acornpub.co.kr / editor@acornpub.co.kr

한국어판 © 에이콘출판주식회사, 2021, Printed in Korea.
ISBN 979-11-6175-498-7
http://www.acornpub.co.kr/book/ml-business

책값은 뒤표지에 있습니다.